AtV

Erwin Strittmatter wurde 1912 in Spremberg als Sohn eines Bäckers und Kleinbauern geboren. Bis zum 17. Lebensjahr Realgymnasium, danach Bäckerlehre. Arbeitete als Bäckergeselle, Kellner, Chauffeur, Tierwärter und Hilfsarbeiter. Im Zweiten Weltkrieg Soldat, desertierte er gegen Ende des Krieges. Ab 1945 arbeitete er erneut als Bäcker, war daneben Volkskorrespondent einer Zeitung und seit 1947 Amtsvorsteher in sieben Gemeinden, später Zeitungsredakteur in Senftenberg. Lebte seit 1954 als freier Schriftsteller in Dollgow/Gransee. Er starb am 31. Januar 1994.

Romane: Ochsenkutscher (1951), Tinko (1955), Der Wundertäter I-III (1957/1973/1980), Ole Bienkopp (1963), Der Laden I-III (1983/1987/1992). Erzählungen und Kurzprosa: Pony Pedro (1959), Schulzenhofer Kramkalender (1966), Ein Dienstag im September (1969), 3/4hundert Kleingeschichten (1971), Die Nachtigall-Geschichten (1972/1977/1985), Selbstermunterungen (1981), Lebenszeit (1987), Vor der Verwandlung. Aufzeichnungen (hg. von Eva Strittmatter, 1995). Aus Tagebüchern: Wahre Geschichten aller Ard(t) (1982), Die Lage in den Lüften (1990). Dramen: Katzgraben (1953), Die Holländerbraut (1959).

Wahrheit und Dichtung, Wirklichkeit und Phantasie, deutlich voneinander getrennt, entgegengesetzt oder unlösbar miteinander verwoben, sind in den meisten Geschichten von Strittmatter gestaltet und verkörpert. Dabei fühlt sich der Leser bzw. Zuhörer direkt angesprochen, empfindet den Autor als Gesprächspartner, der sich traurig oder lustig, begeistert oder ironisch mit ihm unterhält, weil ihm das Erzählen Spaß macht. Er scherzt und spielt, er fragt, ohne zu antworten, er fordert zum Widerspruch, zum Weiterdenken auf, paßt sich keinen Regeln an, er bleibt frei, ungezwungen und ungekünstelt.

Lew Kopelew

Erwin Strittmatter

Wie ich meinen Großvater kennenlernte

Die schönsten Geschichten

Aufbau Taschenbuch Verlag

Mit einem Geleitwort von Lew Kopelew

ISBN 3-7466-5430-0

1. Auflage 2000
Aufbau Taschenbuch Verlag GmbH, Berlin

Umschlaggestaltung und Bildbearbeitung
Preuße & Hülpüsch Grafik Design
unter Verwendung eines Fotos von Ingo Scheffler
Druck Elsnerdruck GmbH, Berlin
Printed in Germany

www.aufbau-taschenbuch.de

Lew Kopelew
Ein ernstes Spiel

Freuet Euch des wahren Scheins,
Euch des ernsten Spieles.
Johann Wolfgang Goethe

Über Erwin Strittmatters Leben und Werk werden noch Bände wissenschaftlicher Studien geschrieben. Hier möchte ich nur eine der bedeutendsten Eigenschaften seiner vielseitigen dichterischen Begabungen erörtern, und zwar seine Lust zu erzählen. »Schreiblust«, wie er sie oft selbst bezeichnet hat.

Bei manchen, auch bei sehr guten Autoren, ist deutlich erkennbar, warum und wozu ein Thema, eine Fabel künstlerisch verarbeitet wird, was sie damit beweisen oder widerlegen wollen, welche Ideen, welche Vorstellungen den Lesern, Hörern oder Zuschauern mitgeteilt werden sollen. Es gibt »moderne« Autoren, die glauben, sie müssen den gesamten Werdegang ihrer Arbeit genau erkennbar darstellen. Das ist so, als wenn man im Brot auch den Geruch von Korn und Dünger spüren würde, auch die Mühen der Verarbeitung des Korns zu Mehl, das Kneten des Teigs und die Hitze des Backofens …

Solche Schriftsteller, die sich zu einem theoretisch begründeten »Ismus« bekennen, sich von äußeren weltanschaulichen, religiösen oder politischen Gewalten verleiten lassen, »treten auf die Gurgel des eigenen Liedes« (Majakowski); sie verraten ihre Berufung.

Dagegen hat Erwin Strittmatter immer wieder nur darüber erzählt, was Spaß machte, aus dem puren Bedürfnis heraus, seine Eindrücke, Gefühle und Gedanken festzuhalten, möglichst genau und wahrheitsgetreu darzustellen. So entstanden die Romane »Ochsenkutscher«, »Tinko«, »Ole Bienkopp«, die beiden Triptychen »Wundertäter« und »Der Laden«, Gedichte in Prosa, Menschen-, Tier- und Landschaftsbilder. Es sind meist wahre Geschichten, die er begeistert erzählt, über seine eigenen Erlebnisse oder über andere Menschen – über seinen sorbischen Großvater, seinen großen Lehrer und Freund Brecht/Keuner, über Tiere und Pflanzen.

»Das ist die Geschichte von der allzu kurzen Freude, die mir eine junge Islandstute machte, auf der ich in meinen letzten Lebenstagen durch die Wälder reiten wollte …« So schließt seine poetische Novelle »Flikka«, die zugleich lustig und traurig ist; erzählt von einem Autor, der mit Pferden wie mit Wäldern vertraut war.

Die ersten »Nachtigall-Geschichten« betitelte Strittmatter »Der Anfang von etwas«. Doch schon früher hat er das große Werk angefangen – die bild- und farbenreiche Erzählung in Novellen, Kurzgeschichten und Romanen, die große Geschichte seines Lebens. Die frühesten und die letzten Erzählungen enthalten präzise Schilderungen, in denen gewöhnliche Alltagsdinge märchenhaft verfremdet erscheinen, und kurze Gedankenblitze, die altbekannte Dinge neu beleuchten.

In einem langen offenen Gespräch mit Helmut Hauptmann und Achim Roscher von der Zeitschrift »ndl« sagte Erwin Strittmatter unter anderem:

»Das wird ja alten Erzählern wie mir oft zum Vorwurf gemacht, daß sie ziemlich genau erzählen, wovon die Leute leben. Ich bin der Meinung, daß das zum Menschen gehört […], daß jeder Mensch, der jeden Augenblick seines Lebens bewußt lebt und den Augenblick so vertieft, ein ganz neues Erlebnis hat, das nichts mit dem sogenannten Fortschritt zu tun hat, sondern mit dem Sein.«

Doch nicht nur die Wirklichkeit, die unmittelbar erlebten

Tatsachen, bewegten ihn zum Erzählen. Die »blaue Blume« der romantischen Poesie gedeiht auch in realistischen Beeten. Strittmatters »blaue Nachtigall«, der Traumvogel, Sinnbild poetischer Phantasie, nistet in manchen realistischen Erzählungen, ihre Stimme klingt aus vielen Seiten seiner poetischen Prosa. Wahrheit und Dichtung, Wirklichkeit und Phantasie, deutlich voneinander getrennt, entgegengesetzt oder unlösbar miteinander verwoben, sind in den meisten Geschichten von Strittmatter gestaltet und verkörpert. Dabei fühlt sich der Leser bzw. Zuhörer direkt angesprochen, empfindet den Autor als Gesprächspartner, der sich traurig oder lustig, begeistert oder ironisch mit ihm unterhält, weil ihm das Erzählen Spaß macht. Er scherzt und spielt, er fragt, ohne zu antworten, er fordert zum Widerspruch, zum Weiterdenken auf, paßt sich keinen Regeln an, er bleibt frei, ungezwungen und ungekünstelt.

Jedesmal wenn ich einen Text von Erwin Strittmatter wieder und wieder lese, höre ich seine unverkennbare Stimme. Jede neue Ausgabe seiner Geschichten ist ein wahre Freude für seine Leser. Die meisten von ihnen leben im Osten Deutschlands. Im Westen wurde sein Werk bisher weniger wahrgenommen, denn es gibt noch unsichtbare Mauern und Wälle des Kalten Krieges, die noch überwunden werden müssen. Aber man darf sicher sein, daß es nicht mehr lange so bleiben wird, bis die endgültige Wiedervereinigung auch im literarischen Alltag ihren Ausdruck findet. Dann wird überall anerkannt: Erwin Strittmatter ist nicht nur ein »DDR-Schriftsteller« gewesen, sondern er ist und bleibt ein deutscher, ein europäischer Dichter, ein Erzähler für alle Zeiten.

Wie ich meinen Großvater kennenlernte

Ich wurde an einem Mittwoch geboren, an einem Mittwochvormittag um zehn Uhr, falls jemand die Zeit vergleichen möchte. Obwohl der Monat August gewitterfreundlich ist, donnerte es nicht, und die Sonne stand nicht im Zeichen der Jungfrau, und es ging keinesfalls goethisch bei meiner Geburt zu.

Aber ich soll mich sofort so umgesehen haben, als ob ich die Welt schon kennte, behauptete meine Mutter, doch sie verriet es erst, nachdem mein erstes Buch gedruckt war. Und daß ich mich so kenntnisreich umblickte, gleich nachdem ich in die Welt gefahren war, das war nur ein Trick von mir, und ich habe diesen Trick im Leben noch oft benutzen müssen, denn wundern darf man sich nur unauffällig, wenn man nicht haben möchte, daß einen die Schlauberger unter den Zeitgenossen für einen Naiven halten und daß sie einen unter ihre Botmäßigkeit zwingen.

In bezug auf mein Dasein nahmen meine Mutter und ich übrigens verschiedene Standpunkte ein; denn als ich für die Mutter schon da war, wähnte ich mich noch im Niemandsland, und das bewies, daß ich kein Wunderkind war, denn nur Wunderkinder erinnern sich ihrer ersten Lebensminuten, und sie machen Aussagen über die Schürze ihrer Hebamme, und sie verkünden, diese Schürze wäre »weuß gewösen«, und alle Wunderkindgläubigen staunen.

Ach ja, es gibt bis heute keine andere Pforte, um in diese Welt zu schlüpfen, als eine Mutter, aber man arbeitet bereits an anderen Einstiegsmöglichkeiten, wie ich lese, doch wenn der Menschenbrutschrank, an dem man arbeitet, zuerst von Schaftlern in einem Lande erfunden wird, das antihuman regiert wird, so werden dort die Industriellen den Professoren das Brutschrankprinzip abkaufen und entreißen, und sie werden serienmäßig homunculi als billige Arbeitskräfte und zu Kriegszwecken herstellen. Dieser Umstand wird auch die Regierungen anderer Länder zwingen, solche homunculi herzustellen, und wenn ich an die Folgen denk, so möcht ich mit Haseks Schwejk sagen: »Davor hab ich immer die größte Angst gehabt!«

Aber ich schweife ab. Ich bin nicht sicher, ob man sich das schon am Anfang einer Erzählung erlauben darf, weil nur wenige Leser geneigt sein dürften, mühsam und wie in ein Dickicht in eine Geschichte einzudringen, denn die meisten wollen durch die lieblichen Flötentöne einer Fabel in dieses Dickicht gelockt werden.

Ich wurde also noch von einem Weibe geboren. Meine Mutter war eine liebestüchtige Frau: ein Vierteljahr nach meiner Geburt beschäftigte sie sich bereits damit, einen zweiten Menschen herzustellen, und sie stattete meine Schwester mit Gliedmaßen und komplizierten Organen aus, denn der Mensch braucht allerlei, um hier im sichtbaren Leben mitreden und mitagieren zu können. Meine arme Frau Mutter schwächte sich mit diesen beiden zeitmäßig so hintereinander liegenden Arbeitsleistungen. Ihre Säfte flossen nur noch nach innen, nicht mehr nach außen, und ich blieb ohne Muttersaft. Ich wurde kraftlos, und im Alter von einem halben Jahr wurde mir das *Aufderweltsein* über, und ich bekam, ohne mit dem Rauch von Zigaretten dran zu arbeiten, den keuchenden Husten und eine Entzündung der Lunge und wollte mein Hiersein quittieren.

Und als meine Haut bereits so lappig an den Knochen hing wie das Segeltuch am Drahtgestell einer Lumpenpuppe, griff mein Großvater ein. Er atzte mich auf, und ohne ihn wäre ich gestorben, und daran erinnerte er mich, solange er lebte, und daran erinnerte er mich noch auf seinem Totenbette.

Ich wurde also zweimal geboren. Wenn das auch der Titel eines politischen Schlagers ist, so gibts tatsächlich so etwas wie eine zweite Geburt, eine zweite geistige und eine zweite körperliche. Die meine war damals eine körperliche, und das zweitemal gebar mich mein Großvater, und das mag ein wenig erklären, weshalb mir dieser Mann über die Kindheit hin und länger nahestand.

Es gibt Konstellationen im Erdenleben eines Menschen, die man *Unglück* nennt: Es kann ein Unglück sein, wenn ein Mensch keinen von den beiden Menschen kennenlernt, die ihn in die Welt wiegten. Bei mir war es jedenfalls so, daß ich meinen Zeuger später kennenlernte als den anderen Mitareiter an meinem Ich, denn ich wurde in Deutschland geboren, und in Deutschland hatten die Männer bislang eine Vorliebe dafür, sich jahrelang nach auswärts abkommandieren zu lassen, um Schaden in der Welt zu stiften.

Eines Tages gewahrte ich, daß ich nicht mehr dem unverbindlichen Nichts, dem Nirwana, angehörte, daß ich mich in der Welt der Selbstverpflichtungen befand, daß ich Akteur in einem Lebensfilm war und daß ich Partner hatte, auf die ich mich einstellen mußte. Als mein Großvater mir als Partner in meinem Lebensfilm zu erscheinen begann, wohnten wir in einem Kotten in einem Dorfe an einer Landstraße, und die Landstraße führte nach Schlesien.

Mein Vater befand sich im Kriege. Das war für mich eine Ortschaft hinter Berlin oder dortwo, ein Ort unter den Augen des Kaisers Wilhelm und seiner Gemahlin Auguste Viktoria.

Meine Mutter betrieb im Kotten an der Landstraße eine Nähwerkstatt und einen schmalbrüstigen Kurzwarenladen, denn sie hatte den Geldvermehrungsdrang meines Großvaters geerbt, aber bei der Weitergabe dieses Dranges war den entsprechenden Genen das kühle Rechnertum verlorengegangen.

Die Wohnstube des Kottens an der Landstraße nach Schlesien war die Szenerie, in der ich für mein jetziges Leben erwachte. Als ich aufwachte, sah ich, daß nichts mehr zu ändern war und daß ich bleiben mußte, wo ich war. Für gewisse Umstande in unserem Lande wäre es günstiger gewesen, wenn ich ein paar Monate früher geboren worden wäre, weil mein Vater dann noch Hilfsarbeiter in einer Tuchfabrik gewesen wäre. So aber war mein Vater Soldat, als ich in die Welt eindrang, und Tuchfabrikhilfsarbeiter war nicht sein erlernter Beruf, und ich mußte in die einhundertunddreiundzwanzig Fragebögen, ohne die mein Leben ein Nichts gewesen wäre, in die Spalte *Soziales Herkommen* schreiben: *Sohn eines Bäckers.* Nun ist ein Bäckergeselle oft der einzige Untertan eines Bäckermeisters und einer der Ausgebeutetsten unter den Ausgebeuteten, doch in der proletarischen Hierarchie wird er unter der Kategorie *Handwerker* geführt und politisch minderbewußt eingestuft. Tatsächlich soll bei dieser Menschenkaste hier und dort ein politischer Bewußtseinsmangel anzutreffen sein, aber es fiel mir bis heute schwer, dran zu »glauben«, daß sich auch bei uns, wie dennmals bei den Verdammten in der Bibel, »die *Sünden* der Väter fortpflanzen bis ins dritte und vierte Glied«, aber eine gewisse Frieda Simson, die in Kaderangelegenheiten beschlagen sein will, sagte, als ich ihr zeigte, was ich hier niederschrieb, daß das bereits wieder ein Ausfluß meiner kleinbürgerlichen Abstammung von einem Bäckereiarbeiter wäre. Es bleibt mir nur übrig, mich mit Marx, Engels, Lenin und anderen zu trösten, die in bezug auf ihre Väter noch schlechter dran waren als ich, so schlecht, daß sie von jener Frieda wahrscheinlich nicht in unsere Partei aufgenommen worden wären.

Die Wohnstube im Kotten an der Landstraße nach Schlesien war Schneiderwerkstatt, Kurzwarengeschäft und Kinderspielplatz in einem. Die beiden Geschäftsbereiche waren durch eine dünne Portiere voneinander getrennt. Der Wohn- und der Geschäftsbereich waren nicht besonders gekennzeichnet, und der Kinderspielplatz erstreckte sich über beide Bereiche bis in die kleine Küche hinein, denn wir Kinder waren wie die Hühner, die keine Grundstücksgrenzen anerkennen. Wir scharrten da, und wir scharrten dort, und was für die Hühner Grassamen und Steinchen waren, das waren für uns unsere Erlebnisse, und wir pickten unsere Erlebnisse in der Schneiderwerkstatt oder in der Ladenabteilung der Wohnstube auf.

Der Kurzwarenladen der Mutter war ein halbstaatliches Geschäft, aber es war nicht so lukrativ, wie es heute manche halbstaatlichen Geschäfte sind, denn in das Geschäft meiner Mutter wirkte das Kaiserreich, in einem negativen Sinne, hinein, und von den mageren Stoffballen durfte nur abgeschnitten werden, wenn die Käufer amtlich ausgestellte »Bezugscheine« vorweisen konnten.

Meine Mutter betrieb sowohl die Schneiderwerkstatt als auch den Kurzwarenladen mit Gemüt und Gefühl. Sie nahms mit den kaiserlichen Beziehscheinen nicht allzu genau. »Fräulein, sind Sie noch bezugscheinfrei? …« So begann ein sogenannter Gassenhauer jener Zeit, und meine lebenslustige Mutter sang diesen Schlager. Sie legte in ihrer Gutmütigkeit hier und da einen halben Meter Stoff zu, und sie verhalf den Kleinkindern der Kundschaft auf diese Weise zu einer Weste oder einer Joppe, aber beim Neueinkauf reichten die vereinnahmten Beziehscheine nicht aus um die gehabte Menge Stoff zurückzukaufen.

Für mich waren die Stoffballen in den Regalen Kühe. Diese Kühe wurden mit Zetteln gefüttert. Sie wurden mager, wenn man ihnen zuwenig Zettel zu fressen gab, und weil diese Stoffballenkühe mit Zetteln ernährt wurden, enthielten sie von Kriegsmonat zu Kriegsmonat mehr Papier.

Unsere Kinderschürzen waren aus dünnen Papierbindfäden gewebt. Die Papierbindfäden waren mit einer Schicht Dextrin beleimt, und meine neue Schürze war so schön steif wie die Lederschürze des Hufschmiedes von gegenüber, aber im Regen löste sich meine Schürze auf, wie andere Stoffe sich in Salzsäure auflösen.

Und auch das Nähgarn ließ sich von Jahr zu Jahr leichter zerreißen, und seine sich mindernde Qualität täuschte uns vor, daß unsere Kräfte wüchsen, aber im Jahre neunzehnhundertundsiebzehn war das Garn schließlich so leicht zerreißbar, daß man keinen Maikäfer mehr damit fesseln konnte; das Garn war nur noch gesponnener Rauch.

Außer papierdurchschossenen Stoffen und groben Nesselschürzen konnte man im Kurzwarenladen der Mutter Schleifchen zum Aufhübschen von Frauenblusen kaufen. Diese Schleifchen raschelten kalt. Sie stammten aus der Familie der Weißblechbüchsen, während die Herrenschlipse aus der Vorkriegszeit seidig und weich waren, aber sie lagen in ihren Pappschachteln wie in weißen Särgen, denn sie waren überflüssig geworden, weil die Herrenwelt hochgeschlossenes Feldgrau im Leben und im Tode trug.

In der Mitte des Krieges erhielt Mutters Kurzwarenladen keinen Steck- und Sicherheitsnadelnachschub mehr. Es wurde verlautbart, man benötige alles Metall zur Herstellung von Kanonen, und die Kanonen benötige man zum Erschießen der Feinde, und ich hätte gar zu gern gesehen, wie ein mit Sicherheitsnadeln zusammengehaltenes Kanonenrohr das Schießen nach Feinden überstand.

Es gab wenig Männer im Dorf. Die Dorffrauen wußten nicht, weshalb sie noch deutsch-aufrecht und mit hochgestemmtem Busen umhergehen sollten; sollten sie es für die Großväter oder für die Konfirmanden tun? Nein, diese

Schande nicht! Deshalb langweilten sich die Korsettersatzstäbchen in den Schubladen des Kurzwarenladens. Wir nahmen sie heraus, und wir bauten auf den Dielen der Schneiderstube Zäune aus ihnen. Wenn doch eine Frau im Laden erschien und nach Korsettstäbchen verlangte, so wußten wir, daß sie ihre »Rüstung« reparierte und daß sie ihren »Urlauber« erwartete.

Die Annäherung eines Urlaubers aus Frankreich oder Rußland wurde auch an anderen Anzeichen erkennbar, denn meine Mutter wurde beauftragt, für die Heldenfrau aus dem Rock einer verstorbenen Großmutter eine Bluse im Auguste-Viktoria-Look mit Achselstücken, Feinblechverzierungen und roten Paspeln aus dem Friesunterrock einer alten Sorbin anzufertigen. Meine Mutter arbeitete die ganze Nacht hindurch, und die Kundin nahm das Gewand dankbar entgegen, und sie trat aus der Zeit der Liebesdürre in die Zeit der Liebesfülle.

Ach, es geschah oft, daß bereits eine Woche nach dem liebesvollen Urlaub eines Kriegers die Nachricht von seinem »Heldentode auf dem Felde der Ehre« eintraf, und die Kriegerwitwe mußte die rot paspelierte Bluse schwarz einfärben, und die Witwenklagen stiegen gen Himmel.

Mutters Arbeitslohn für die Umarbeitungen von Großmutterröcken zu »Heldenempfangsblusen« stand in keinem Verhältnis zur aufgewendeten Zeit, wenn er nicht in Form von Magerquark oder einigen Eiern einpassierte, und da die Einnahmen aus dem Kurzwarengeschäft auch nur pfennigweis in die diebessichere Ladenkasse tropften, war es für die Mutter nicht leicht, uns ohne Hungerunfälle und gesundheitliches Stolpern durch die Kriegsjahre zu schleppen, zumal wir uns während des Krieges noch um zwei Brüder, sogenannte *Urlauber*, vermehrten.

Und wieder war es der Großvater, der achtgab, daß wir nicht verkümmerten. Bei den »Unterstützungsbesuchen«, die er uns angedeihen ließ, lernte ich ihn kennen, und sein Vorhandensein teilte sich meinem Vorhandensein mit.

Großvater, der ehemalige sorbische Pferdeknecht, hatte sich als Pferdehändler, Herrschafts- und Bierkutscher, Bergarbeiter, Gutsvogt und Fabrikarbeiter erprobt, und er führte um die Zeit, da ich ihn kennenlernte, die Berufsbezeichnung *Handelsmann*, und der Volksmund auf der Lausitzer Heide nannte solche Leute *Rumgeher.*

Solange Großvater auf Erden umherging, suchte er nach einer ihm gemäßen Tätigkeit, doch er fand sie nicht, wie mir scheint, nein, er fand sie nicht. Er hatte dies und das, was zur Ausstattung eines Dichters gehörte, und es ist schwer bestimmbar, welcher Mangel ihn hinderte, ein Dichter zu werden. Ich meine heute, es waren nicht Bücher, die ihm fehlten, denn es hat Naturdichter wie Suleiman Stalski gegeben, die ohne Bücher lebten und groß wurden. Fehlte Großvater ein Gran Intelligenz? Fehlte ihm der Glaube an sich selber? Schien ihm der Sinn des Lebens darin zu bestehen, anpackbare Dinge zu besitzen und zu vermehren?

Und damals, als Großvater als ein *Rumgeher* umherging, war das keine schlechte Grundlage für das Leben eines Dichters, aber Großvaters Dichtungen bestanden nur aus Gesprächen. Großvater riß die Leute in die Gespräche hinein, um sie kauflustig zu machen, und er handelte vor allem mit Kriegstuchen.

Seine *Tuche* kaufte Großvater bei der Firma Schwetasch und Seidel, Stoffe und Tuche en gros, an der Hammerlache. Das war eine teichartige Ausbuchtung der Spree, hinter der Stadt, denn die Muttereltern wohnten in der Kreisstadt, und sie wohnten dort im ältesten Haus, *An der Mühlen Numero eins.* Die Großmutter betrieb in diesem Hause einen Flaschenbier- und Gemüseladen. Das hatte zur Folge, daß sich Großvater im Herbst zum Pächter einer Apfelbaumallee zwischen den Dörfern Graustein und Schönheide machte und daß er bei den Bauern Gemüse aufkaufte. Er nahm damit den Bauern den Weg in die Stadt ab. Die Bauern wußten das zu schätzen, denn sie hatten ihre Pferde in den Krieg liefern müssen, und die Landgendarmen hatten ihnen die Pneumatiks von den Fahrradfelgen patriotisiert. Man gestattete ihnen, sich als Pneumatikersatz Spiralfedern aus Eisendraht zu kaufen. Die Spiralfedern wurden in die Fahrradfelgen einmontiert, und sie machten das Radfahren zur Qual, und das Geholper erreichte fast die Lärmstärke heutiger Motorräder mit abgesägtem Auspuff.

Großvater machte sich also zum fahrbaren Kauf- und Tauschhaus. Er treckte seinen Handwagen täglich zwanzig und dreißig Kilometer über die Sandwege der Heide. Der Handwagen war mit Obst oder Gemüse beladen, und Großvaters Handelsmannskoffer lagen obenauf, und es war eine Schinderei für Großvater, doch gewiß nicht ohne Gewinn.

Wenn Großvater seinen Handwagen mit einem langgezogenen Brrrrr! auf dem Hofe des Kottens angehalten hatte, küßte er uns. Er zwirbelte sich den aschblonden Schnurrbart und zwinkerte uns zu, und er kramte aus dem Handwagenkasten ein Stückchen Speck oder eine Schinkenscheibe, einen Klecks Butter, ein Töpfchen Magerquark oder ein Kännchen Buttermilch, und er schleuste die Raritäten heimlich in die Küche der Mutter, denn die Vorratsschränke in dieser Küche waren in der Regel so leer, daß sich dort nicht eine Fliege hätte von Krümeln ernähren können.

Sodann führte uns Großvater seine musizierende Taschenuhr vor, und wir durften mit seinem Kompaß spielen. Wenn uns diese »technischen Wunderwerke« zu langweilen begannen und unsere Gier auf Neues wieder emporquoll, so packte uns Großvater, und er ließ uns kopfunter in der niedrigen Bodenstube an der Decke entlanglaufen. Da hatten wir dann den Tisch und die Waschkommode unter uns, und die gewohnte Welt verkehrte sich und verströmte einen neuen Reiz, und damals wuchs die Lust in mir, meinen anerzogenen Standpunkt zur Welt mit einem poetischen Standpunkt auszutauschen.

Wenn die Äpfel an den Alleebäumen reiften, kam Großvater mit einem alten Schafpelz und einem geborgten Fernglas aus der Stadt. Er quartierte sich für Wochen bei uns ein. Wenn Zepter und Krone auf den Bildern in unserem Märchenbuch aus einem bärtigen Mann einen König machten, so machten Schafpelz und Fernglas aus unsrem Großvater einen Apfelwächter, und es war so reizvoll an unserem Muttervater, daß er heute dies und morgen das sein konnte.

Über den knirschenden Grobkies der Landstraße bewegten sich Bauernwagen, Militärfahrzeuge, Fußgänger und Kolonnen von Kriegsgefangenen. Es gab in der notdurchwirkten Kriegszeit viele Menschen, die der Marmelade aus roten Rüben überdrüssig waren und zu Apfeldieben wurden.

Großvater bewachte Tag und Nacht die erpachtete Obsternte. Am Tage half das Fernglas und nachts half der Schafpelz Großvater beim Bewachen seiner gepachteten Ernte, und er wickelte sich in den Pelz, und er legte sich in den Chausseegraben, und er »wartete« auf die Apfeldiebe.

Am Tage durfte ich mit auf die *Apfelwache*. Wenn die Straße frei war, hängte mir Großvater das Fernglas um. Das Fernglas war für mich ein Zauberglas, und ich holte mir mit ihm die fernen Bäume, die Sträucher, die Äpfel, den Kirchturm und die Herbstblumen näher. Wenn ich das Glas absetzte, verschwanden die Blumen und die Äpfel. Sie verschrumpften in der Ferne. Ich drehte das Glas um, und es schrumpften auch der Kirchturm und die Bäume in die Ferne ein, und sie verschwanden in der Unendlichkeit.

Das war wieder ein aufregendes Spiel mit Gesichts- und Standpunkten. Es beschäftigte mich bis in meine Jünglingsjahre hinein, und es beschäftigt mich noch heute, weil ich feststellte, daß viele große Geister, die über die Erde gingen, das Leben vieldimensional an- und überschauten und daß sie das allein mit ihrer Phantasie bewältigten, ohne die vielen Apparaturen, auf die wir Menschen des *Wissenschaftlichen Jahrhunderts* nicht glauben verzichten zu können. Aber eine Weile später erkannte ich, daß all die von uns erfundenen Apparate nichts anderes sind als greifbar gemachte Phantasie, und der Kreis meiner Beobachtungen schloß sich.

Einmal fuhr die Nachzucht des Gutsbesitzers in der Kutsche unter Großvaters gepachteten Apfelbäumen dahin, und die halbwüchsigen Adelssprößlinge schlugen die Goldparmänen und die Reinetten mit Stöcken und Peitschen zu sich in den Kutschkasten. Großvater stellte sich auf die Straße, breitete die Arme aus, trat dem Fuhrwerk entgegen, fiel den Kutschpferden in die Zügel und rief den äpfelkauenden Adelskindern zu: »Bezahlen, oder ich zeig eich an!«

Die Freiherrenkinder durchkramten ihre Taschen. Auch der Kutscher suchte in seiner Livree nach Kleingeld, aber Großvater sagte zum Kutscher: »Dein Geld will ich nicht!« Aber das Geld der Adelskinder kassierte er, und er sammelte die gestohlenen Äpfel ein, und als die Kutsche davongefahren war, sagte Großvater zu mir: »So kummt man zu Gelde!«

Großvater schenkte mir die eingesammelten Geldstücke. Ich dachte an meine Sparkasse daheim. Das war eine blecherne Windmühle mit einem Schlitz zum Einwerfen von Geldstücken. Das Sparen war mir von der Mutter zur Tugend heraufgeredet worden: Du sollst nicht lügen! Du sollst nicht stehlen! Du sollst sparen! Aber für mich war nur lustig, daß sich die Flügel der blechernen Windmühle drehten, wenn ich ein Geldstück durch das eingeschlitzte Dach steckte.

Es war ein Sonntagvormittag. Wir sahen durch unser Fernrohr, wie sich eine schwarzgemummte Kleinbäuerin näherte.

Sie kam vom Gottesdienst. Sie trug ihr Kirchengesangbuch in einem weißen Bündelchen, und sie trug außerdem einen geflochtenen Henkelkorb, und sie pflückte sich Äpfel in den Henkelkorb, denn sie wollte wohl nicht ganz leer aus der Kirche in die Küche zurückkehren.

Wir lagen im Chausseegraben. Die Herbstfliegen umsummten uns, und die Heidelerchen sangen. Die Frau kam näher und näher, und Großvater hielt sie an, und er sagte: »Mir scheint, du hast gestohlen, Frau!« Die Alte sagte mit weinerlicher Stimme: »Lieber, lieber Mann, zeigen Sie mir nicht an. Ich will dem Jungchen ein Talerchen schenken, ja, das will ich, will ich!«

Und sie suchte in der Tiefe ihrer Rocktasche nach ihrem bestickten Geldtäschchen, und sie zog es mit zitternden Händen heraus, und sie weinte, und sie tat mir leid. Ich weigerte mich, den hingereichten Taler anzunehmen, aber das ging gegen die Konsequenz des Großvaters, das ging gegen seinen Starrsinn und seinen Erwerbsgeist. Dieser Starrsinn und dieser Erwerbsgeist zeugten viel Böses in Großvaters und in unserem Leben, aber das wußte ich damals noch nicht; und damals war Großvater für mich noch der unantastbare, der unfehlbare Mann.

Und weil ich den Reuetaler der Alten nicht nahm, tadelte mich der Großvater und sagte: »Du wärscht mir ein Geschäftsmann!« Er strich den Taler selber ein, nahm der Kleinbäuerin die Äpfel ab und sagte: »Nu geh, alte Tschedrauka, wie würde es dir gefallen, wenn ich mir bei euch im Garten Äpfel mausen möchte!« Die Alte nickte, und sie trippelte davon. Die Heidelerchen sangen, und sie ließen ihre weichen Töne auf uns herabkullern, und jeder Baum, auf den sich eine Heidelerche setzte, gehörte ihr.

Und es war an einem anderen Tage (die Kindheit kennt keine Daten), da sah ich durch das verkehrt herum angesetzte Fernrohr einen kleinen Mann um die Chausseekurve schlendern. Der Mann zog mit einem Rechen die Baumzweige herunter, und er pflückte sich die Taschen voll Äpfel.

Ich gab das Fernrohr dem Großvater. Der Großvater sah hindurch. Er fluchte, denn der Apfeldieb war mein anderer Großvater, mein Stiefgroßvater, und der hieß Jurischka, und er wohnte in unserem Dorfe. Die beiden Großväter waren nicht die besten Freunde, und als Großvater Jurischka heran war, sagte Großvater Kulka: »Eine feine, feine Verwandtschaft!«

Die beiden Großväter stritten auf sorbisch. Da sie wütend und verschliffen sprachen, verstand ich wenig, aber das Wort Teufel wurde von beiden mehrmals gebraucht. Dann wandte sich Großvater Jurischka ungewohnt liebevoll an mich, und er sah durchs Fernglas gegen das Dorf Schönheide hin, und Großvater Kulka zog ihm hinterrücks die gestohlenen Äpfel aus den Taschen. Aber dann fragte mich Großvater Jurischka, von wem wir das Fernglas hätten, und ich sagte es ihm arglos. Zwei Tage später wurden wir unser Fernglas los, und das Fernrohr mußte abgeliefert werden, weil alle Fernrohre in den Krieg gehörten, auf daß unsere Helden den Feind besser sähen.

Das war eine der ersten diplomatischen Spannungen in unserer Familie, aber sie schlug zu jener Zeit noch nicht in einen Familienkrieg um, weil ein größerer Krieg über allem hing.

Ich lebte wochenlang bei den Großeltern in der Kreisstadt. Ich würde dort nicht »soviel entbehren wie daheim«, sagte die Mutter. Ich wußte nicht, was ich entbehrte. Was der Mensch nicht kennt, das entbehrt er nicht. Ich kannte kein Weizenbrot und gierte nicht danach, ich kannte keine Schokolade, und ich verspürte keinen Appetit auf sie. Ach, es gibt so wenige echte, aber so viele unechte Bedürfnisse, und ich träume davon, daß wir Kommunisten uns eines Tages aufschwingen und den Menschen helfen, die unechten von den echten Bedürfnissen zu scheiden, selbst wenn wir uns dabei wieder einmal ganz und gar »unpopulär« machen sollten.

Auch in mir wurden damals Bedürfnisse geweckt, echte und unechte, denn Großvater nahm mich mit auf *Fettlebe* in die Hoyerswerdaer Sorbei, und dort wohnten seine Verwandten und Altbekannten. Die Bewohner der sorbischen Dörfer kauften ihre Tuche auf *Beziehscheine* gern bei einem *Rumgeher,* mit dem sie auf sorbisch feilschen konnten. Großvater war beredsam, und er war witzig, und er verstand die Schönheit der Frauen zu loben, und er sagte zum Beispiel: »Maika, wenn ich dir so in die Augen seh, tut mir leid, daß ich schon verpaart bin!« Und er verkaufte seine Nesselschürzen.

Ich hörte mit an, wie Großvater warb. Die Abbilder von Orten, Dingen und Handlungen verschwanden in meinen Augen, und ich kleiner Mensch fiel den mütterlichen Frauen in die Augen. Ich wurde hier mit Butterbroten und dort mit Grützwürsten abgefüttert, und ich kam zu den ersten Himbeeren meines Lebens.

Eines Tages nahmen wir Großmutters Rückenkorb mit auf die Hausierertour.

»Was soll dir die Kiepe, Matthes?«

»Warts ab, Lenka, warts ab!«

Wir kamen in ein Dorf, und das hieß Proschim. Auf den Teichen hinter dem Dorfe wimmelten und blühten die Teichrosen. Sie waren die Materialisation der Zartheit.

Großvater zog sich die Schuhe und er zog sich die Strümpfe aus. Er krempelte seine Hosenbeinlinge auf, und er ermunterte auch mich. Wir stiegen ins Wasser, und wir pflückten Seerosen, Seerosen, Seerosen, und wir warfen sie in den Tragkorb.

Das Wasser erreichte die unteren Ränder meiner Hosenbeinlinge, aber Großvater hielt nicht ein. Er pflückte sich bis an den Bauch in den Teich, und ich pflückte mich bis an die Brust in den Teich hinein, und die weißweißen Wasserrosen waren in dieser Stunde für uns die wichtigsten Dinge der Welt.

Die Kiepe war gefüllt. Wir zogen uns am Ufer die Hosen aus. Wir legten sie zum Trocknen in die Sonne, und wir lagerten uns hemdig nahbei ins Schilfgras. Der Großvater sagte: »Großmutter erzählen wir das nicht erst lange!«, und es machte mich stolz, mit dem Großvater ein *Männergeheimnis* zu haben.

Der Teichschlamm duftete, und die Fliegen summten, die Libellen flirrten, und die Wildenten krächzten, die Spiegelkarpfen plantschten, und im Dorfe krähten die Hähne. Alles zusammen verwob sich in mir zu einer Stimmung, und diese Stimmung heißt heute bei mir *Kindheitssommer.* Ich kann mir diese Stimmung zurückholen, wenn ich mich an das Ufer eines Teiches lege und wenn ich das Summen und Flirren, das Krächzen und Plantschen auf mich einwirken lasse wie damals. Und obwohl es andere Duftwellen sind und obwohl es andere Tonwellen sind, die ich wahrnehme, scheint etwas von dem, was ich meine Kindheit nenne, in diesen Wellen aufgehoben zu sein.

Wir brachten unsere Teichrosen heim. Ich verriet nicht, wie wir zu ihnen kamen, doch die Großmutter sagte: »Der Junge hätt dir hinterrücks ersaufen können, du wirst grau und immer dümmer!« Die Großmutter rollte ihren Waschzuber herzu, und sie schleppte Schüsseln herbei, und zuletzt wurden die Wassereimer gefüllt, und die weißen Blüten der Teichrosen erhellten Großmutters dunklen Gemüseladen.

Es kamen einsame Soldatenfrauen. Sie kauften unsere Teichblumen. Sie lächelten, und sie dachten vielleicht an den letzten Sommerspaziergang mit dem Geliebten. Es schickten Fabrikbesitzersgattinnen ihre Hausmädchen und Köchinnen in den Klein-Leute-Laden der Großmutter, und die kauften unsere Teichrosen als extraordinären Zimmerschmuck für ihre *Gnädigen.* Wir hatten eine Kiepe voll Freude in die kriegsgraue Fabrikstadt geschleppt, und der Großvater sagte beim Geklimper der Ladenkasse: »So kummt man zu Gelde!«

Im Frühling wimmelten im seichten Strandwasser unserer Seerosenteiche Stechfischchen umher, und die hießen Stichlinge. Die Stichlingsmännchen hatten bunte Frühlingsbrüste, und sie hingen im Wasser vor den nestbauenden Weibchen, und sie zitterten, und sie warteten darauf, daß die Stichlingsweibchen den Laich ausstießen, und es gingen Wellen komprimierter Lebenslust durch die Leiber der Fische.

Wir sahen den balzenden Stichlingsmännchen zu, aber dann regte sich in Großvater der Lebenserhaltungstrieb, denn es war Krieg, und die Menschen hungerten, und auch wir hungerten. Wir fingen viele, viele liebesdumme Stichlinge, und wir stopften sie in unseren Hamstersack, und wir schleppten sie nach Hause.

Großvater kochte die Fischchen. Er kochte sie so lange, bis sich ihre Stachelflossen auflösten und nur mehr Fischzellen im Kochwasser schwammen. Die Fischzellen machten das Wasser seimig. Nach dem Erkalten entstand aus dem Seim ein Gallert, und wir nannten die unsichtbar gewordenen Stichlinge – Fischsülze. Wir aßen diese Sülze zu Brot, und das Brot war mit Holzmehl gestreckt, und Großvater wischte sich nach der Mahlzeit den Schnurrbart und sagte: »So kummt man zu wase!«

Einige der schönsten Stichlingsmännchen ließ Großvater am Leben. Er setzte sie in ein Goldfischglas, und das Goldfischglas hatte eine barocke Form, und Großvater hatte es auf einer Auktion gekauft.

Großvater stellte das Fischglas auf Großmutters Kommode vor den Spiegel. Die Stichlinge schwammen dort umher und verdoppelten sich im Spiegel. Großvater sagte: »Scheener als Schwetaschens Goldfische!«, und dabei handelte es sich um die Goldfische auf dem Vertiko der Tuchhändlersfrau Schwetasch, und damit ist alles erklärt. Jenes barocke Goldfischglas aber behielt ich als *Andenken.* Es gehört zu jenen *Andenken,* die in unserer Kate bald hier, bald dort im Wege stehen, und es zeugt mit anderen unnützen Dingen, die uns »umstehen«, von meinen nie ganz besiegten Sentimentalitäten.

Die Mutter wollte mich wieder einmal sehen, und Großvater treckte einen Handwagen voll nützlicher Sachen aufs Dorf. Auf der Fuhre saß ich, und aus dem Geratter des Handwagens und aus Großvaters rhythmischen Tritten, aus dem Rauschen der Kiefern und dem Gezirp der Vögel entstanden Melodien, und die Melodien drangen auf mich ein.

Ich kannte damals nur Choräle und Kinderliedchen. Die Choräle holten die überalterten Blasmusiker des Dorfes aus ihrem gebogenen Blech, wenn wieder ein *Held auf dem Felde der Ehre* gefallen war. Meine *Handwagenmusik* war mächtiger als die Choräle, und als ich später Symphonien hörte, überraschten sie mich nicht, und es war nichts Unfaßliches für mich in ihnen, denn ich wußte, daß sie aus dem pfeifenden Wind, aus dem Rauschen der Bäume, dem Säuseln der Gräser, dem Gesumm der Insekten und dem Glucksen des Wassers kommen und daß sie das Weltall durchschweben und daß sie hören kann, wers vermag. Ich hörte sie damals, und ich höre sie heute, aber ich vermag nicht, sie in Form von Punkten aufs Papier zu bringen, und es gelänge mir nicht, sie mit Taktstrichen zu bändigen und zu bannen. Ich versuche sie deshalb mit der knarrenden Wortkunst zwischen Sätzen einzufangen, so gut ich es vermag, und ich bewundere Beethoven, Mozart, Schubert und andere gesegnete Bemeisterer der Musik.

So lustig und von solcher Farbe war mein Leben um die Zeit, da ich meinen Großvater kennenlernte: wir lebten wie auf einem Stern, und wir wurden einander nicht müde. Es gab keine Mißhelligkeiten zwischen uns, weil Großvater mir in überväterlicher Liebe alles erlaubte und vieles nachsah, und alles, was uns entgegenkam, und alles, was wir an Erleben zu packen kriegten, war erregend, und das besonders für mich, denn ich war neu in der Welt, und mein Leben trug noch den Silberhauch eines jungen Baumblattes.

Der Krieg dauerte vier Jahre. Ich hörte die Erwachsenen von Jahr zu Jahr mehr von Mängeln, Hunger, Leid und Sterben reden. Als der Krieg zu Ende ging, hätte man erwarten können, daß die Erde in Krämpfen erbeben oder wenigstens einen Tag lang freudig zittern würde, aber es geschah nichts dergleichen, denn die Nachricht vom Ende des Krieges ging wie ein Gerücht durchs Land, und man hatte dennmals bereits gelernt, Gerüchte mit Vorsicht aufzunehmen.

Viele Menschen freuten sich, weil sie sich noch auf der Erde und in der sichtbaren Welt befanden; die einen freuten sich, weil man sie nicht erschossen hatte, und die anderen freuten sich, weil man sie nicht hatte verhungern lassen. Die patriotisch geblähten Worte kamen eine Weile aus der Mode, und die Kriegs- und die Hungerkunst gerieten in Mißkredit.

Verhungert, zerlumpt und verlaust taumelte mein Vater aus dem Kriege. Man nannte ihn einen *Heimkehrer,* und dieses gesalbte Wort *Heimkehrer,* scheint mir, war der Same für neue nationale Phrasen.

Nun war der Vater da. Ich wurde mit meiner Schwester aus der mütterlichen Schlafkammer quartiert, und wir bezogen die kleine Bodenstube des Kottens, und es hieß, daß der Vater nun immer bei uns bleiben würde.

»Immer, immer, Mutter?«

»Immer, immer!«

Im Gastwirtschaftssaal der Großeltern Jurischka fand ein *Heimkehrerball* statt. Da war es wieder, dieses Samenwort für patriotischen Schwulst! Der Vater stieg in den Bräutigamsanzug. Der schwarze Anzug hing lappig an ihm herunter, und die Mutter überzog sich mit einem blaßblauen Kleid, und sie ging steif hinter ihrem Korsett umher, und sie erschien uns unnahbar und fremd.

Bis zum Tage des *Heimkehrerballes* kannte ich keine Furcht. Man konnte mich in der Dunkelheit in die Nachbarschaft schicken, und ich bestellte, was dort zu bestellen war, aber an jenem Abend drang das Tanzgedudel bis zu uns in die kleine Bodenstube, und ich begann mich zu fürchten. Vielleicht wars, weil die Mutter so fremd getan hatte; vielleicht wars, weil sie in einer geheimen Freude von uns gegangen war; vielleicht wars, weil wir den Ursprung dieser Freude nicht kannten.

Auf unserem Nachttisch stand eine kleine Karbidlampe. Sie stand in einem Wassertopf. Das gasbildende Karbid ging zu Ende. Ich lag neben meiner Schwester im Bett und starrte auf die kleiner werdende Flamme. Ich fürchtete mich, und die Furcht war so neu, und ich rührte mich nicht, und manchmal denk ich, daß heute oder morgen der Tod eine so neue Erfahrung für mich sein würde und daß sie eine ähnliche Erstarrung in mir auslösen würde, eine Erstarrung für Jahrtausende.

Aber auch damals wähnte ich, die kleine Karbidflamme würde verlöschen und mein Leben würde damit verlöschen. Ich entsann mich meiner unerstarrten Stimme und schrie. Meine Schwester erwachte, und ich beschwor sie, die Lampe zu schütteln.

Meine Schwester schüttelte die Karbidlampe, und ich lag selbsthypnotisiert daneben und schrie, und die Flammenmandel der Lampe vergrößerte sich, und es war mir, als hätte mein Leben noch eine Frist erhalten.

Meine Schwester schlief wieder ein, und die Flamme des Lämpchens verkleinerte sich wieder, und ich schrie wieder, und ich weckte meine Schwester, und ich flehte sie an, die Lampe zu schütteln, und sie tat es, und ich schrie trotzdem, schrie und schrie …

Und die Tür unseres Stübchens öffnete sich, und es war, als ob sie ein Windstrahl getroffen hätte. Meine Mutter stand in der Stube. Ihr Gesicht war zornig, und das zornige Gesicht paßte zu ihrem fremden Kleide. Die Stube war klein, und die Mutter war eine Riesin. Sie packte mich mit der linken Hand, und sie hob mich aus dem Bett, und sie schlug und schlug mich mit der rechten Hand, und die Hand steckte in einem Tüllhandschuh, und ich fühlte die runde Härte des mütterlichen Eheringes auf meinem nackten Gesäß, und meine Stimme erstarrte.

Die Mutter blies die Lampe aus. Sie entfernte sich. Es war, als wäre sie hinter dem Korsett nicht nur steif, sondern auch stumm geworden. Sie schloß die Tür, und sie ging treppab und der *Heimkehrerballmusik* entgegen.

Und als meine Stimme zurückkehrte, rief ich nach meinem Großvater, und der Großvater schien mir in diesem Augenblick der verläßlichste Mensch der Welt zu sein, und ich winselte mich in eine der ersten Verwandlungen meines Lebens hinein.

Der Pelzmantel

Als junger Mann hatte sich Großvater auf einer Auktion einen alten Pelzmantel gekauft, einen Mantel aus ungeschorenem Schaffell. Im Sommer hing er im Großvaterschrank, und Großmutter band die Ärmel zu und stopfte sie voll Mottenkraut.

Manchmal holten wir uns beim Spielen Großvaters Pelzmantel aus dem Schrank. Wir zogen ihn über, er war uns zu lang; wir konnten nicht gehen, wir standen gebeugt, wir ertranken in Schaffell.

Wir wurden älter, der Pelz wurde älter. Kamen die kalten Tage des Jahres, hieß es: »Alte, flick mir den Pelz!« Großmutter flickte den Pelz. Flicken an Flicken – das war der Pelzüberzug. Wer von uns mit dem Fuhrwerk zur Stadt fuhr, durfte sich Großvaters Pelz anziehen. Wenn Großvater fuhr, schlug er den breiten Pelzkragen hoch. Von hinten sah er aus wie ein Mann ohne Kopf. Großvaters Atem strich über den Pelz hin. Der Pelz bereifte und roch wie die Schafe im Winter.

Großvater prahlte mit seinem Pelz: »Durch den geht kein Gewehrschuß, das sag ich!«

»Na, Großvater, na?«

»Wenn doch bloß mal einer auf mir schießen wollte!«

»Na, Großvater, na?«

»Mit Schrot natürlich.«

Einmal fiel Großvater winters vom hohen Braunkohlenfuder. Wir erschraken. »Hast du dir weh getan?«

»Ja, Schißchen, ich stak doch in meinem Pelz.«

Ich hab ihn noch heute in Verdacht, den Alten, daß er sich vom Fuder stürzte, um ein bißchen mit seinem Pelz zu prahlen.

Die Macht des Wortes

Jedes Jahr setzte Großvater vorgezogene Kürbispflanzen in Kompost und zog große gelbe Kürbisse für den Winter. Der Komposthaufen war auf dem Felde. Durch die Felder schlichen zuweilen redliche Menschen, wenn man den Worten der Bibel traun kann: Sie säten nicht, und sie ernteten doch, und deshalb nächtigte Großvater, wenn die Kürbisse reiften, draußen. Er breitete seine blaue Schürze aus, legte sich hin und schlief im Raingras, und da er beim Schlafen schnarchte, waren die Diebe gewarnt.

Eine Weile ging's gut, aber Großmutter war noch eifersüchtig. Sie wollte kein Mannsbild, das nachts »umherzigeunerte«. »Denk an den Winter! Denk an dein Rheuma. Ich reib dich nicht ein, wenn es dich wieder quält. Im Grase liegen – bist doch kein Rehbock!«

Großvater nahm seine Schürze und ging zur Großmutter in die Kammer, doch bevor er das Feld verließ, nahm er sein Messer und ritzte in alle Kürbishäute: »Gestohlen bei Kulka.«

Die Kürbisse wuchsen. Großvaters Schrift wuchs mit. »Gestohlen bei Kulka.« Die Diebe umschlichen den Komposthaufen und ließen die Kürbisse, wo sie waren. Großvaters Buchstaben wirkten wie Zauberrunen.

Die Tabakpfeife

Alles, was Großvater im Bauernkalender las, war für ihn *Naturreine Wahrheit*. Was in den Zeitungen stand, war teils wahr und teils erlogen. In den Büchern standen erdichtete Geschichten, und etwas ausdichten konnte Großvater sich selber. Er tat es auf dem Kutschbock beim Klappern des Fuhrwerks: »In der Linde, der krummen, hörst du Bienchen und Hummchen summen...«

Wenn wir Großvater beim lauten Versemachen ertappten, machte er: »Simm, simm, simm«, als striche er alles durch, sah uns an und sagte: »Ja, ja, so ist das, so ist das!« – Nach der Meinung der Dorfleute konnte ein Häusler, der Verse machte, nicht ganz richtig im Kopfe sein.

Abends, nur abends, rauchte Großvater seine lange Tabakpfeife. Sie hatte einen Porzellankopf, und der war mit einer Waldlandschaft bemalt: Zwischen giftgrünen Bäumen stand ein röhrender Hirsch, dem viel Atemdampf aus dem Geäse kam.

Die Tabakpfeife war eine Lehrerpfeife, und Großvater war stolz auf sie. Er hatte sie zusammen mit einem hölzernen Lehnsessel auf einer Auktion erstanden. Sie gehörte zum Nachlaß des Lehrers aus Großvaters Heimatdorf Klein-Partwitz; der Lehrer hatte Kopetzki geheißen und war nach Großvaters Meinung der beste Vogelkenner des Sorbenlandes gewesen. »Er konnte dir jeden Vogel nachmachen, er war dir schon selber ein Vogel.« Großvater blies und puffte bläuliche Tabakwölkchen in die Stube. Er rauchte nur Rippentabak; denn der war am billigsten, und er kaufte ihn in der Kreisstadt beim Zigarrenmacher in kleinen Bündeln. Den Tabak schnitten meine Schwester und ich mit Großvaters scharfem Jagdnicker, den wir sonst nicht anrühren durften.

Die *Kaufmannstreichhölzer* waren für den tiefen Porzellankopf an Großvaters Pfeife zu kurz, und sie waren vor allem *ungesund*, wie Großvater behauptete, deshalb fertigten wir Schwefelhölzchen an, wenn Großmutter bei einer Nachbarin zum Schwatz war. Wir waren dann für längere Zeit sicher, denn Großmutter schwatzte gern und nichts als *Papperepapp*, wie Großvater sagte. Er schnitt mit seinem Jagdnicker zweifingerlange Hölzchen von einem Kiefernkloben, während auf der glühenden Herdplatte in einer alten Kasserolle Schwefelklumpen flüssig gemacht wurden. Schwefel war *sehr gesund*, wenn man Großvater glauben durfte, und wir glaubten es ihm, weil er selber glaubte, was er sagte. Er biß ein Stück von einem Schwefelklumpen herunter und verzehrte es, und auch wir verzehrten je unser Schwefelstück, ohne die Gesichter zu verziehen.

In einer Alchimistenkuchel kann's nicht schlimmer gestunken haben als in Großvaters Stube, wenn der Schwefel kochte. Wir tauchten die Enden der zugeschnittenen Hölzchen bündelweit in den flüssigen Schwefel, und die Schwefeltropfen erstarrten in der Stubenluft zu gelben Schwefelholzkuppen.

Zum Anzünden der Schwefelhölzer benötigte man ein Herdfeuer oder eine glühende Ofenplatte, deshalb konnte Großvater seine Pfeife nur in der Nähe des Ofens rauchen.

Der geschnittene Rippentabak hing in einem Beutel am Türpfosten. Den Beutel hatte meine Mutter als Kind für Großvater zum Geburtstag aus Flicklappen zusammengenäht und mit bunten Glasperlen bestickt. »Unsere Lene, was hat sie für geschickte Finger!« konnte Großvater sagen, wenn er den Tabakbeutel besah.

Auch wir durften Großvaters Tabakpfeife rauchen, wenn wir Zahnschmerzen hatten. Wir hatten Zahnschmerzen, wenn wir für die Schule die Bücher des *Alten Testaments* auswendig lernen sollten: »Jesaja, Jeremia ...«

Großvater achtete darauf, daß wir den Rauch lange genug im Munde behielten, damit der Zahnschmerz ausgeräuchert wurde. Eine solche Zahnbehandlung endete meist mit schwerer Blässe und nachfolgendem Erbrechen des Patienten. Beide Erscheinungen reichten aus, die Schule mit Berechtigung zu schwänzen.

Um die Weihnachtszeit kam alljährlich der neue Kalender. Er enthielt die Daten der Kram-, Vieh- und Pferdemärkte unseres Bezirks, und er brachte die Wettervorhersagen nach dem *Hundertjährigen Kalender.*

Einmal waren wir in der Heuernte, und der Kalender hatte gut Wetter vorausgesagt, doch als wir das Heu schon fast trocken hatten, brach ein Gewitter los und verdarb es. Großvater zog den Tischkasten auf, packte den Kalender und warf ihn aus dem Fenster hinaus in den Regen: »Was fällt dir ein? Da überführ dir, du Lügensack!«

Großmutter holte den Kalender herein. Er hatte achtzig Pfennig gekostet. Sie entschuldigte den Kalender: »Es kann doch vorkommen, daß eins mal die Unwahrheit sagt.«

»Du vielleicht, ich nicht«, sagte Großvater.

Die Kalendergeschichten las Großvater jahrsüber mehrmals, und manche Partien der Geschichten konnte er auswendig, besonders, wenn sie sich auf Personen aus der Geschichte der von ihm gehaßten Preußen bezogen oder auf Personen, die einem Mord zum Opfer gefallen waren, oder auf andere, die sich selber umgebracht hatten.

Als sich im Dorf ein heimatloser Fleischergeselle erhängte, zitierte Großvater aus einer Kalendergeschichte: »Er sah kein Land mehr, nur böse Menschenzungen, und er ließ sich von ihnen treiben und suchte die Handwärme seiner Mutter, und die war nicht mehr, und da legte er sich ein Seil aus Hanf um seinen Nacken und schied ...«

Im Kalender standen auch Inserate, zwielichtige Bücher wurden angeboten: *Freie Liebe* oder *Ehe in Not* und *Wie lerne ich mich Japanisch selbstverteidigen*, auch *Herren rauchen Bremer Keulen.*

Die Inserate kümmerten Großvater nicht. Er nannte sie: »Schißchen, schißchen.« Aber die *Ratschläge für gesunde und kranke Tage* las Großvater eifrig, obwohl er nie ernstlich krank war. Er hatte sich vorgenommen, sehr alt zu werden, einerseits, um sehen zu können, ob seine Enkel einmal *reiche Männer* werden würden, andererseits, damit Großmutter, die er für leichtsinnig hielt, seinen *Nachlaß* nicht würde verprassen können.

In dem Jahr, von dem ich erzähle, brachte der Kalender eine Abhandlung über die *Schädlichkeit des Tabakrauchens.* Großvater rauchte fortan nicht mehr und stellte seine Tabakpfeife in die Bodenkammer. Uns erzählte er, im Tabak kämen bestimmte Tierchen, sogenannte *Nikotina,* vor, die mit dem Rauch in die Lungen und Mägen der Menschen drängen, um sie allmählich zu töten. Großmutter spuckte vor Entsetzen aus.

Ohne Tabakpfeife wurden Großvater die Winterabende lang. Er lehrte uns das Kartenspielen: *Schafkopp* und *Sechsundsechzig.* Wir wurden abgefeimte Kartenspieler und spielten nicht nur in der Schule, sondern auch in der Kirche während der Predigt hinter der Orgel. So kamen wir unangefochten vom Bußdrang, den uns der Pastor einzuverleiben gedachte, über den Winter.

Was sich nun jahrsüber in der Kalenderredaktion der Stadt Sorau auch abgespielt haben mochte, ob die Firmen, die die Zigarren *Bremer Keule* oder den Tabak *Krauses schwarzer*

Knaster als besonderen Lebensgenuß angepriesen hatten, der *Antinikotinkampagne* des Kalendermachers wegen ihre Inserate zurückgezogen oder wenigstens mit deren Zurückziehung gedroht hatten, im neuen Kalender erschien eine vorsichtige Zurücknahme des allzu strengen Gesundheitsratschlages vom Vorjahr. Man dürfe schon ein wenig rauchen, ja, ja, hieß es, vor allem Zigarren und Pfeife, doch sei wichtig, die Pfeife stets sauberzuhalten.

Da holte Großvater seine Tabakpfeife aus der Kammer und rauchte fortan wieder, aber er säuberte die Pfeife täglich mit einem langen Draht in der Regentonne auf dem Hofe, und er trocknete sie tagsüber auf dem Ofen, um sie am Abend rauchen zu können.

Alles kam in die Reihe: Wir schnitten wieder Tabak und stellten zu Großmutters Unfreude Schwefelhölzer her, und Großvater sog mit den feinen Tabakpüffchen winters eine Menge Geschichten aus der Pfeife, die mich noch heute bewegen.

Das Teufelsmesser

Großvaters Tischschublade enthielt merkwürdige Dinge: einen Glasschneider, eine Anrißschnur für Zimmerleute, die mit Ofenruß geschwärzt werden mußte, um mit ihr den Weg der Schrotsäge auf Brettern und Balken vorzuzeichnen; Munition für ein Zündnadelgewehr; ein Tütchen Teufelsdreck, vor dem jede Hexe floh, wenn man ihn anzündete und schwelen ließ, und ein Stück vom Hängestrick eines gewissen Sastupeit, der sein Leben im Schnapsrausch beendete; aber das schaurigste Ding war ein Taschenmesser mit Hirschhornschalen, das nichts weniger als in der Wade eines Teufels gesteckt hatte. Der Teufel war blaß gewesen, jung noch und unerfahren, ein Anfänger in seinem Beruf, und wir kannten ihn fast mit Vornamen aus Großvaters Erzählungen, und mit den Jahren tat er uns leid.

Nach Großvaters Berichten steckte in jedem Wirbelwind, der sommers über die Felder küselte, ein Teufel. Je kleiner der Wirbelwind, desto kleiner der Teufel, der drin saß und Dinge lebendig machte, die sonst still dort lagen, wo sie hingehörten, wie Misthalme, welke Baumblätter, Papierstöckchen, verdorrte Blumen und den nötigen Weg- und Feldstaub, natürlich, der die bekannten Trichter und Wirbel abgab, in denen sich der Teufel versteckte.

Ja, wenn es überall so beherzte Männer wie Großvater gegeben hätte, hätte es nirgendso in der Welt zu Wirbelsturmteufeleien kommen können, bei denen Häuser niedergerissen, Fabrikschornsteine gefällt und Menschen emporgeschleudert wurden.

Alles Niewiederkehrende hatte sich in Großvaters Kindheit und in seiner Jugendzeit und im *Lande* Klein-Partwitz im Kreise Hoyerswerda ereignet; das war Großvaters Heimatdorf.

Großvater macht Mittag beim Heidekornmähen, und er trinkt aus der bauchigen Tonflasche, und wie er in die flimmernden Felder sieht, erblickt er über Schubeinz' Feld einen kleinen Wirbelwind, und der Wirbelwind kommt auf Großvater zu und packt Großvaters Brottuch und hebt es empor, und das Brottuch gehört dem Förster aus Blunow, bei dem Großvater Knecht ist, und Großvater nimmt sein Taschenmesser, mit dem er vom Brotkanten heruntergeschnitten hat, und er wirft es in den Wirbelwind, und der Wirbelwind pfeift, und die Luft geht ihm aus, und er verschwindet, und am Rain sitzt ein kleiner Teufel, und das Messer, Großvaters Messer, steckt in der Wade des Teufels.

Das Teufelchen ist blaß und hilflos, und es bittet Großvater, er möge es vom Messer befrein, und es ist der unentbehrliche Pferdefuß, in dessen Wade das Messer steckt.

Großvater ist nicht bereit zu tanzen, wie so ein kleiner Teufel pfeift, und er springt hin und schüttelt den kleinen Teufel: »Sich dir vor und laß die Leite in Ruhe!«

Und der kleine Teufel bittet um Gnade und ist bleich und zittert wie ein Lehrling nach der ersten Zigarette, und Großvater zieht ihm das Messer aus der Wade, und fort ist der Teufel, und Großvaters Brottuch stinkt, und die Förstermagd muß es waschen, dreimal nach Regel und Kunst, und auch dann stinkt es noch, daß man es nicht im Hause behalten kann.

»Ach, der arme Teufel, hatte er am Pferdefuß eine Wade, Großvater?« – »Ssa, ssa«, machte Großvater, und er überhörte die Frage, »ja, so ist das mit dem Deibel!« Großvater zeigte an der Messerklinge, wie tief das Messer in der Wade des Teufels gesteckt hatte, und da war vor allem das Messer, das keinen Zweifel an der Wahrheit der Geschichte zuließ, zumal wir wußten, daß Großvater es seither nie mehr benutzte.

An diese Teufelei muß ich denken, wenn ich in gewissen westlichen Zeitungen etwas über mein Land oder gar über mich lese, und ich finde, daß sich manche Zeitungsschreiber dort der Methode meines sorbischen Großvaters bedienen, Teufelsgeschichten aufzutischen. Was mich wundert, ist, daß es dort Leser gibt, die so naiv und glaubfreudig sind wie wir als Dorfkinder in den Niederlausitzer Wäldern.

Die rechte Großmutter

Als ich geboren wurde, war meine rechte Großmutter schon zwanzig Jahre tot. Es gab noch ein sorbisches Häubchen und ein weißes Umschlagtuch mit großen Rosen, vor allem aber Großvaters Erzählungen von ihr, und die waren so anschaulich, daß ich mir noch heute einbilde, die rechte Großmutter gekannt zu haben.

Sie war klein und reichte Großvater nur bis ans Kinn; ihre Wangen waren rot, und in der rechten Wange gab es ein Grübchen, das ihr Lächeln lieb machte. Es reizte Großvater, öfter, als auf dem Dorfe schicklich, seine bartbewachsenen Lippen dorthin zu drücken. Die rechte Großmutter war freundlich zu jedermann, und sogar die Frauen hielten sie für schön, bis auf ihre jüngste Schwester.

Großvater und die rechte Großmutter hatten viele Kinder, doch die starben im Säuglingsalter an der *Auszehrung*, nur meine Mutter blieb am Leben, aber bald nach Mutters Geburt befiel meine rechte Großmutter die Sucht zu schwinden, die *blühende* Schwindsucht.

Großvater saß an ihrem Bett. »Hanne, liebe Hanne, stirbst nun auch du?« Die Großmutter lächelte wie aus einem forttreibenden Kahn, und ihre Wangen waren röter als rot im Fieber, und das Grübchen erschien auf der Wange, und Großvater wußte nicht, was tun, aber die Großmutter wußte es: »Wenn ich fort bin, nimm dir unsre Lena!«

Die Großmutter starb, und Großvater nahm sich die Lena, und das war Großmutters jüngste Schwester. Sie reichte

Großvater nur bis an die Brust, und sie sagte, sie habe Großvater schon als Kind geliebt, als er zu ihrer großen Schwester Hanne auf die Freite kam.

Großvater konnte seine Hanne nicht vergessen. Sie erschien ihm im Traum und gab Ratschläge, und die Ratschläge waren Großvater heilig. Wenn alles zur Haferaussaat bereit war, konnte es am Morgen heißen: »Gesät wird nicht! Es kommt noch mal Schnee. Hanne hat mir gesagt.«

Stiefgroßmutter Lena maulte eifersüchtig: »Hanne, Hanne, ganzes deine Hanne!«

Großmutter Hanne beriet Großvater aus himmlischen Höhen auch beim Pferde- und Ferkelkauf, und ihre Hand war wohl auch im Spiel, als Großvater einmal als einziger im Dorf die Zentrumspartei und einmal die Kommunistische Partei wählte, weil ihm das *Papperapapp* der Sozialdemokraten nicht mehr gefiel. Nur die Deutschnationalen wählte Großvater niemals. Das waren die Preußen, und gegen die war sogar die rechte Großmutter in den himmlischen Höhen noch.

»Hanne, Hanne, ganzes deine Hanne«, maulte die Stiefgroßmutter, »war sie denn gar so schöne?«

»Was sie zu schöne war, bist du zu kleene«, antwortete Großvater. Er verhielt sich zu ihr immer noch wie zu einer jüngeren Schwester seiner Frau, die man bevormunden und ein bißchen necken muß.

Stiefgroßmutter Lena ging nach einer solchen Antwort beleidigt umher und sah auf Großvaters Westenknöpfe, wenn sie unbedingt mit ihm sprechen mußte, aber sie liebte ihn doch, und wenn er sich schon morgens auf die niedrige Ofenbank setzte, den Kopf in die Hände stützte und vor sich hin starrte, wurde sie unruhig. »Ist dir was, Matthes?«

»Laß mir in Ruhe, heute ist Hannes Sterbetag!«

Dann ging die Stiefgroßmutter hinaus und brummte dort: »Hanne, ganzes, ganzes seine Hanne!«

Tran

Frühsommermorgen – doch die Sonne ist fern, und der Himmel ist grau und voll Wasserdampf, und der Dampf kühlt sich ab, und er wird zu Regen.

Es regnet vom ersten Taglicht an, und die Kühe stehn unter den Bäumen und glänzen und triefen und kaun ihre Nachtnahrung wieder.

Immer, wenn sommers die großen Regen über das Land gehn, zieht mit ihnen ein Geruch heran, der Geruch von Großvaters Schuhtran.

An solchen Sommer-Regentagen, an denen man sich auch mit dem Kartoffelsack als Mantel nicht lange im Freien aufhalten konnte, kochten wir Großvaters Tran, und wir kochten ihn in der Viehküche, und Großvater benutzte einen verräucherten, gußeisernen Topf dazu.

Das Grundelement von Großvaters unübertrefflichem Schuhtran war ranzig gewordenes Leinöl, das er jahrsüber sammelte, und eine andere Substanz, die hinein gehörte, war Harz von Fichten, Kiefern und Sauerkirschbäumen. Sodann durften gestoßene Kreide und eine Prise Heringslauge nicht fehlen und etwas Pferdeurin, den ich besorgen mußte; und während ich im Pferdestall auf die Bereitwilligkeit eines Pferdes lauerte, Großvaters Schuhtran aromatisch zu ründen, kratzte Großvater Ruß – und der durfte nur von einem Holzfeuer stammen – aus dem Schornstein.

Das Kochen begann. Großvater rührte, und ich feuerte mit lockerem Reisig, das in den Flammen zerging. Wir kochten drei Stunden, und es roch bald nach Harz, und es roch bald nach ranzigem Leinöl, dann wieder nach Heringslauge oder nach Pferdeurin, je nach der Substanz, die sich überm Feuer gerade erschloß.

Großvater machte beim Rühren seine Verschen: »Ein Schuh, der sich nicht dicht verhält, macht mehr Krepier, als uns gefällt ...«

Sonntags schmierte Großvater seine Schuhe, seine Schaftstiefel, auch seine Holzschuhe und das Oberleder der Holzpantinen. Auch wir Kinder ließen unsere Sonntagsschuhe von Großvater schmieren; sehr zum Leidwesen unserer Mutter übrigens, denn ein Schuh, den man mit Großvaters Schuhtran behandelte, wurde nie mehr blank, blieb blind sein Leben lang.

»Das verrrfluchte Schuhkremm«, das man im Dorfladen kaufen konnte, war nach Großvaters Ansicht ungesund, aber sein Schuhtran war gesund, weil er kein Wässerchen an die Füße ließ. Wir spazierten am Sonntagnachmittag, von unseren Spielfreunden beneidet, im seichten Wasser des Dorfteiches umher und spielten *Jesus auf dem See Genezareth.*

Großmutter zog sich einen Husten zu. Großvater behauptete, sie habe nasse Füße gehabt. »Das verschißne Schuhkremm!« Er suchte Großmutters Schuhe, die sie vor ihm versteckt hatte, und er fand sie und trante sie.

Großmutter erhob ein Geschrei und spuckte vor Großvater aus, als sie die Schuhe anziehn wollte, um in die Kirche zu gehn. Großvater lachte und brachte sie auf, bis sie schrie: »Je älter du wirst, desto unfrommer wirst du!«

Großvater beeindruckte das nicht. Er wollte nicht fromm sein. Über den *Lieben Gott* konnte man von ihm nichts erfahren, dafür kannte er viele Geschichten vom Teufel, und er hatte, wie er behauptete, mehrmals mit dem Teufel zu tun gehabt.

Großmutter ging nach Großvaters Ansicht nur in die

Kirche, um dort mit anderen Frauen schwatzen zu können. »Krah, krah, krah – tschert, tschert, tschert – das ist ihr Gottesdienst.«

Vielleicht hatte Großvater recht: Auch Großmutter war nicht eigentlich fromm, aber ein Vergnügen mußte ein geplagtes Weib haben, und deshalb ging Großmutter vor allem bei Hochzeiten, Taufen und Leichenbegängnissen in die Kirche.

Nun heiratete die Tochter des Gutsherrn einen verdümmelten Offizier, und Großmutter mußte in die Kirche.

Großvater ging in den Wald um Besenreisig, denn auch der Gutsförster mußte ja in der Kirche sein. Und als Großvater am *Hause Gottes* vorüberkam, standen da links vor dem Eingang Großmutters stinkende Schuhchen. Großmutter war auf Strümpfen zur Hochzeit gegangen.

Großvater ging nach Hause, zog seinen alten Bräutigamsanzug an, setzte seinen Hut mit dem verschwitzten Zierband auf, nahm Großmutters Schuhe und trug sie in die Kirche.

Die Orgel spielte, und Großmutter hustete, und Großvater stellte ihr die stinkenden Schuhe hin, und er ging wieder hinaus und zog sich daheim wieder um. Großmutter weinte, sie weinte oft über den alten Teufel, dessen Liebe so hart und nachdrücklich war.

Die Brille

Großmutters Augen bekamen Mucken. Sie sahen die Stäubchen auf der Sonntagsbluse und die Nähnadellöcher nicht mehr. Wir Kinder fädelten ihr die Näh- und Stopfnadeln ein. »Ob ich mir eine Brille zulege?«

»Zum Schwatzen braucht man keine Brille«, sagte Großvater.

Eines Tages würzte Großmutter die Kohlrübensuppe statt mit Pfeffer mit Schießpulver, das Großvater für das *Osterschießen* im Küchenschrank aufbewahrte. Großvater spie, und die Kohlrübenstückchen flogen in der Stube umher. »Das Weib vergiftet mir!« Der Suppentopf flog zum Fenster hinaus.

Großmutters Brille wurde fällig. Großvater gab ihr eine abgelegte von sich. Die Brille paßte nicht für Großmutters Augen. »Mir wird schwindelig«, sagte sie.

»Freilich, freilich«, sagte Großvater, »durch die Brille sieht man auch den Schwindel größer.«

Großmutter war beleidigt. Sie fuhr mit der Post zum Onkel in die Kreisstadt und blieb eine Woche dort, und Großvater, der gern prozessierte, schrieb ihr einen Brief: »Hiermit fordere ich, der Endesunterfertigte, Dir auf, sofort hierselbst zurückzukehren, anderenfalls ich Mir in den Fall der Anklage versetze! Matthäus Kulka, Kossät.«

Und über das Briefblatt schrieb Großvater: »Letztmalige Aufforderung.«

Großmutter kam mit einer Brille zurück. Große, runde

Gläser saßen in einem vernickelten Gestell, rechts und links von Großmutters Punktnase. Großmutter sah aus wie ein Schleiereulchen und machte einen Rundgang durchs Dorf. Sie besuchte ihre Klatschkumpankas und besah sie sich durch die Brille. »Gott, Bertka, was bist du alt geworden, die Zeit, wo ich nicht hier war!«

Die Klatschbase besah sich Großmutter. »Der Herr steh mir bei, ein Zentner Brille und keine Nase!«

Großmutter kam recht unzufrieden von ihrem Rundgang zurück. »Wie alt und runzelig sie alle schon sind, und unsereins immer fidel und jung, fast eine Schande!« Sie besah sich mit der neuen Brille im Spiegel und wurde still; sie drehte sich und besah sich von der Seite und wurde noch stiller.

»Amen!« sagte Großvater.

Da tat Großmutter die Brille herunter und setzte sie fortan nur beim Strümpfestopfen und beim Essenzubereiten auf.

Großvaters Tod

Großvater wurde neunzig Jahre alt, und mir ist, als hätte ihn nicht das Alter, sondern der Hunger gefällt. Als der zweite große Krieg der deutschen *Übermenschen* endlich zu Ende war, lag Großvater ausgehungert und entkräftet zu Bett und navigierte sich, wie früher durch sein arbeitsreiches Leben, mit der Uhr und mit dem Kalender auf seine Sterbezeit zu. Er sah auf dem Sterbebett nicht zum Fenster hinaus in die vielhundertjährigen Eichen auf dem Dorfanger, weil er auf seine Enkel wartete und die Stubentür im Auge haben wollte, und neben der Stubentür hing die Uhr. Das Zifferblatt und die Zeiger konnte Großvater ohne Brille nicht mehr erkennen, aber da waren die drahtherben Stunden- und Halbstundenschläge, die seine Sterbezeit in kleine Strecken aufteilten. Wenn die Gewichte der Uhr – in Gußeisen nachgeformte Tannenzapfen – tiefer als die Abstellplatte des Küchenschrankes waren, auf der die Brotbüchse stand, so hieß es: »Die Uhr zieh auf, Alte!«

Den Kalender ließ sich Großvater von Zeit zu Zeit aus dem Tischkasten reichen, und auch das geschah im Befehlston. »Den Kalender!« Er sah nach, wie weit es bis zum Frühling war, und er krakeelte, als die Aussaatzeit des Hafers herankam, ohne daß jemand in den Nachkriegswirren Anstalten traf zu säen.

Die kleine Großmutter rackerte sich ab, denn bald hieß es: »Bett aufschütteln!« oder: »Kartoffeln ran!« Und manchmal aß Großvater einen Topf Pellkartoffeln aus, und manchmal aß er nur eine. Die Hauptsache, die Kartoffeln erschienen auf dem Deckbett, wenn er sie verlangte, und er ließ sich einen Knotenstock geben, mit dem er auf die Dielen stampfte, um seinen Befehlen bei Großmutter Nachdruck zu verleihen.

Bevor er bettlägerig wurde, hatte Großvater diesen Knotenstock nie benutzt, denn er war sein Leben lang steil und dabei beweglich, hatte fast volles Haar, das nicht einmal sehr grau war, bis er sich legte. Den Stock hatte Großvater wie manche seiner Sachen auf einer Auktion erworben. Es war ein *Herrenstock* mit einer kleinen Silberplatte am Ende des waagerechten Knaufs. Großvater fühlte wohl, daß er sich lächerlich gemacht hätte, wenn er mit diesem Stock in den Wald und in die Pilze gegangen wäre. Wichtig war, daß er einen so *feinen* Stock zum *Vererben* besaß, vielleicht, daß einer seiner Enkel doch ein *Herr* werden sollte, und wenn das nicht eintreten würde, so sollte der Stock mir, als dem ältesten Enkel, gehören.

Dann kam der junge Mann, der Großvaters Navigationsgerät, die alte Uhr mit den gußeisernen Tannenzapfen, fortnehmen wollte. Es war ein junger Pole, den die Faschisten während des Krieges verschleppt hatten und der sich auf dem Rückweg in sein ausgeraubtes Heimatland befand. Er trat in Großvaters Stube, nahm vom kranken Greis kaum Notiz und suchte nach brauchbaren Gegenständen. Er steckte dies und das in die Taschen, und Großvater ließ es geschehen, aber dann griff der Jüngling nach der Uhr, und niemand weiß, woher Großvater die Kraft nahm, aus dem Bett zu fahren. Er schwang den Stock und ging auf den jungen Menschen los. Vielleicht wurde in diesem Augenblick die Vorstellung des jungen Mannes von Gespenstern zur Wirklichkeit; denn er flüchtete, obwohl er Großvater mit einer Armbewegung hätte umreißen können.

Großvater pochte auf die Dielen, bis Großmutter kam,

die sich versteckt hatte, und Großvater prahlte sogar ein wenig: »An die Uhr wollt er, aber Schißchen, die brauch ich!«

Großvater machte sich ans Sterben wie an eine große Arbeit. Er starb wochen- und monatelang, lag Tag und Nacht auf der Lauer und schrie von Zeit zu Zeit: »Hähä, jetzt kommt er. Er will mir holen. Kahler Hund, du! Zeigen werd ich dir!« Großvater schwang den Stock gegen den Unsichtbaren, und die energischen Stockschwünge holten ihn wohl immer wieder ins Leben zurück. Er schrie und ächzte, daß es durchs ganze Haus hallte, und meine Mutter hielt sich nachts die Ohren zu. Tassen und Teller, Kannen und Schüsseln mußten aus der Nähe des Krankenlagers und vor Großvaters Stockhieben in Sicherheit gebracht werden.

Ich kam zu Besuch aus dem Thüringischen, wo ich arbeitete, und hörte schon im Hausflur Großvaters Sterbeflüche. Ich zögerte, zu ihm in die Sterbestube zu steigen. Ich kann leidenden Tieren, die stumm sind, helfen, kann sie sogar heilen, aber ich versage, wenn ich Menschen körperlich leiden sehe. Eine Lähmung befällt mich, nicht einmal Trostworte kann ich formen und kann nicht ergründen, wo dieses Versagen seinen Sitz hat, und manchmal meine ich, daß es schiere Feigheit ist, die mich da lähmt.

Die kleine geschundene Großmutter kam nur für einen Augenblick zu uns herunter in die Wohnstube, um etwas zu besprechen, da hörten wir oben nach teuflischen Großvaterflüchen ein dumpfes Fallgeräusch. Großvater hatte sich, um Großmutter für ihre Abwesenheit zu strafen, aus dem Bett fallen lassen.

Wir rannten treppauf. Großvater lag auf den Dielen, das Gesicht nach unten, und schrie und verfluchte die Großmutter – ein Totengerippe in blau-weiß gestreiftem Barchenthemd, kein Zoll Fleisch mehr an irgendeinem Glied, lag da, fluchte und fluchte.

Meine Lähmung setzte ein. Ich sah zu, wie mein Bruder

den ehemaligen Großvater von den Dielen hob, doch als das Großvatergerippe wieder gebettet war, erkannte es mich: »Ich sterb hier, und du treibst dir rum, und ich hab dir gerettet, wie du kleene warst!«

Und das war wahr: Großvater hatte mich gesund gepflegt, als ich im Säuglingsalter eine Lungenentzündung hatte und die Mutter im Kindbettfieber lag, und er war nicht von meinem Bett gegangen, bis ich, sein erster Enkel, genas.

Nun schüttete Großvater seinen Zorn über mich aus, seine Enttäuschung, und er verkündete, daß ich seinen Knotenstock nicht haben sollte. Was sollte ein Herumtreiber mit einem Knotenstock? Den Knotenstock sollte mein Bruder haben, der schon Neubauer mit zwanzig Morgen Land war und nach Großvaters Vorstellung die meiste Aussicht hatte, ein *Herr* zu werden.

Ich stand da- keine Handbewegung, kein Wort.

Ich mußte wieder weiter, und ich sah Großvater nicht sterben, aber seine Flüche hörte ichJahr für Jahr, wenn ich dasaß und an die Kindheit dachte, die poetisch war durch Großvater. Und eines Tages begann ich die Geschichten vom Großvater zu schreiben, und jede Geschichte war eine Abbitte für mein Versagen.

Die Katze und der Mann

Das ist die Geschichte von einer zehn Zentimeter langen Katze, die in das Leben eines sechzehnmal längeren Mannes eingriff: Der Mann hieß Hardel, war ein verwitweter, noch rüstiger Rentner, lahmte auf dem linken Bein, zog sich damit von Kind an den Spott unvernünftiger Zeitgenossen zu und war aus diesem Grunde mißtrauisch, auch gegen Menschen, die sich ihm mit freundlichen Absichten näherten.

Glückspunkte in seinem Leben waren, nach dem Tode seiner Frau, die Tochter und ein Gärtchen vor der Stadt. Zum Gärtchen eilte er nach der Schicht, als er noch in einer Fabrik arbeitete, und er legte seine kleinmenschliche Schöpferkraft in diesen Erdflicken. Die Gartenlaube baute er nach und nach zu einem Fachwerkhäuschen aus, bezog es und sparte die Miete für die Stadtwohnung. So wohnte er am Stadtrand und ein wenig am Rande der Ereignisse. Er hoffte, das Kleinhaus würde auch das künftige Familiennest seiner Tochter werden – leider. Es kam ein Mann, der sie nahm und beherrschte, und die Tochter verschmähte das Kleinhaus.

Eine Zeitlang ging Hardel bekümmert umher. Die Glücksperlen seines Alltags waren verblichen. Aber kein Mensch kann so leben. Der Mensch braucht Hoffnung. Hardel begann zu hoffen, sein Enkel, der Gras, Blumen, Bäume, Hütten und Unterschlupfe liebte, wie viele Kinder, würde ihm einst für das Häuschen danken und den Großvater für die Vorsorge über das Grab hinaus loben.

Er hütete den kleinen Besitz mit Altmänner-Wunderlichkeit. Bröckelte aus den Mauerfugen der Mörtel, so vernarbte er die Schründe mit Speis, strich die Steine im Frühling rot und zog die Fugen mit Schlämmkreidenbrei nach.

Wenn Vorübergehende das schmucke Häuschen lobten, war das für Hardel vorläufig, und, wie er glaubte, bis der Enkel reif sein würde, die einzige Anerkennung seiner Arbeit, und das tat ihm einen Augenblick lang gut, aber dann stürzte er sich wieder verbissen in den Kleinkrieg mit den Wettern, die mit den Mäusen und den Holzwürmern um die Wette am Häuschen nagten; besonders die hereingewanderten Feldmäuse vergällten ihm oft die Wintertage.

So kam's, daß er zum Winter hin in einer Vorstadtstraße eine Katze auflas. Sie war nicht ausgewachsen, ließ den kahlen Schwanz hängen, hatte verklebte Augen, und ihr Fell war wie von Motten zerfressen – eine Herbstkatze, ein Kümmerling.

Sie fraß sich an Hardels Mittagsmahlresten heraus, doch ihr Kopf blieb außergewöhnlich klein, und ihr Maul unter der platten Nase schien, wie der Mund bornierter Menschen, mit einem ewigen Lächeln behaftet zu sein. Sonst war das Katzending schwarz bis auf die Krallenbehälter an den Pfoten, die waren weiß – alle vier. Die vier Weißpfoten unterstrichen die Katzenkümmerlichkeit – das kleinköpfige Tier ging barfuß.

Sie lebten mehr neben- als miteinander, der knurrige Rentner und die artgemäß auf sich bezogene Katze. Der Mann belauerte das Tier; das Tier belauerte den Mann. Hardel schickte die Katze nicht fort, als er gewahr wurde, daß sie Mäuse am sichersten vernichtete, wenn er sie ihr in der Klappfalle fing. Ein Mausweibchen setzte seine Jungen in den wenig benutzten Einkaufskorb. Nichtsahnend nahm Hardel den Korb. Im Vorstadtkonsumladen sprangen die Jungmäuse der Verkäuferin gegen den weißen Kittel. Großes Geschrei. Hardel nahm auch das hin, ohne die Katze geringer zu schätzen.

Der Winter verging. Maizeit kam. Der Mehlsuppenteller unter der Ofenbank blieb zwei Tage unangerührt. Am dritten Abend kam die Katze zurück. Sie war mager, ein verkohltes Brett, und schien Geschwüre unterm Bauch zu haben. Aber als Hardel sie hochnahm, gewahrte er, daß es sich um ein armseliges Gesäuge handelte.

»Hast du gelammt?« Hardel betonte jede Silbe, als ob er mit einer Ausländerin spräche. Seine lauten Worte trafen auf den Perpendikel der alten Wanduhr. Er schien für einen Augenblick langsamer zu pendeln.

Hardel hinkte ums Haus, durchsuchte den Holzstall und das Kaninchenheu auf dem Stallboden, durchstöberte den Garten, sah unter den Hecken nach und vergaß auch den Brunnenschacht nicht.

Die Katze leckte sich die Mehlsuppenreste vom Bart, schlüpfte in den Hof und belauerte den suchenden Mann. Hardel fühlte sich gekränkt: Seine Katze verbarg ihm etwas. Hatte er Mißtrauen verdient?

Er riß ein liniertes Blatt aus einem Oktavheft, und während er noch ächzend Druckbuchstaben formte, sprang die Katze aus dem Spalierapfelbaum gegen die Giebelwand und erklomm das offenstehende Bodenfensterchen.

Hardel heftete den Zettel mit Blaukuppen an die Latten der Gartenpforte: *Katze Jungen verschleppt. Finder hier melden! Der Eigentümer.*

Die Bewohner der Laubenkolonie lasen und lächelten.

Als die Apfelbäume verblüht waren und der Löwenzahn seine Samenbällchen in den Mittmaiwind hielt, vernahm Hardel von unter der Bodentreppe her Katzenquieken. In der dunkelsten Ecke des Treppenwinkels lagen drei Jungkatzen. Sie krochen spreizbeinig auf den verstaubten Dielen umher.

Freude glomm in Hardel auf: Seine Katze zog ihn also ins Vertrauen, und das war kein geringes Erlebnis in seiner Einsamkeit.

Aber der Altkatze ging's nicht drum, ihre Nachzucht bewundern zu lassen. Ihr dürftiges Gesäuge gab nicht mehr genug Milch für die wachsenden Jungen her. Sie waren im Bodenversteck unruhig umhergekrabbelt, und die beunruhigte Mutter hatte sie dorthin geschleppt, wo sie ihre Nahrung fand, in die Nähe der Küche.

Als Hardel seine drei neuen Hausgenossinnen betastete, kam die Altkatze zurück. Sie sah die knotigen Mannshände im neu eingerichteten Nest, wurde mißtrauisch und packte ein Junges, um es davonzuschleifen. Hardel griff zu und mischte sich in das Katzenleben.

In der Holzluke unterm Küchenherd richtete er im Einkaufskorb ein zivilisiertes Katzennest her, und er hielt die Küchentür verschlossen, bis die Altkatze es angenommen hatte.

Das Katzenleben unter dem Herd erheiterte Hardel. Er war zufrieden und sang sogar ein verstaubtes Liedchen.

Beim Schlafengehen, als er sich in der Bodenstube in seine speckige Steppdecke wickelte, hörte er hinter der Dachschräge über seinem Lager dünnes Jungkatzenfiepen. Zwirnsfadendünne Schreie drangen aus dem Hohlraum zwischen Dachsparren und Deckenbelag.

Voll Mißtrauen gegen die Katze stieg Hardel hemdig in die Küche hinunter. Alle drei Jungkatzen lagen schlafend im Korb.

Hardel legte sich wieder. Er war wohl ganz verrückt mit seinen Katzen und hatte das Wimmern im Erstschlaf erträumt, wie? Er lachte laut über sich selber, und es klang irr, wie der alte Mann da in der Maimondnacht im leeren Hause lachte. Aber da taute das Katzenwimmern wieder auf, erst leise, dann lauter.

Hardel kletterte in den Firstraum über der Bodenstube und leuchtete mit einer Taschenlampe in den toten Winkel zwischen Sparrenraum und Stubenaußenwand. Der Lampenstrahl drang nicht bis auf den Grund, und Hardel fuhr mit dem rechten Arm in die Höhlung, und obwohl er ihn bis an die Achsel hineinsteckte, erreichte er den Grund des Spaltes nicht. Da ließ er eine Latte hinunter. Sie verschwand auf zwei Armlängen im Sparrenraum, ehe sie auf Grund stieß. Hardel glaubte das leise Tasten von Krallen am Holz zu spüren, fühlte wie ein Angler, wenn der Fisch anbeißt, aber als er die Latte vorsichtig herauszog, hing kein Kätzchen dran.

Er stieg zur Küche hinunter, packte die Mutterkatze, nannte sie »kleinköpfiges Rabenvieh«, schalt sie ob ihrer Vergeßlichkeit, schleppte sie in den Firstraum und setzte sie an den Rand der Dachschräge.

Die Katzenmutter spitzte die Ohren, doch sie kroch nicht in die finstere Schräge. Da ergriff Hardel sie beim Genick und zwang sie in den Spalt hinein, doch als er sie losließ, krallte sie sich aus der Höhlung und erschien wieder am oberen Rand der Luke.

Die Stube war von unsicherem Mondlicht erhellt. Hardel stand ratlos und fühlte sich matt. Er hatte sich im Firstraum müde gearbeitet und gierte nach Schlaf. Vom Katzenwimmern war nichts mehr zu hören. Vielleicht zeigte sich nach gelungener Nachtruhe eine Möglichkeit, die Katze zu retten. Er legte sich, atmete tief und schlief ein.

Zur halben Nacht erwachte er, denn die Katze wimmerte wieder. Er erhob sich, um das Gekreisch nicht gerade über seinem Kopfe zu haben, und pantoffelte in der Stube umher. Schüchtern kam ihm der Gedanke, das Dach abzudekken. Aber sollten ihn die Nachbarn für verrückt halten?

Wieder warf er sich aufs Bett und suchte an schlimmere Augenblicke seines Lebens zu denken:

Im *großen Kriege* hatte man ihn seines Gehfehlers wegen nicht an die Front geholt. Er wäre Soldat der Heimatfront, sagte man ihm, und er nahm's ein wenig schmunzelnd hin.

Er bediente in einer Zellwollfabrik zwei jener großen Rührmaschinen, in denen aus Zellstoff, Schwefelkohlenstoff und Ätznatronlauge der honiggelbe Brei hergestellt wurde, den man Viskose nennt. Er arbeitete zwölf Stunden täglich und wußte nicht mehr wie Sonntage aussahen. Es ging heiß her an der Heimatfront Bei jedem Fehler, der einem Arbeiter unterlief, lag's in der Hand der Oberaufseher, ihn für einen Sabotageakt auszulegen.

Hardel hatte der Sozialdemokratischen Partei angehört. Das stand in seinen Papieren, er war belastet, ihm durfte kein Fehler unterlaufen. In einer Nachtschicht mußte er die Maschinen eines erkrankten Kollegen mit bedienen. Er hinkte kontrollierend zwischen vier Maschinen hin und her und da geschah's, daß er in einer Rührmaschine die Ätznatronlauge auf den Zellstoff gab, ohne ihn vorher mit Schwefelkohlenstoff geröstet und zersetzt zu haben. Statt seimiger Viskose brodelte in seiner Maschine eine weiße, klumpige Masse.

Als Hardel sein Versehen gewahrte, befiel ihn Furcht. Er meldete sich, bevor entdeckt wurde, was er unabsichtlich verdorben hatte, bei seinem Schichtführer krank und eilte in sein Häuschen. Er wollte nicht verhaftet werden, ohne seiner Tochter Lebewohl gesagt zu haben.

Er lauerte die Nacht lang hier in der Stube, im selben Bett wie jetzt liegend, seiner Verhaftung entgegen. Eine schlimme, schlimme Nacht!

Als der Morgen kam, pochte es bei der Haustür. Er verabschiedete sich bleich und zitternd von seiner Tochter und öffnete:

Ein Mann der Werkspolizei, ein SS-Mann stand draußen. Hardel erwiderte den Hitlergruß, um den er sich sonst als alter Sozialdemokrat gedrückt hatte. Er schlug sogar ungeschickt die Hacken zusammen.

Der Uniformierte fingerte etwas aus einer Ledertasche an seinem Koppel. Die Pistole, hatte Hardel gedacht und hatte ergeben zu Boden gesehen. Was der Werkspolizist jedoch aus seiner Tasche zog, war ein Brief vom Schichtleiter, dem Hardels Versehen nicht entgangen war, der jedoch fürchtete, unter dem Vorwand verletzter Aufsichtspflicht mit in die Sache hineingezogen zu werden.

»Alles in Ordnung. Kannst arbeiten kommen, wenn du nicht zu krank bist«, stand in dem Brief. Hardel wußte die Worte noch jetzt nach zwanzig Jahren auswendig. Der Schichtführer hatte den verfahrenen Inhalt der Rührmaschine heimlich in den Abfall gedrückt.

Dann schlief Hardel doch ein, schlief bis in den halben Vormittag und fuhr hastig auf, weil das Kleinvieh noch nicht versorgt war. Er fütterte die Ziege, die Hühner, die Kaninchen, und an das Katzenereignis in der Nacht dachte er zunächst nicht, doch als er beim Frühstück saß, klopfte es, und ein Junge aus der Nachbarschaft trat ein.

Das erste, woran Hardel dachte, als er den Jungen sah, war, daß sein Enkel so groß sein müßte wie dieses Nachbarkind, und es rührte sich etwas wie Zärtlichkeit in ihm. Aber der Junge war aufgeregt, stotterte und forderte den Alten auf, mit ihm auf die Straße zu gehen und zu hören, Hardels Katze müsse sich unterm Dach verklemmt haben.

Hardel hieb mit der Faust auf den Küchentisch und fluchte halblaut: Satansbraten, verpfuschte Kreatur«, und es war schwer zu erkennen, daß sich sein Geschimpf auf die Altkatze bezog. Der Junge erschrak jedenfalls, schlug betroffen die Tür zu und rannte davon.

Nun war schon die Nachbarschaft alarmiert. Genug mit der Katzenduselei«, zischte Hardel, kletterte in den Firstraum, lauschte, hörte das Wimmern, nahm die Latte und stieß sie bei geschlossenen Augen mehrmals in die Dachsparrenhöhlung. Das Wimmern verstummte. Hardel zog das Vierkantholz aus der Höhlung und warf es ins Bodendunkel. Das Dunkel antwortete mit Gepolter.

Humanität – er hatte in Zeitungen darüber gelesen. Was war humaner: zuhören, wie die Jungkatze langsam, langsam starb, oder ihr die Todesqualen abkürzen? Er fand keine Antwort. Was konnten seine Gedanken jetzt zu seiner Beruhigung produzieren – die Erinnerung an den Tag, an dem er seinen Enkel zum Fröschefangen abholen ging?

Er ging selten in die Wohnung der Tochter, weil er sich für den Schwiegersohn keine Freundlichkeit abgewinnen konnte. Er klopfte nie an, sondern rüttelte an der Klinke der Wohnungstür, bis ihm aufgetan wurde. Bei Kindern klopft man nicht an, war seine Meinung.

Hardel hatte in seinem Garten ein kleines Terrarium für den Enkel eingerichtet und wollte mit dem Jungen Frösche fangen gehen. Er rüttelte an der Wohnungstür, doch sie war unverschlossen und tat sich auf. Lärmend schleifte er sein lahmes Bein durch die Zimmer: Unverschlossene Schubfächer, unabgewaschenes Geschirr in der Küche, Fliegen, die sich an Kuchenkrümeln letzten, Unordentlichkeit überall, und unter einer halb gefüllten Kaffeetasse lag ein Zettel: »Wir sind fort. Man kann hier nicht leben.« Kein Gruß, keine Unterschrift. Man kann *hier* nicht leben. Hardel war beleidigt. *Hier* lebte er. *Hier* stand sein Häuschen. *Hier* sorgte er für den Enkel.

Und als Hardel an den Enkel dachte, setzte er sich aufs Kinderbett und weinte. Er weinte, als ob Kummerblasen aus seiner Brust aufstiegen und an der Mundöffnung glucksend zerplatzten.

Sein Trost war, daß den Zettel weder sein Enkel noch seine Tochter geschrieben hatten.

Hardel wurde damals in die Kaderabteilung seines Betriebes bestellt. Man befragte ihn ungeschickt, und Hardel glaubte den Verdacht herauszuhören, daß er die Landsflucht seines Schwiegersohnes begünstigt hätte. Er wies das wütend zurück. »Niemals!« Hätte er sonst den Enkel zum Fröschefangen abholen wollen?

Er durfte gehn, aber er hatte das Gefühl, daß man ihm nicht recht glaubte. Dieses Mißtrauen, das er sich in seiner Altmannsstarrheit vielleicht nur einbildete, machte ihn krank und unzurechnungsfähig. Er kündigte, verließ den Betrieb und lebte fortan von seiner Rente.

Und wie Hardel so lag und sich zerdachte, hörte er etwas, erhob sich mit einem Ruck, und sein lahmes Bein versagte. Er packte seinen Gehstock, richtete sich an ihm auf und lauschte: Das Katzenwimmern war wieder da, kläglich und leise.

Hardel biß sich in den Kleinfinger. Ein weinerliches Kleinkinderlächeln zupfte an seinen Lippen und entblößte die Zahnlücken. Er hatte nicht getötet. Das Katzenwimmern hinter der Dachschräge war ein Vivat aufs Leben.

Er stolperte in den Garten, holte die Leiter vom Holzstall, bestieg sie und riß die Ziegel vom Dach. Er nahm sich nicht die Zeit, mit jedem von der Leiter zu kriechen. Er warf sie auf die Hecke, und manche Steine glitten von den federnden Zweigen zu Boden und zerklirrten auf dem Kiesweg. Andere Dachziegel zerbrachen schon in seinen Händen, weil der Kalk sie an die Nachbarziegel gebacken hatte. Hardel zerrte keuchend und hatte nur die Katze im Sinn.

Als er die Hälfte des Daches abgedeckt hatte, war noch immer nichts von der Katze zu sehen. Er tastete, leuchtete mit der Taschenlampe – nichts. Er rief, gab der kümmerlichen Katze Kosenamen, doch es rührte sich nichts. Hardel begann an seinem Verstand zu zweifeln, stieg von der Leiter, hockte sich auf den Kompost unter dem Kirschbaum, schnaufte, ließ die Arme hängen und war ein Häufchen alter Mann.

Aber da hörte er wieder ein leises Zirpen – einen Heuschreckenton, und er stieg auf und fand endlich die Katze. Sie kauerte am Trempel in einem von Holzwürmern ausgefressenen Loch eines Tragbalkens.

Klamm lag das unverletzte Tier in der Manneshand. Hardel rieb es mit seinen schrumpeligen Altmännerdaumen, führte das Katzenmaul an seinen Mund und versuchte diesem Plüschläppchen Leben einzublasen. Er blies und blies, und das Häuschen hinter ihm sah aus, als hätte es ein Wirbelwind besprungen.

Als Hardel abließ, seinen Atem mit der Katze zu teilen, sah er, daß sie sich auf seiner Handfläche wohlig streckte, wie Katzen es tun, wenn sie in Sonne baden. Erst streckte sie ein Hinterbein, dann ein Vorderbein, und dann – war sie tot.

Hardel krümmte sich vor Kummer. Hing sein Leben von dieser lumpigen Katze ab? Hilflos sah er sich um. An der Hecke stand der Nachbarsjunge. Hardel sah ihn an und reckte sich. »Ich hab sie nicht umgebracht!«

Der Junge schniefte.

»Wie?«

Der Junge schüttelte den Kopf.

»Nicht wahr, ich hab sie nicht umgebracht.« Der Alte nahm das Kopfschütteln wie einen Freispruch entgegen und legte seinen Arm um die Schultern des Jungen. »Es kommt eben vor, daß sie eins verschleppen. Verschleppen einfach die Kinder, verstehst du?«

Hasen über den Zaun

Der Winter zog zeitig ins Vorgebirge. Schnee fiel und war fein wie weißer Wegstaub, und er häufte sich an den trockenen Rainfarnstengeln zu Wehen. Der Ostwind wetzte sich an dem kleinen Holzhaus am Berghang und trieb den Schnee hinten im Garten gegen die Obstbäume.

Es ging auf den Abend zu, und der Alte mit dem weißen Knebelbärtchen sah in den Obstgarten. Hinter ihm saß seine Frau am Ofen und schliß Gänsefedern, und ihre Schulterblätter standen wie Flügelstümpfe in die Dämmerung. Der Alte sog schmatzend an seiner Tabakpfeife und sah dem Gestöber zu. »Ostwind!« murmelte er. »Einwandfreier Ostwind!«

Die Frau erhob sich, blickte flink aus dem Fenster, und ihre Augen tränten ein bißchen. Weiße Federchen wirbelten in der Stube umher, und draußen tummelte sich der Schnee, und der Unterschied zwischen draußen und drinnen wurde von der Ofenwärme bestimmt, von der Ofenwärme. »Möglich, daß es aufhört zur Nacht«, sagte die Alte. Der Mann fuhr gereizt herum. »Aufhören? Bei Ostwind?« Er war ein Streithammel, und je älter er wurde, desto rechthaberischer wurde er. Manchmal behielt er wirklich recht, dann triumphierte er, und wenn er nicht recht behielt, zeterte er über die Zeiten, die so wären, daß man sich auf nichts verlassen könnte. Die Alte kannte das seit sechsundfünfzig Jahren, und es machte ihr keinen Spaß mehr, selber recht zu haben und ihn zu reizen. Sie trug ihren Federkorb behutsam in die Kammer, als säßen schlafende Schmetterlinge drin. In der Kammer legte sie Wetterzeug für den nächsten Tag bereit, denn es konnte sein, daß der Alte wirklich recht behielt.

Der Alte rauchte im Bett noch eine Pfeife, sah in die aufgestocherte Glut des Ofens und lauschte auf das Weben des Windes und auf das Geknipsel des Schnees an den Fenstern.

Im Garten standen dreiundsiebzig Obstbäume, und der Wind wehte die ganze Nacht, und es fiel Schnee die ganze Nacht, und an den Obstbäumen bildeten sich Wächten, und die wuchsen und wuchsen bis zu den Baumkronen hinauf. Auch am Gartenzaun peitschte der geile Wind Schneewehen zusammen, und es sahen nur noch die Spitzen der Zaunlatten aus ihnen heraus. Vom Hunger getriebene Hasen hoppelten durch das Schneetreiben, und es war ihnen ein leichtes, über den verwehten Zaun zu springen und über die Wehen zu laufen und sich in die Kronen der Obstbäume zu setzen. Sie raspelten die Baumrinde herunter, und sie fraßen auch das gefrorene Jungholz der Triebe.

Bevor es Tag wurde, schaufelten die beiden Alten den Hinterausgang und das Fenster des Häuschens, das auf den Garten hinausging, frei. Der Alte war guter Dinge, weil er recht behalten hatte, und sie tranken warmes Wasser, das mit dem Staub gebrannter Gerste versetzt war. Sie kannten ihre Bäume, wie man seine Haustiere kennt, und sie warteten auf das Taglicht, und als genug Licht da war, starrten sie aus dem Fenster und stießen sich an. »Die Goldparmäne am Wassertrog! – Die Gute Luise am hinteren Pförtchen!«

Die Hasen hatten die Kronen von fünf Obstbäumen in einer Nacht zernagt und zerraspelt.

Die beiden Alten krochen in ihr Wetterzeug und schaufelten sich an den ersten Obstbaum heran, schaufelten ihn frei, und als das getan war, schaufelten sie auch den nächsten Obstbaum frei und den nächsten auch. Und als sie soweit waren, sagte die Alte: »Sollten wir nicht lieber einen Graben um den Zaun schaufeln?« Der Alte wollte nichts davon hören, und er hatte recht, denn einen Graben um den Zaun zu schaufeln wäre ihnen in drei Tagen nicht gelungen, zumal es noch schneite und weiter schneite. Außerdem hätte der Graben breiter sein müssen, als ein Hasensprung lang ist. Die Alte hatte den Vorschlag wohl nur gemacht, um eine Verschnaufpause zu haben, und sie erwiderte nichts.

Sie schaufelten weiter, und am halben Vormittag hörte der Wind auf, und es hörte auf zu schneien, und die Alte wagte zu sagen: »Welch ein Glück, trotz der fünf verlorenen Baumkronen, welch ein Glück!«

Aber der Alte wurde zornig und sagte: »Kräh du nicht und wart erst ab!«

Sie türmten neben jeden Obstbaum einen Schneeberg; sie hielten die Abstände von den Schneebergen zu den Obstbäumen so, daß die Hasen, falls sie es hätten versuchen wollen, die Schneeberge nicht beim Abweiden der Baumkronen hätten benutzen können.

Die Alten gönnten sich keine Zeit für ein Mittagsmahl, und sie geizten mit jedem Strählchen Taglicht. Am Nachmittag begann die Alte zu husten, und am Abend trank sie Pfefferminztee. Der Alte saß und aß viel und lange. Ab und zu hielt er beim Kauen inne und lauschte nach draußen, und er war nicht zufrieden, weil er nicht recht behalten hatte, denn es wollte und wollte auch auf Abend kein Wind aufkommen.

Die Alte hatte nicht Hunger, und sie legte sich zu Bett. Sie fror, und ihre Zahnprothese klapperte. Der Alte warf ihr zwei Decken übers Zudeck, und als sie immer noch nicht warm wurde, legte er sich zu ihr und schlief sogleich ein.

Aber in der Nacht wurde er vom heftigen Husten der

Frau geweckt. Er machte Licht, und er sah das Pfifferlingsgesicht der Alten an, und er betastete ihre Stirn und fand, daß sie heiß wäre.

Er erhob sich und ging in die Küche, um frischen Pfefferminztee zu kochen, und dabei hörte er, wie der Ostwind draußen wieder zu wehen begann.

Die Alte mochte den Pfefferminztee nicht. Sie hustete, hustete und bat ihn, zu den Nachbarsleuten zu gehn, die dreihundert Meter höher am Hang wohnten und ein Telefon hatten. Sie verlangte nach der Gemeindekrankenschwester. Der Alte, dieser Kampfhahn, war schon wieder auf dem Zaun. Eine Krankenschwester bei Nacht und mitten in Schnee und Winter, das habe es nie gegeben. Die Alte, die ihn im Fieber nicht fürchtete, widersprach: Man käme jetzt zu Kranken zu jeder Tages- und Nachtzeit.

Die Antwort des Alten war ein Gelächter, ein Meckern. Aber die Alte begann um sich zu schlagen, und sie bat ihn wimmernd, die Hasen von ihrem Deckbett zu vertreiben.

Der Alte zog sein Wetterzeug an. Er wollte der Frau ein wenig zu Willen sein, weil sie krank war; sie würde ja selber sehen.

Draußen vor den Hügeln und im Gestöber krabbelte der Alte den Weg zum Nachbarhaus an und war klein und gering wie jene schwarzen, stecknadelkopfgroßen Käfer, die es unternehmen, sich durch Mehlberge zu arbeiten. Es brauchte lange, bis er die dreihundert Meter nach oben zurückgelegt und den Nachbarn, der auf der Gemeindeverwaltung arbeitete, herausgeklopft hatte. Und es währte auch geraume Zeit, bis man sich auf der Schwesternstation im Unterdorf meldete. Es wurde gefragt, ob das Kommen bei diesem Wetter unbedingt erforderlich wäre. Das Kommen wäre unbedingt erforderlich, sagte die Frau des Nachbarn und machte es dringlich, es handele sich um eine alte Frau, um ein kleines Lebenslicht.

Als der Alte wieder in seine Stube trat, sah er, daß das kleine Gesicht der Frau gedunsen und rot war. Sie hatte die Bettdecke weggeschleudert, und er hob sie auf und deckte die Alte wieder zu.

Die Blaubeere schlägt das Fieber nieder, fiel ihm ein, und er stieg in den Keller, um ein Glas Blaubeeren zu holen. Im Keller hörte er den Wind nicht wehn, und er fürchtete schon, nicht recht behalten zu können, doch als er mit dem Glas nach oben kam, hörte er den Wind wieder und wurde fast heiter.

Er klopfte mit einem Teelöffel an den kleinen Blaubeerteller, wie man es zu tun pflegt, wenn man Kinder aufs Essen hinlenken will. Die Alte sah ihn irr an. »Ob einer von ihnen am Leben geblieben wäre, wenn sie nicht Zwillinge gewesen wären, Herr Wahrsager?« Die Frau sprach von ihren Söhnen, die im Kriege geblieben waren.

Dem Alten wurde es unheimlich. Die Frau hielt ihn für den Wahrsager, der in der Kreisstadt nach dem Kriege sein Wesen getrieben hatte und dem sie ein halbes Schwein hingeschafft hatten, um etwas über ihre Söhne zu erfahren.

Die Alte wollte die Blaubeeren nicht, und sie stieß mit dem Fuß nach dem Manne, als er sie ihr zu Munde bringen wollte. Er verschüttete die gekochten Blaubeeren auf ihrem Deckbett, und die Alte starrte auf den Blaubeerfleck und fürchtete sich.

Der Alte ging beleidigt in die Küche. Er saß dort und grübelte, und je mehr Zeit verging, desto weniger war er beleidigt, denn er begann recht zu erhalten; die Gemeindeschwester kam nicht.

Als die Alte versuchte, aus dem Bett zu springen, sagte er sich: Es muß etwas geschehn, und er beschloß, sie selber zur Schwesternstation zu bringen, wie er es früher mit den Söhnen getan hatte, als sie noch klein waren.

Er holte das Plättbrett aus der Kammer und suchte dicke

Kleider aus dem Schrank, die alte Krimmermantille, das Umschlagetuch und alles, was wärmen konnte. Außerdem nahm er dickes Unterzeug und lange Unterziehhosen von sich und fiel damit über die Frau her.

Die Alte, die in einem lichten Augenblick erkannte, was der Mann vorhatte, ließ sich kleiden und mummen, und als sie wie ein Bündel übereinandergezogener Kleider dalag, schob der Alte sie auf das Plättbrett. Er band sie mit einem Strick ans Brett.

Er holte den Hörnerschlitten aus dem Stall, und er sah, daß die Obstbaumgruben, die er und sein Weib am Tage geschaufelt hatten, wieder zugeweht waren, und er dachte, ich will mich beeilen, denn morgen werde ich zu all der Arbeit allein sein, und ich werde noch vor Tag beginnen müssen, sonst werde ich es nicht schaffen.

Er trug die Alte hinaus auf den Hörnerschlitten und wunderte sich, daß sie so schwer war, aber das machten wohl die vielen Kleider, und es war alles recht so, wie es war.

In der Frostluft begann die Alte zu jammern, und er konnte sich nicht enthalten, ein wenig herauszukehren, daß er recht behalten hatte. »Ich habe dir gesagt, daß sie nicht kommen. Aber ich bringe dich hin. Ich!«

Das Gesicht der Alten verklärte sich. Sie war schon wieder im Wahn, und sie war glücklich darüber, daß der Alte sie endlich zu ihren Söhnen bringen würde.

Er band die Alte mitsamt dem Plättbrett auf dem Schlitten fest und fuhr mit ihr talab. Er brauchte den Schlitten nicht zu bremsen, denn es waren genug Wächten auf dem Wege, die das besorgten. Er stieß den Schlitten durch die Wehen und ächzte und schwitzte dabei, aber mit einem Male bäumte sich die Alte auf dem Plättbrett und schrie: »Bind mich los! Bind mich los!« Der Alte beruhigte sie und versprach ihr, schneller zu fahren, damit sie rasch hinkäme, und die Alte war es zufrieden, rascher zu ihren Söhnen zu kommen.

Doch über einer Weile gab sie sich einen solchen Ruck, daß der Schlitten zu kippen drohte, und sie behauptete, die Söhne kämen auf ihren Panzern, und sie müßte ihnen entgegen und sie begrüßen.

Und der Alte schob und schob den Schlitten und schnaufte, und als er ihn um eine Kurve schob, war's ihm selber so, als hörte er Panzergedröhn, und er dachte: Sie steckt dich an mit ihrem Fieber, sie macht dich verrückt; es ist nichts als dein Blut, dein eigenes Blut, das du rumoren hörst.

Er fuhr mit seinem Schlitten geradewegs auf den Schneepflug zu, und als der Fahrer das rutschende Bündel und den wankenden Mann dahinter sah, hielt er an. Die Schwester, die aus dem Krankenauto stieg, das dem Schneepflug folgte, schimpfte mit dem Alten: »Nein, nein, nein, wir haben doch gesagt, daß wir kommen!«

Dem Alten fehlte der Atem fürs Widerreden, aber er dachte: Man kann sich auf nichts mehr verlassen.

Die Alte war bewußtlos geworden, und als ihr die Schwester den Puls gefühlt hatte, ließ sie sie eilig mitsamt dem Hörnerschlitten von den beiden Fahrern in das Krankenauto schieben.

Der Alte stand am halben Hang und sah die Rücklichter des Krankenwagens im Schneegestöber verglühen. Man hatte ihn stehengelassen und vergessen. Und er hätte auch nicht mitfahren können, wenn er an die Arbeit dachte, die ihm daheim bevorstand.

Er stampfte hangan, und bis er sein Häuschen sah, wurmte es ihn, daß er nicht recht gehabt hatte mit der Gemeindeschwester. Dann aber sah er im Garten wieder die Hasen auf den Baumkronen weiden, und er verscheuchte die Hasen und begann sofort zu schaufeln.

Jetzt stand er der großen Arbeit allein gegenüber. Er hatte es vorausgesagt, und er hatte recht behalten, und das tat ihm gut. Er schaufelte und grub, und er wurde im Schneewind selber zu einem kleinen Schneeberg, zu einem Schneeberg, der manchmal ächzte, der manchmal die Arme hob und die Hasen verscheuchte. Ja, ja, es war schon so: Er mußte es schaffen, denn er hatte recht behalten: er war für die Arbeit allein, und es war gut für ihn, daß er um diese Zeit noch nicht wußte, wie allein er war.

Eine Kleinstadt auf dieser Erde

Berechtigtes Aufsehen erregte auf der diesjährigen Kunstausstellung ein Gemälde des bekannten Malers und Nationalpreisträgers Axel Weingard: *Erde vom Kosmos aus gesehen.*

Verzeihen Sie, wenn ich im Zeitungsstil beginne, aber es war die Redaktion einer Wochenzeitung, die mich um ein Interview zu Axel Weingard schickte. Ich machte das Interview, aber man druckte es nicht ab. Es wäre stilbrüchig, überhaupt kein rechtes Interview und überfordere die Leser, behauptete man in der Redaktion, und deshalb sah ich mich gezwungen, die Leser auf diesem Wege mit zwei Werken von Weingard bekannt zu machen.

Es hat sich bei uns eingebürgert, Künstler nach den Beweggründen für ihre Werke zu verhören. Ob das reizvoll für die Künstler ist, weiß ich nicht, aber ich fragte auch Weingard, getreu dem Schema, nach dem wir beim Interviewen von Künstlern vorgehen, was ihn bewogen habe, sein Gemälde *Erde vom Kosmos aus gesehen* zu gestalten.

Es gibt Zeitgenossen, hier und anderswo, erklärte Weingard, die ihre Einseitigkeit mit so wohlgesetzten Worten zu verbrämen wissen, daß sie landläufig für überaus intelligent gehalten werden. Fragt man sie nach der Zukunft des Planeten, der uns trägt, nährt, uns Freuden und Leiden bereitet, uns auch im Zustande, den wir Tod oder Auflösung nennen, nicht von sich läßt, so heben sie ratlos die Schultern, ohne indes auf eine stilvolle Antwort warten zu lassen:

Die Erde ist für sie ein physikalisches Laboratorium, das im Weltraum kursiert. In diesem Laboratorium experimentieren einige Spitzenphysiker, doch eine ungenaue Versuchsanordnung, eine ungünstige Konstellation zum Beispiel in unvermeidbaren Kriegsfällen – und das Laboratorium zerspellt, wird pulverisiert. Die Erde ist wieder der Spiralnebel, der sie vor Jahrmillionen gewesen war, und hat die Chance, die Entwicklungsleiter von neuem zu erklimmen, bis zur Entwicklung einiger Spitzenphysiker.

Die Antwort ist, so fühlt man, mit Verehrung von neuen Göttern erfüllt. Gott sei Dank, lassen sich jene Zeitgenossen weiter vernehmen, daß man die kommende Katastrophe nicht mehr mit Bewußtsein erleben wird, weil man doch hofft, daß sie erst eintritt, wenn man sein Leben mit einigem Genuß hinter sich gebracht haben wird und verstorben ist.

Seit Gagarin, der erste Mensch, der die Erde aus der Ferne sah, sie blau und schimmernd, also als einen romantischen Planeten für die Bewohner ferner Welten schilderte, gibt's andere Zeitgenossen, die die horizontsprengenden Weltraumfahrten für vergnügliche Reisen halten, an denen sie gern teilnähmen. Ich unterstelle, daß man es da mit Menschen zu tun hat, die an Fluchtlust leiden, mit Menschen, die sich, wie sie glauben, auf moderne Weise den Mühen zu entziehen trachten, die ihnen die Erde hier unten (vorausgesetzt, daß man oben und unten als Hilfsbegriffe gelten läßt) abverlangt.

Mein Gemälde *Erde vom Kosmos aus gesehen* ist, wenn Sie wollen, eine Entgegnung auf die leichtfertigen Ansichten jener beiden Kategorien von Zeitgenossen.

Dazu wäre zu bemerken, daß Weingard, trotz der glaubhaften Schilderung Gagarins, den künstlerischen Mut hatte, die Erde auf seinem Gemälde nicht blau und schimmernd, sondern grün, strahlend und anziehend zu zeigen. Vielleicht gehe ich zu weit, wenn ich sage, daß *seine* Erde etwas von einem reifenden Apfel an sich hatte, den man gern versuchen würde. Das mag ihm die Zustimmung vieler Ausstellungsbesucher eingetragen haben, denn ein gesunder Mensch kann den Planeten, auf dem er lebt, nicht anders als hoffnungsfroh und mit der Gewißheit betrachten, daß er alle sich von Zeit zu Zeit ballenden Katastrophensituationen durch emsiges Forschen und Tätigsein mit der Zeit in die Hand bekommen wird.

An dieser Stelle hätte mein Interview mit Weingard zu Ende sein müssen, wenn's nach dem Redakteur der Wochenzeitung gegangen wäre. Es ging auf, war einigermaßen verständlich und belastete die Leser nicht zu sehr.

Aber ich verließ Weingard nach diesem Gespräch, das er mir dankenswerterweise gewährte, nicht, sondern sah mich in seinem Atelier um. Die Journalistenneugier trieb mich, und ich stieß auf ein kleines Bild von etwa zwanzig mal dreißig Zentimeter Größe. Ich wäre vielleicht an diesem Bildchen vorübergegangen, aber es wurde plötzlich von einem Sonnenstrahl getroffen, der sich durch ein fast blindes Oberlichtfenster gedrückt hatte, und da sprang es hell zwischen den anderen Bildern auf.

Weingard, der bemerkte, daß mich das Bild interessierte, behauptete, es stünde seinem Kosmosgemälde an Aussagekraft nicht nach, und er erzählte mir folgendes:

Nicht lange nach der großen Kunstausstellung fuhr ich in eine Bezirksstadt, wo eine Ausstellung meiner Werke eröffnet werden sollte, und kam durch die kleine Stadt, die etwas mit meiner Jugend zu tun gehabt hatte.

Ich war kein Heißsporn, kein *zorniger junger Mann* mehr, als ich nach dem Kriege die Möglichkeit fand, mein Talent auszubilden. Ich arbeitete viel, suchte nach den mir gemäßen malerischen Ausdrucksmitteln, probierte, experimentierte, verbrannte Unzulängliches, war deprimiert, verzweifelte jedoch nicht und begann von neuem. An die kleine Stadt, in der ich meine Kindheit und meine Jugend verbracht hatte, dachte ich nicht oft. Sie lag in der Landschaft Vergangenheit. Aber nun, da ich sie durchfuhr, waren dort mehr Erinnerungen gestaut, als ich für möglich gehalten hätte, und mir kam vor, als ob diese Erinnerungen meinen *Wartburg* bremsten, auch war mir, als ob ich von irgendwoher Zeit zugeteilt bekommen hätte, mich in der Stadt umzusehen, aber wer ist zuständig für die Zeit, die einem zur Verfügung steht, als man selber? Ich parkte also und begann umherzuschlendern.

Es war kaum zu vermuten, daß ich in diesem Städtchen jemand treffen würde, der an meiner Jugend teilgehabt hatte. Wie gesagt, es war eine politisch trostlose Zeit, als ich das Städtchen verließ, ich war ins Zuchthaus gekommen und hatte im Lager gesessen, ein Zufall, daß ich noch lebte. Es war anzunehmen, daß sich die Stadtbevölkerung, besonders in der Nachkriegszeit, da die Menschen ihre Wohnsitze innerhalb des Landes vertauschten, erneuert hatte.

Die Hauptstraße begann draußen in der Feldmark, und ich sah auf ihr auch noch ein wenig Mist, den sie von den Feldern hereingeschleppt hatte wie früher, und sie endete auf dem Marktplatz. Der Fußgängerstrom war seicht, und Inseln von zwei, drei miteinander schwatzenden Bürgern störten niemand. Der Lärm der Motorfahrzeuge auf dem Fahrdamm täuschte Betriebsamkeit vor, aber all die Autos, Lastfahrzeuge und Motorräder fuhren durch die Stadt, ohne etwas von ihr zu wollen, nur ein schwedisches Personenauto, das langsam fuhr, schien mit seinem schneepflugbreiten Vorderteil Idyllik für seine Insassen einzuschaufeln.

Das Rathaus sah aus, als ob es sich ein Bürger Baumeister vor Jahrhunderten im Spiel ausgedacht hätte. Es war, wie ich wußte, zu den verschiedenen Jahrhundertfeiern des

Städtchens von Lokalpatrioten nachgebaut worden; einmal aus glattgeschliffenen Flußsteinchen, ein andermal aus Holzklötzchen und später aus Zündholzschachteln. Es war so dahingetändelt, gab sich leicht und luftig, als ob es zu verstehen geben wollte, daß es noch gute Lust hätte, ein paar hundert Jahre stehenzubleiben.

Hinter dem ehemals *Kaiserlichen Postamt*, das in seinem Gründerzeitstil immer noch vor sich hin kitschte, erregte eine Frau meine Aufmerksamkeit. Sie war dick und trug ein Hängekleid, das sie älter erscheinen ließ, als sie war. Ihr Gesicht war unrein, ein korngroßer Pickel klebte auf ihrer Stirn, und am rechten Mundwinkel hockte ein schorfiger Grind. Ihr Haar, das einmal rot gewesen sein mochte, hatte bereits den Altersschimmer.

Wie ich es oft tue, versuchte ich die Farbe des Haares genau zu bestimmen und sah die Frau dabei freundlich und forschend an. Das Haar hatte die Farbe, die entsteht, wenn rote Braunkohlen- und weiße Holzasche sich im Herdloch mischen. Es war nicht ungepflegt, aber es war von zu häufigen Ondulationen so schütter und kurz geworden, daß es sich nicht mehr wellen ließ und den Daunen eines Jungvogels glich. Sie mochte meinen Malerblick als aufdringlich empfinden, denn sie sah aufs Pflaster des Gehsteigs hinunter, wich nach links aus und ging hart am Rande der Bordkante weiter.

Ich hatte sie irritiert und machte mir Vorwürfe. Solche Belästigungen fachlicher Art leistete ich mir oft. Manchmal entschuldigte ich mich bei Passanten, wenn ich zu aufdringlich gestarrt hatte, aber in dieser Stadt wollte ich nicht jedermann erzählen, daß ich Maler wäre und aus beruflichen Gründen gestarrt hätte.

Als ich mich umsah, gewahrte ich, daß die Frau auch anderen Passanten auf dem Bürgersteig nach links auswich. Schließlich blieb sie vor einer Anschlagsäule stehen, und was auf dieser Säule angepriesen wurde, schien sie nicht zu interessieren; sie mußte sich wohl erst von meinem aufdringlichen Blick erholen, jedenfalls legte sie ihre linke Hand auf ihre linke Hüfte und schien nachzudenken, und das war der Augenblick, da mir aufging, daß ich sie von früher her kennen mußte. Wahrscheinlich hing auch mein plötzliches Interesse für sie mit einem unbewußten Wiedererkennen zusammen.

Undeutliche Erinnerungen, durch ein nebensächliches Erlebnis hervorgerufen, können Qualen bereiten, und auch ich zermarterte mein Gedächtnis. Aber dann wies ich mich zurecht, denn wenn ich weiter über den kleinen Zwischenfall nachgegrübelt hätte, würde er mir weitere Eindrücke, auf die ich aus war, versperrt haben. Ich verbot's mir, noch einen Gedanken an dieses zufällige Begebnis zu verschwenden, ich konnte das, ich hatte es in sechzig Jahren gelernt.

Übrigens machte ich an diesem Tage die Entdeckung, daß Gesten dem Menschen eigen bleiben und daß Menschen, die an verschiedenen Orten der Erde altern, sich an ihnen orientieren können, wenn sie sich, und sei's kurz vor dem Tode, wiederbegegnen.

Ich blieb weiter auf der Hauptstraße und sah mir die Menschen an. Man schien Zeit zu haben wie früher, denn es gab Leute, die stehenblieben und mich beguckten, als ob ich ein Wunderpferd wäre.

Ich trug eine weiße Mütze und ein hellkariertes Jackenhemd. In den Vorstellungen der Kleinstadtbürger war ich mit meinem großen Schnurrbart und für mein Alter wohl zu hell und zu jugendlich gekleidet, denn wem die schekkige Hemdjacke nicht in die Augen stach, dessen Blicke stolperten über die hellgelbe Lederhose, die ich trug. Mochten sie nur, mochten sie, sie waren über senfgelbe Uniformen und die buntesten Tressen nicht gestolpert. Ich versuchte ihr Glotzen zu ignorieren, und doch fühlte ich mich in diesem Städtchen, was meine Kleidung anbetraf, nicht so selbstsicher wie sonst.

Hatte mich der Sog der Kleinstadt schon erfaßt, war's deshalb, daß ich in ein Seitengäßchen einbog, in dem die buckeligen Pflastersteine wie eine Herde Schildkröten lagen? Einfältig, wie ich zuweilen bin, redete ich mir ein, diese Pflastersteine müßten ganz unten, unter den anderen, die später hinzugekommen waren, auch noch meine Fußabdrücke von damals aufbewahren.

Es handelte sich übrigens um das Gäßchen, in dem ich damals der begegnet war, an die ich als Junge von fünfzehn Jahren, mehr als gut war, gedacht hatte. In meinen Träumen war sie schon meine Geliebte gewesen, doch sie wußte es nicht, brauchte es nicht zu wissen, es war genug, wenn ich es wußte.

An diesem Tage damals (eine Zeitlang hatte ich ihn den *großen Tag* genannt) war das Gäßchen menschenleer. Ich konnte das von krummen Häuserfassaden begrenzte Stück Himmel auf der Ausgangsseite sehen, und da trat sie von dorther in die Gasse ein. Das Schicksal hatte, so dachte ich damals, die Weiche gestellt. Aber ich hatte nicht Mut genug, das Mädchen anzusehn, weil ich fürchtete, es könnte meine Träume erraten haben. In der Jugend traut man seinen Träumen Macht zu, später erfährt man, daß unter den Erwachsenen die Ubereinkunft besteht, daß Träume nur Macht haben, wenn ihnen Taten folgen.

Von unten heraufschielend, sah ich damals, daß mein Mädchen lächelte; vielleicht über den Klang unserer Schritte, die verschiedentönig durch die Gasse hallten. Ich aber bildete mir ein, sie lächele mir zu, und ich entsinne mich noch heute, wie mich der grüne Ärmel ihrer Musselinbluse streifte – das genügte, war genug für Wochen.

Dann nahm ich mir vor, sie anzusprechen, wenn ich sie wieder treffen sollte. Doch ich traf und traf sie nicht wieder.

Als ich mich endlich bei einem Maler-Mitlehrling, der in ihrem Stadtteil wohnte, nach ihr erkundigte, erfuhr ich, daß sie sich verlobt hätte.

Ich fand viele solcher Erinnerungspunkte in der kleinen Stadt, und je länger ich umherstreifte, desto mehr wurden es. *Berühmter Maler besucht Stätten seiner Kindheit* hätte die Überschrift für mein Tun in einer Zeitung heißen können, wenn mich Reporter entdeckt hätten. Aber dieses Städtchen war unergiebig für Reporter. Sie durchtrabten das Gebiet des großen Industriekombinats draußen vor den Toren, und ich war froh, daß ich ungestört umhergehen konnte.

Da war das dreistöckige Mietshaus in jener Stadtgegend, die wir früher, Gott weiß weshalb, Algerien genannt hatten. Ich ging von dort aus auf die Schule zu, die sich schon immer einen Turm geleistet und früher im Webstuhllärm von zwei Tuchfabriken gelegen hatte. Die Tuchfabriken waren im Kriege aus Konkurrenzgründen von englischen Flugzeugen zerstört worden. Die Schule stand jetzt auf einem freien Platz, wo in zertrampelten Beeten verstaubte Pelargonien und Betunien emsig blühten und der Stadtverwaltung Geld für teuerere Blumen sparen halfen.

Ich weckte meinen alten Schulweg mit seinen Jungenstreichen und Klassenkeilereien auf, setzte meinen Fuß auf die ausgekehlte Steintreppe der alten Schule und fand eine dumme Befriedigung darin, zu denken, daß auch ich beteiligt gewesen war, diese Kehlen in den Sandstein zu treten. Ich dachte an die Augenblicke, da ich diese Treppe mit einem guten Zeugnis – besonders im Zeichnen – hinunter und in die Ferien gestürmt war, und an die Tage, da ich sie mit unguten Gefühlen erklomm, weil meine Schularbeiten nicht in Ordnung waren, dachte ich nur flüchtig.

Ich ging an den Fluß und zu jener Bucht, in der ich als Junge gebadet hatte. Fliegen und Hummeln summten im Sommergras wie früher. Tausende Generationen von Insekten mochten seither die Bucht beflogen haben, doch für meine Augen unterschieden sie sich nicht von jenen, die damals im hohen Gras gesummt hatten, bevor ich sonnendurchtränkt einschlief. Selbst das Gras am Rande der Bucht schien das gleiche zu sein, in dem ich damals meine Malerzukunft ausgeträumt hatte. Den Schreck aber, den ich hatte, als ich mich bei meinem ersten Kopfsprung unter Wasser überschlug und fast ertrunken wäre, ließ ich nur kurz und widerwillig in meine Erinnerungen ein. Das Gedächtnis steht parteiisch auf der *Haben*-Seite des Lebens.

Kaum zu glauben, aber auf der Brücke, die mit einem ausschweifenden Eisengeländer und viel Gewese den kleinen Fluß überspannt, traf ich einen ehemaligen Mitschüler. Ich hatte ihn nicht erkannt, doch er erkannte mich, weil er Fotos von mir in Zeitungen gesehen hatte.

Die Wiederbegegnung erfreute mich so, daß ich erwog, die Ausstellungs-Eröffnung in der Bezirksstadt fahrenzulassen. Ich hatte große Lust, ein Fest zu feiern.

Der ehemalige Mitschüler hieß Franz Schittke. Wir hatten ihn Fränzke gerufen. Fränzke und ich gingen in den Ratskeller. Als Fränzke seinen vom Grüßen ziemlich angegriffenen Sommerhut absetzte, kamen nicht die erwarteten Locken, sondern es kam eine gepflegte Glatze zum Vorschein. Die Glatzenrandhaare waren über dem linken Ohr gescheitelt und in die kahlen Kopfregionen hinaufgekämmt worden.

Wir setzten uns in eine Nische, und ich ließ Schweinsschnitzel und Bier kommen. Lange lauerte ich auf eine Geste, die mir anzeigen sollte, ob ich es wirklich mit Fränzke von damals zu tun hatte. Die Geste erschien beim Essen. Fränzke knabberte am Schnitzel, wie er früher an seinem Frühstücksbrot geknabbert hatte, flink und mäuselig. Er sah stumpf auf den wässerigen Kartoffelsalat und aß ohne großen Appetit, und erst nach dem dritten Bier begannen seine Augen ein wenig zu glänzen.

Fränzke war Angestellter beim Magistrat. In seinen Verantwortungsbereich fielen die städtische Müllabfuhr, die Pflege der Grünanlagen und die Beaufsichtigung der Straßenreinigung. Er hatte ein Magenleiden, war dieserhalb auch militärfrei geblieben, war also während des Krieges nicht aus der kleinen Stadt gekommen. Jetzt gehörte er einer der Blockparteien an, war politisch jedoch nur interessiert, soweit es seine Anstellung beim Magistrat erforderte.

Von dem großen Braunkohlenbetrieb draußen vor der Stadt sprach Fränzke wie von einem *wilden Westen!* Die Arbeiter und Angestellten dieses Betriebes waren für ihn »die da draußen«. Es war, als ob ihn die kleine Stadt mit ihrem langweiligen Getu und Geklatsch ausgezehrt hätte. Nur mühsam erinnerte er sich noch der Namen unserer ehemaligen Mitschüler, die mir geläufig waren.

Von einigen dieser Mitschüler wußte Fränzke zu berichten, daß sie, nationalistisch aufgepulvert, freiwillig in den vom Zaune gebrochenen Krieg gezogen waren. Vielleicht war Karl May nicht schuldlos, wenn sie, zuerst abenteuerlustig, dann aber vandalisierend in fremde Länder einfielen.

Andere Mitschüler, die am Leben geblieben waren, hatten ihren Wohnsitz in den Altenteil des Landes verlegt. Sie waren dort Geschäftsleute mit breiten Repräsentationsautos und verzogenen Kindern, waren Skatspieler und Biertrinker und beehrten die kleine Stadt zuweilen mit ihrer Anwesenheit, protzten und benahmen sich wie die weißen Kolonisatoren im afrikanischen Busch.

Nach dem fünften Bier wurde Fränzke lockerer und bestellte auf meine Rechnung, was er zu verzehren wünschte: »Einen Doppelten, bitte, denn so jung kommen wir nicht wieder zusammen!« Er bestellte sich ein zweites Essen: Weinbergschnecken in Hammeltunke, aß Kaviarbrötchen dazu, und ich wurde für ihn zum *reichen Onkel aus*

Amerika, den das Leben mit Glück, mit *Schwein,* wie es Fränzke nannte, gesegnet hatte.

Ich versuchte ihm zu erklären, wieviel zwanzigstündige Arbeitstage, wieviel Nächte ohne Schlaf sich hinter dem, was jetzt wie ein Erfolg aussah, versteckten. Er sah mich mit bierstarren Augen an, nickte, als ob er das veranschlage, behauptete aber dennoch: »Tlalent« wäre »Tlalent«, und Leute, die damit vom Leben gesegnet wären, brauchten nur die Kraft ihres Kleinfingers, um sich hochzuarbeiten.

Trotzdem ließ Fränzke – vom Alkohol auf doppelte Kraft und Größe gebracht – auch sein Licht nicht wenig leuchten. Wenn ich gesehen hätte, sagte er, wie die Stadt nach dem Kriege ausgesehen habe, so würde ich sehr wohl begreifen, daß er nicht zu denen gehöre, die sich die Hosen mit der Beißzange anzögen; ich würde den Hut, nein, die »Mlütze« vor ihm ziehen. Fünfzehn Jahre hätte es bedurft, alle Trümmer hinwegzuräumen. »Tlümmer, überall Tlümmer.« Enttrümmerungsschlachten, Rattenvernichtungsfeldzüge – er habe sie organisiert, hätte Leistungen »hingelegt«, von denen, »die da draußen in der Braunkohle« keine Ahnung hätten.

Ich lobte ihn, und nicht nur aus Höflichkeit, lobte auch die Blumen auf dem freien Platz an unserer alten Schule.

Die Erinnerungen, wie schnell waren sie ausgetauscht und aufgezehrt! Und als wir von der Gegenwart zu reden versuchten, redeten wir aneinander vorbei. Versteckt hinter Zigarrenqualm schlich die Kleinstadtlangweile an unseren Tisch.

Mir fiel die alte Frau am Vormittag ein. Vorsichtig erkundigte ich mich bei Fränzke nach ihr. Fränzke kannte alle Menschen, die gleich ihm in der kleinen Stadt wohnen geblieben waren. Irgendwann hatte er mit jedem dieser Ureinwohner zu tun gehabt. Alle anderen waren für ihn Auswanderer, die im Strome des Lebens ertrunken oder eine

Weile, aller Welt sichtbar, auf seinen Wogen einhergeritten und eines Tages doch hinuntergeplumpst waren.

Rothaarige Mädchen, die in der Stadt geblieben waren, gab's nicht wie Weißfische im Fluß. Fränzke bestellte noch einen *Doppelten* und überlegte, runzelte die Stirn, daß sie zu knacken schien, und sagte: »Du wirst doch nicht die Zeschen meinen? Ho, die Zeschen, gut! Eine, die's nicht so genau nimmt.« Er schnalzte mit Daumen und Zeigefinger. »Abtreibung, Begünstigung von Deserteuren bei Kriegsende, ums Aufhängen gerade noch herumgekommen, Russenliebchen, alles, was du willst. – Ein Bier noch, blitte! Nein, wenn du mit der ...! ... in deiner Position?«

Es kostete mich Mühe, Fränzke davon abzuhalten, seine Ehehälfte herbeizuholen, die, wie er versicherte, die Weiberwelt des Städtchens besser kennen würde als er. Würde nicht schaden, wenn sie sähe, »der Drachen, das Drächelchen«, mit welchen Persönlichkeiten Fränzke an einem Tisch saß!

Schließlich gelang's mir doch, mich von Fränzke zu befreien. Angewidert, dann aber vom milden Sommernachmittag versöhnt, streifte ich weiter durch das Städtchen.

Bevor der kleine Fluß in die Niederung konnte, in der jetzt die Stadt liegt, mußte er vor Jahrtausenden einen Hügel zersägen. Jetzt fließt er selbstzufrieden zwischen den Hügelhälften, und optimistische Bürger legten an den Hängen Weingärten an.

Die Bank, auf die ich mich dort oben setzte, mußte oft erneuert worden sein, denn ich war lange fortgewesen, und es war wohl ihre Vorvorgängerin, von der ich mit sechzehn Jahren den ersten Mädchenkuß nach Hause trug, und ich trug schwer daran.

Nein, es war nicht das Mädchen, das mich mit der Berührung seines Musselinärmels beglückte. In einer Kurzgeschichte hätte es so sein müssen, aber ich erzähle aus meinem Leben.

Es war ein schönes Mädchen. Welches junge Mädchen ist nicht schön auf seine Art? Jenes aber, das ich zuerst küßte (oder küßte es mich?), war das schönste der Welt, nicht nur, weil es ein wenig lispelte, auch, weil es klangvoll nordisch sprach.

Wir schlichen damals schuldbeladen heim. Hatte wirklich niemand gesehen, daß unsere Münder sich dort oben am Hang berührt hatten wie spielende Schmetterlinge?

Drinnen in den Straßen, wo wir uns wieder sicherer fühlten, gestand sie mir, daß ihre Besuchszeit in der kleinen Stadt zu Ende wäre. Ich fühlte, wie ich erbleichte, und es wär mir in diesem Augenblick nicht schwergefallen, die Lokomotive des Zuges zu sprengen, mit dem sie am nächsten Tage davonfahren mußte.

Wir schworen uns Treue und sahen uns nie wieder. Zwei, drei Briefe gingen hin und her, auch in ihnen summte es von Liebversicherungen und Treuschwüren, aber dann strickte das Leben auch dieses Liebesfädchen in sein großes Netz ein.

Ich stieg weiter bergan, überquerte den Hügelkopf mit seinem baumkuchenartigen Aussichtsturm und erreichte ein Robinienwäldchen. Jetzt war ich also in *Arkadien.* Den Ortsnamen hatte ein geschäftstüchtiger Gastwirt mit Realschulbildung gefunden. Von *Arkadien* war nicht mehr viel zu sehen, wenn man nicht Brennesseln, Disteln und halbverbrannte Mauersteine dafür nahm. Die zerschossene Theke, aus der ein Holunderstrauch wuchs, war mit einer Rostschicht bedeckt und kaum noch zu erkennen.

Arkadien war ums Kriegsende eine der Festungen gewesen, aus der man die letzten hundertfünfzig Kilometer *Vaterland zu* retten suchte. Die *Festung Arkadien* war, wie man sah, geschleift worden, und aus dem Einschußloch im verrosteten Stahlhelm eines dort Gefallenen schob sich eine silbergraue Distel. Bis hierher hatten Fränzkes Enttrümmerungspläne nicht gereicht. *Arkadien* gehörte wohl schon zu seinem »Da draußen«.

Es fiel mir nicht schwer, trotz Schöllkrautstauden und kleiner Birken, die dem Getrümmer entwuchsen, das alte *Arkadien* mit seinem Tanzsaal wiedererstehen zu lassen.

Da war der Wirt, der einem stets das linke Ohr zuwandte, wenn man mit ihm sprach. Es gehörte zu seinem Kundendienst, nicht zu sehen, mit wem er sprach; denn in *Arkadien*, im Wäldchen vor der Stadt, traf sich, was sich in der Stadt nicht treffen durfte. Rohproduktenhändler Kottack zum Beispiel mit seiner Cousine vom Lande oder Stadtbaurat Kleinmayer mit seiner plötzlich von Berlin herbeigeeilten Nichte.

Hier feierten wir den Abschluß unserer Stubenmalerlehre, mein Mitlehrling Wumpel und ich. Wumpel hatte gutmütige Froschaugen, die zuweilen goldig glänzten. Zum Abschiedstreffen, das wir in diesem Lokal für erfahrene Männer feierten, hatte er ein Mädchen mitgebracht.

Ich hatte noch kein Mädchen, aber es war höchste Zeit, mir eines anzuschaffen, denn ich war nunmehr Malergeselle und achtzehn Jahre alt. Es war fast unnormal, daß ich noch als Junggeselle durch die Stadt trabte. Junggesellen würden, wie es hieß, mit der Zeit nach Quarksack riechen.

Obwohl wir Alkohol noch kaum vertrugen, tranken wir einen Schnaps und ein Bier und noch einen Schnaps und tanzten abwechselnd mit Wumpels Bertchen, die mir gefiel. Sie verstand so unterhaltsam vom Wetter zu reden und mir durch Andeutungen zu verstehen zu geben, daß ich nicht der schlechteste Tänzer der Stadt wäre.

Ich fragte Wumpel, wie lange er Bertchen kenne, doch er antwortete mir nicht und schäkerte mit einer der Nichten oder Cousinen am Nebentisch, die vielleicht auf den Schlachthausdirektor wartete.

Bertchen war darüber verstimmt und wurde kummerig.

Ich suchte sie zu trösten und machte ihr Komplimente wie ein erfahrener Liebhaber, und ich heuchelte nicht, denn wenn das Mädchen aus der Fremde, das mir den ersten Kuß zu schleppen gab, das schönste der Welt war, so war das rothaarige Bertchen die Allerschönste der Welt, schon weil ihr Gesicht wie von einem ockerhaltigen Regen besprengt war, und ich liebte damals Sommersprossen, und ich glaube, ich liebe sie heute noch.

Auch in der Tanzpause kümmerte sich Wumpel nicht um Bertchen, und sie war dem Weinen nahe, und ich bat sie, mit mir spazierenzugehen.

Es war eine jener lauen Nächte, die sich ein April am Ende seiner Tage zuweilen leistet. Der ungewohnte Alkohol hatte mir unechten Schwung verliehen. Es schien mir an der Zeit zu sein, meine Gesellenprüfung auch in der Liebe abzulegen, und ich spielte mich auf und tat erfahren wie ein Mann in der zweiten Ehe, aber Bertchen wehrte ab, der Abend wäre zu kühl, sie fröre.

Da wurde ich sanft und begann zu bitten. Es schien mir unerläßlich, meine erste Erfahrung zu machen. Es war der Drang, mich selber kennenzulernen.

Und Bertchen? Sie schien auf mich niederzusehen, als ich so bittend und beschwörend vor ihr stand, und da legte sie die linke Hand flach auf die linke Hüfte, betrachtete mich nachdenklich und fing, wenn ich mich recht erinnere, an zu weinen. »So machen sie's alle«, sagte sie, »und nachher?«

Ich wußte, daß sie an Wumpel dachte, und ich beschwor sie in meinem alkoholischen Schwung, mich nicht mit Wumpel zu vergleichen. Sie seufzte: »Vielleicht ist man dumm. Du siehst, wie wenig genau es gewisse Leute nehmen!«

Ich beteuerte, daß ich es genau nehmen würde, nein, wie ich flehte, fast jammerte, und da wurde sie mitleidig und umarmte mich mütterlich …

Dann hatte ich meine Erfahrung und war enttäuscht. Das

sollte es gewesen sein, wovon die Erwachsenen soviel Wesens machten, wovon sie früh und spät redeten und witzelten?

Aber Bertchen, war auch sie enttäuscht? Keineswegs. »Nein, das hätte ich nicht von dir gedacht«, jubelte sie, und sie meinte meine jünglingshafte Unerfahrenheit. »Nein, wie ich dich lieben, dir treu sein könnte, wenn du's nur wünschtest!«

Und ich wußte nicht, ob ich's wünschte, doch ich mußte Bertchen versichern, daß wir uns wiedertreffen würden, und ich tat es, um mit meiner Enttäuschung schnell allein sein zu können.

Wir trafen uns nicht wieder. Ich brach mein Wort. Diesmal war ich es, der die Stadt verließ. Ein Handwerksgeselle hatte sich in der Fremde zu erproben. Zwar blieb ich noch zwei Wochen in der Stadt, doch ich hielt mich versteckt, um Bertchen nicht zu treffen. Zwei Wochen, die bei Bertchen vielleicht den Ausschlag gaben, für immer gering von Männern zu denken.

Wie auch alles gewesen sein mochte, für Bertchen war ich vielleicht der dritte, der vierte in einer Reihe von Wortbrüchigen, der Mann, den sie enttäuscht, angeekelt zu vergessen trachtete, aber sie war für mich, wenn mich auch damals enttäuschte, was sie mir gewährte, die erste Frau, die mich erkannt hatte, wie es in alten Büchern heißt. Unmöglich, sie zu vergessen.

Und nun mag, was ich erzähle, doch wie eine Kurzgeschichte anmuten, denn der Zufall beginnt eine Rolle zu spielen, doch darf man alles, was so genannt wird, als Zufall anerkennen? Sind nicht Antennen im Spiele, deren Beschaffenheit und Funktionen wir noch nicht genug kennen?

Auf einem Umweg kehrte ich in die Stadt zurück und befand mich wieder auf dem Platz vor meiner alten Schule. Müde gelaufen, setzte ich mich dort auf eine Bank, starrte auf die billigen Blumen in den zertretenen Beeten und suchte, was ich erlebt hatte, zu ordnen. Nun sollte es genug sein mit dem Museumsausflug. Ich wollte weiter. Die Frau, die mit zwei spielenden Kindern gegenüber auf einer Bank saß, hatte ich zunächst nicht bemerkt, aber das Mädchen war quer durch das Beet herübergekommen, und als ich seine Schritte hörte und aufblickte, erschrak es wohl vor meinem Schnurrbart und rannte zu der Frau zurück.

Ich verstehe es nicht, erzählerische Spannung zu bereiten. Sie werden erraten, um was für eine Frau es sich handelte.

Sie beachtete mich nicht. Aber dieses Ignorieren eines Mannes, der fünfundzwanzig Meter über dem Platz auf einer Bank saß, erschien mir zu betont. Oder spielte mir mein Erinnerungsvermögen doch einen Streich? Nein, es erhielt eine kräftige Bestätigung: Das Mädchen, offenbar eine Enkelin der Alten, stand mitten im Blumenbeet, hatte die linke Hand flach auf die linke Hüfte gelegt und sah auf die Pelargonienblüten. Muß ich erwähnen, daß mich's wie ein elektrischer Schlag durchfuhr?

Das Mädchen knickste sich hin, brach eine Pelargonienblüte und brachte sie der Großmutter. Der Junge, der sich bis dahin still mit ein paar Steinen beschäftigt hatte, protestierte. Die Großmutter aber nahm's nicht so genau, sie lobte das Mädchen und steckte den Stiel des roten Blütenballes durch die Maschen ihrer grünen Strickjacke an die Brust. Das Mädchen stolperte stolz davon, eine zweite Blüte zu brechen.

Ich kam mir vor wie ein Schauspieler, der in einer hochdramatischen Szene, ohne einen Text zu haben, über die Bühne muß. Ich stand vor der Alten, zog meine weiße Mütze und sagte, und ich bin mir bewußt, wie abgeschmackt das war: »Ich glaube, wir kennen uns.«

Die Alte, die noch mit der Pelargonienblüte beschäftigt

war, hob den Kopf, streifte mich mit ihrem milchblauen Blick, und ihr Gesicht überzog sich mit einem höhnischen Grinsen, das den Grind im rechten Mundwinkel und alle Sommersprossen einbezog. »Ich merk schon den ganzen Tag, wie Sie mich bespitzeln«, sagte sie, »wenn Sie vom Kriminal sind, dann den Ausweis bitte.«

Ich hatte vor lauter Bekümmernis meine rechte Hand in die Seitentasche meiner Jacke gesteckt, eine Verlegenheitsgeste, aber die Alte verfolgte sie aufmerksam, und als ich die Hand leer aus der Tasche zog, blitzte es sieghaft in ihren Augen. »Also lassen Sie mich zufrieden!« Sie senkte den Kopf wieder und hob ihn nicht mehr, obwohl ich noch eine Weile unschlüssig vor ihr stand.

An der Eröffnung meiner Ausstellung in der Bezirksstadt nahm ich nicht teil. Ich fuhr zurück. Das Leben hatte mich mit einem Wink bedacht. Nicht immer bekommt man die Rechnung mit so lesbarer Summenzahl präsentiert wie in meinem Falle.

Sollte ich ihr schreiben? Ihre Anschrift hätte ich leicht über Fränzke erfahren können. Sollte ich mich ihr offenbaren? Wer weiß, ob sie es verstanden hätte! Es gab keine Möglichkeit, echt wiedergutzumachen, es sei denn, man hätte sein Leben von vorn und besser beginnen dürfen. Aber das sagt sich leicht aus einer Turmhöhe von sechzig Jahren.

Das Ende meiner Grübeleien war dieses Bild. Es verschaffte mir etwas Erleichterung, als ich sie, wie sie damals war, ins Bleibende hinüberzuretten versuchte. Aber da ist keine Sicherheit, denn was ein Künstler an Bleibendem hinterläßt, bestimmt nicht er.

Wir standen immer noch vor diesem Bildchen. Der Sonnenfleck, der es zuvor aus der Herde der anderen Bilder herausgehoben hatte, war längst weitergewandert. Jetzt schien es mir auch ohne diese Sonnenhilfe zu leuchten, das Gesicht des rotblonden Mädchens, das, nach den Worten

Weingards, einem ockerhaltigen Regen ausgesetzt gewesen war.

Kann man Bilder beschreiben? Wenn man's könnte, brauchte man nicht zu malen. Sie werden das Bild einmal sehen, aber vorläufig muß ich Sie bitten, sich mit Weingards Erzählung zu begnügen.

Eines wäre noch zu sagen: Daß Weingard dieses sicher ganz schöne Bildchen seinem großen Gemälde gleichsetzt, will mir nicht aufgehen. Ist sein preisgekröntes Werk *Erde vom Kosmos aus gesehen* nicht viel zeitbezogener? Ich bin Journalist, dürfen Sie nicht vergessen!

Kraftstrom

Zwei eingemauerte Schweine fordern, daß der alte Adam auf einem Morgen Sandland hinterm Hause Kartoffeln steckt, sie pflegt und erntet. Die Kartoffeln wandern durch die Schweine, werden zu Dreck, und er bringt den Mist aufs Feld, um neue Kartoffeln drauf zu stecken.

Er füttert die Hühner, hütet die Gänse, sägt und spaltet Feuerholz, schleppt zehn bis zwanzig Eimer Wasser täglich von der Pumpe hundert Meter hinter dem Hause, verwandelt sie zu Spülicht und schafft sie wieder hinaus. Mit einem Spaten belüftet er die Erdschwarte des Hausgartens, pflanzt und bejätet Gemüse, erzieht mit einer Schere das Fruchtholz der Obstbäume, schützt ihre Blüten mit Rauch vor den Frühlingsfrösten, achtet auf die wilden Wege des Enkels, hilft den Nachbarn, redet nicht viel, denkt lieber und arbeitet folglich mehr, als zu sehn ist, der alte Adam.

In Bettfedern gehüllte Braten auf blaßroten Beinen – das sind die Gänse. Weshalb fliegen sie um Martini nicht fort? Flügel haben sie doch genug! Der Mensch hat sie gezähmt, gezüchtet, gemästet, hat ihnen das Fliegen abgewöhnt. Ein verfluchter Zweibeiner, der Mensch!

Er veranlaßte die Hühner, ihre Lebensbahn vom Küken zum Suppenhuhn mit Eiern zu pflastern, verpflichtete sie, die Eier in Kisten und Körbe zu legen, stiehlt sie ihnen unterm Hinterteil weg und erreichte sogar, daß sie sich nicht wundern, wenn immer nur ein Ei im Nest liegt. Ein Auskenner, dieser Mensch!

Aus dem Unkraut Hederich züchtete er Rettiche und Radieschen, Kohlrüben und Kohlrabi, Rot- und Weißkohl, der Mensch, der Mensch! Er ist stolz auf ihn, der alte Adam.

Er ist um sechzig Sommer alt, und dreißig davon verbrachte er im Wald. Der Wald ist nicht mehr jene dunkle Pflanzenwucherung, in der die Götter von Uran und Urina hockten, in der Schlangen dem Menschen das von Mönchen gezüchtete Edelobst anbieten, wie wir's von den Paradiesbildern der alten Italiener kennen. Der Wald ist uns untertan, und wir, seine Beherrscher, pflanzen ihm die Bäume, vergiften ihm die Maikäfer, vertilgen ihm die Seggen, stutzen ihm die Geilkiefern und lichten ihn.

Eine große Kiefer fiel beim Holzen im Drehwind schlecht, streifte einen Nachbarbaum und brach dort einen dicken Ast ab. Der Ast fiel herab und zerschmetterte ein Knie, es war das rechte Knie des alten Adam. Um das Barbiergeld zu sparen, ließ er sich im Krankenhaus den Vollbart wachsen.

Er liebt den Wald. Aber so sagt man das auf dem Vorwerk nicht; man wirft dort nicht mit hohen Begriffen umher wie mit madigen Pflaumen. Also, der alte Adam kriecht gern im Wald herum. Er geht in die Pilze. Pilze sind keine Pflanzen, keine Eier, aber auch keine Tiere. Eine Sorte, die Grünlinge, wächst in den Wagengeleisen der Waldwege, dort, wo sich nicht einmal die Laus unter den Pflanzen, die Quecke, hintraut. Grünlingsgehäuse sind, wie mit Lineal und Zirkel konstruiert, aus Mahlsand. Unter ihren Hüten fertigen sie ein namenloses Grün an, lassen sich sauer kochen und schmecken gut, weiß der alte Adam.

Auf dem Weg laden Langholzkutscher Baumstämme ab. »Licht wird's geben!« sagt der Schwiegersohn, sagt es gelassen wie jener Alte in der Bibel: »Es werde Licht!« Ist der Mensch ein Gott? Es ist zu oft übers Licht geredet worden. Zwei Regierungen versprachen den Leuten vom Vorwerk

Licht, und die neue Regierung ist erst zwei Jahre alt, der alte Adam glaubt nicht ans Licht.

Er wohnt im Haushalt der Tochter. Eine Kiste, in der sich neunzig Kubikmeter von Tabakrauch durchschossener Luft aufhalten könnten, das ist sein Stübchen. Zieht man den Luftraum ab, den Tisch, Schrank, Kommode und Bett einnehmen, kommt man auf fünfundsiebzig Kubikmeter Großvaterluft.

An den Wänden Fotografien, ein Rehbocksgehörn, ein Schauflergeweih und eine große Fünfundzwanzig aus versilberter Pappe. Im Kommodenschub Bücher, braun an den Blattecken vom nassen Umblättern.

Auf der braungetönten Tageslichtkopie über dem Bett eine ernste Frau mit einer Kindernase, die Adamin. Sie starb an Blutvergiftung. Auf einem anderen Foto: Er, die Frau und drei Kinder; die Kinder wie von der Weide zum Fotografieren getrieben. Die Jungen fielen im Krieg. Der Teufel hol ihn! Die Kleine mit der großen Haarschleife ist die Tochter, bei der er wohnt. Auf einem schwarzgerahmten Foto: Er, jung und allein zu Pferde. Bespannte Artillerie 1905 Rathenow. »Auf, auf, Kameraden, aufs Pferd, aufs Pferd. Zur Erinnerung an meine Dienstzeit.«

Die Tochter, früher Stubenmädchen bei der Frau des Gutsbesitzers, die Bücher in der Schule schon sauber, ist Buchhalterin auf dem Volksgut; der Schwiegersohn Traktorist, auch auf dem Volksgut.

Die Zeit vergeht. Der Mensch mißt sie an seinem Leben. Der Traum vom Licht wird Wirklichkeit.

Es kommen fünf Männer, und die stellen ihre klapperigen Fahrräder an die großen Kiefern. Fahrräder, Stahlgestelle, Beine aus Blech, die den Menschen zum Schnelläufer machen, sind rar geworden. Es gibt keine Bereifungen aus elastisch gemachtem Baumharz mehr für sie. Die Menschen ringsum sind durch den Krieg wieder auf ihre Füße verwiesen worden. Beinfutterale, Schuhe, sind knapp, weil die Rinder knapp wurden. Erwachsene Leute haben mit Feuer gespielt und nicht nur Häuser und Ställe des Nachbarn angezündet. Das Feuer hat seine Gesetze.

Eine, wenn auch fünfzehnmal geflickte, Fahrradbereifung spart Schuhe. Verschlissene Reifen werden zu Schuhsohlen, und wenn sie in Fetzen von den Füßen fallen, wirft man sie an den Waldrand. Einer, der im Wald zu tun und zuwenig Mantel hat, macht sich mit ihnen ein Feuer und wärmt sich. Eins geht ins andre über, bis es uns aus der Sicht gerät.

Die Männer tragen verschossene Arbeitsanzüge. Wer weiß, wohin die blaue Farbe flog! Zum Mittag essen sie kalte Pellkartoffeln mit Rübenmarmelade. Sie graben Löcher am Wegrand, lassen ein bis zwei Kubikmeter Luft in die Erdrinde, und wo sie die ausgehobene Erde hinwerfen, muß die Waldluft weichen. Wo eins ist, kann das andre nicht sein. Sie setzen die Baumstämme mit den geteerten Enden in die Löcher, füllen die Löcher wieder mit Erde, und die Luft entweicht. Handel und Wandel.

Einer kehrt mit den Beinen ins Tierreich zurück, schnallt sich eiserne Krallen an die Holzschuhe und klettert in die ehemalige Baumspitze. Die Gänse gehn auf das Grab von Adolf Schädlich, fressen die Begonien und düngen die Pelargonien mit ihren grünen Kotstiften; der alte Adam hat sie vergessen.

Der mit den Fußkrallen dreht dem kahlen Baum an der Spitze Porzellanlaub an. Alle fünfzig Meter ein Mast – anderthalb Kilometer bis ins Hauptdorf; der alte Adam ist Augenzeuge.

Zwei Tage bleiben die Männer fort, dann kommen sie als Turmakrobaten auf dem Luftwege zurück, und die kahle Lichtmastenallee schleppt zwei dünne Geleise zum Vorwerk für den, der da kommen soll.

In seinen Wortschatz nisten sich, neben anderen Neuworten, *Isolatoren* ein. Er spricht das Wort beim Abendbrot unüberhörbar aus. Die Familie staunt. Man könnte die Isolatoren Masthände nennen, mit denen sich die kahlen Kiefern den Draht zureichen, aber jede neue Erfindung schwemmt neue Namen und Begriffe in die Wortvorratskiste der Menschheit, und wer sich ihrer nicht bedient, wirkt lächerlich. Kann man die Elektrizität mit alten Worten anreden und Lichtbringerkraft nennen?

Er beginnt sich mächtig für die Elektrizitätsleitung zu interessieren. Als man das Hauptdorf mit einer Leitung versah, tat er's nicht, weil die schweren Bauern dort so genug prahlten mit dem, was sie besaßen. Sollte man sich unter ein Großbauernfenster stelln und das helle Licht bewundern? Jetzt würden die Hauptdörfler die Vorwerker nicht mehr *Funzelhocker* nennen können. Er bekam mächtig was übrig für die neue Regierung, der alte Adam.

Drei Häuser, vier Katen – das ist das Vorwerk, und jeder Behausung werden zwei Isolatoren ins Giebelgesicht gegipst. Zwei Tage später sind alle Häuser durch Drähte verbunden, sind miteinander verleint wie eine Koppel Jagdhunde.

Die Männer kriechen auf den Hausböden und in den Stuben umher. Das Haus erhält blecherne Eingeweide. Weißblechröhren rieseln von den Wänden, kräuseln sich in den Stubenecken und enden an den Raumdecken. Umsponnene Drähte hängen wie aufgelöste Schuhbänder aus den Blechröhren und lauern auf die Lampen.

Er drückt mit seinem borkigen Daumen auf das Schalterhebelchen, und die Glühbirne leuchtet auf. Etwas Mächtiges ist geschehn: Das Vorwerk ist durch zwei Nervenstränge mit der großen Welt verbunden, und der alte Adam glaubt an das Licht.

Es ist sündig hell in den Stuben am Abend. Sie zünden

noch einmal die Petroleumlampen an und veranstalten einen Wettbewerb. Die Petroleumlampen geben ihr Hellstes her und mühn sich bis zum Blaken, doch sie können nicht gegen die kleine Glühbirne anstinken. Niemand achtet mehr auf die dunkelgelbe Traulichkeit des Petroleumlichts. Traulichkeit ist unausgereifte Helligkeit mit Petrolgasduft. Die Glühlampe ist eine Stubensonne und siegt. Der Enkel zählt die Haare auf seinem Handrücken. Die Tochter findet, man muß die Stube frisch weißen. Der Schwiegersohn stellt das neue Licht auf die Probe und liest im Buch über den Dieseltraktor.

Der alte Adam prüft mit der Taschenuhr vor dem Elektrozähler, ob eine Kilowattstunde sechzig Minuten hat. Sie sind vor lauter Licht ein bißchen wie dummsig, die Leute auf dem Vorwerk.

Eine rätselhafte Kraft strömt ins Haus, doch bevor man sie nicht am Schalter in die Glühbirne drückt, ist ihre Wirkung nicht zu sehn. Was macht sie, wenn sie verborgen in den Drähten hockt? Die Vorwerkskinder wollen sie aufspüren. Sie ziehn mit einer nassen Bohnenstange zum Friedhofshügel; der Schädlich-Enkel stippt an den Draht.

»Wie ist es?«

»Wie Musik.«

Der Adam-Enkel probiert's, doch er hört keinen Ton. Er hat ein schweres Gehör und muß beide Drähte stippen, sagen sie ihm, und er tut es. Es gibt Funken, grüne und gelbe Funken, und der Enkel behauptet später, es habe auch rote gegeben. Die Stange fliegt ins Gras, und der Adam-Enkel liegt mit verbrannten Armen daneben. Die Kinder laufen davon; der Alte eilt herbei und bringt den schreckstarren Jungen mit Pfuhls Einspänner ins Kreiskrankenhaus.

Wenn sich Menschenerfindungen gegen den Menschen richten, weil er sie falsch handhabte, verflucht er sie. Der Urmensch Uran verfluchte das eingefangene Feuer, als er sich die Hände dran verbrannte. Der alte Adam flucht nicht; er denkt an seine Halbwüchsigenzeit:

Es war Herbst, schon kühl, sie hüteten die Großbauernrinder, zündeten ein Hirtenfeuer und wärmten sich. Sie erprobten, wer's von ihnen am längsten überm Feuer aushalte. Er war der kleinste, wollte sich beweisen und hockte über der Flamme, bis seine Hosen Feuer fingen. Er rannte, und der Luftzug brachte den Hosenbrand in Fahrt. Dann lag er im Gras, und die anderen löschten sein Hinterfeuer mit Maulwurfssand. Es gab Brandmale, die nicht zu sehen sind, weil sie in den Hosen stecken.

Auch als der Enkel gesund ist, kann der Alte von ihm nicht erfahren, was für eine Kraft die Elektrizität ist.

Im Frühling hilft er Grete Blume das Winterholz sägen, also zu einer Zeit, in der sich auch in Witwenaugen die Blüten der Sauerkirschen spiegeln. Grete Blume plaudert in der feurig-karierten Schürze von älteren Männern in Nachbardörfern, die sich ihrer Kräfte entsannen und wieder heirateten. Sie ist nicht nur Witwe, auch Brigadierin bei den Waldfrauen, sogar Aktivistin, und auch an diese Neuwörter hat der alte Adam sich gewöhnt, aber er kann sich nicht auf die Frühlingsreize seiner Sägepartnerin einlassen. Er will ihr gern behilflich sein, doch Weiterungen würde seine Tochter nicht dulden. Sie ist moralisch und wacht, daß er ihrer Mutter die Treue hält, und wer wird, wenn der Großvater sich verändert, bei ihr die Hausmädchenarbeiten verrichten?

Eines Abends sagt der Enkel: »Grete Blume kocht Kartoffeln elektrisch.« Das fährt in den alten Adam wie in einen Astronauten etwas Neues vom Mond.

Grete Blume zeigt ihm ihren Elektrokocher; glühende Drähte wie dünne Matratzenfedern; er sieht das Rädchen im Zählerkasten so schnell kreisen, als brennten drei oder mehr Lampen. »Wirst du aber mächtig in die Groschen greifen müssen«, sagt er.

Grete Blume schmollt: Das wär nicht nötig, wenn sie jemand im Hause hätt, der ihr den Küchenherd einheizt, bevor sie von der Arbeit kommt. Der Forscher ist mit dem Elektrostrom beschäftigt: Der wird also zu einem flammenlosen Feuer, wenn man ihn durch Spiraldrähte treibt, und ersetzt sogar den Mann im Hause. Später wird er diesen Gedanken nicht mehr belustigend finden.

Die Elektrizität brachte ein weiteres Wunder aufs Vorwerk: Nachrichten, Theaterstücke, Vorträge und Wettervoraussagen. Man saugte sie mit einem Apparat und ausgespannten Drähten aus der Luft in die Stuben. Jede Familie für sich und nach Bedarf.

Bis in den Krieg besaß nur einer auf dem Vorwerk ein Rundfunkgerät. Die Elektrizität, um es zu betreiben, holte er sich in einem viereckigen Weckglas vom Fahrradflicker im Nachbardorf.

Adolf Schädlich stand auf dem freien Platz vor der großen Forstscheune, formte die Hände zum Schalltrichter und brüllte: »Gemeinschaftsempfang! Der Führer spricht!«

Eines Tages stritten sie sich beim Frühstück im Wald. »Einen Leitbock braucht nur das Herdenvieh; die Menschen haben Verstand und können miteinander verabreden, wohin sie gehn wollen«, sagte der alte Adam.

Dieses Frühstücksgespräch ziemte sich nicht für einen Haumeister. Den Posten besetzte Adolf Schädlich. Dann geschah das Unglück im Wald, und Schädlich verkündete, die Vorsehung habe den alten Adam gefällt.

Schädlich rannte freiwillig in den Krieg und stolzierte im ersten Urlaub durch das Vorwerk, einen silbernen Tressenwinkel in der feldgrauen Einsamkeit seines Rockes. »Könn Sie nicht grüßen, Mensch?« brüllte er den hinkenden Adam an.

Schädlich besuchte den Oberförster, und der Hühnerhund biß ihn in den Hinterschenkel. Die Wunde zwickte, aber Schädlich winkte heldisch ab. Der Hühnerhund war ein Vorgesetztenhund.

Die Front war noch fern, und Schädlich war lange unterwegs. Die Tollwut flimmerte durch seine Blutkanäle und kam auf, als ihm auf einem Bahnhof ein Postsack vor die Füße fiel. Er verbiß sich wütend in den Sack, wurde arrestiert und biß auf einer Frontleitstelle außerdem einen Obersten und einen Amtsleiter. Keine Rettung mehr! In einer schwarzen Holzuniform, die nur notdürftig auf seine Figur zugetischlert war, kehrte er aufs Vorwerk zurück und wurde auf dem tannumsäumten Friedhof begraben. Das war, als man den elektrischen Strom noch in Weckgläsern aufs Vorwerk trug.

Der alte Adam hört wissenschaftliche Vorträge und ist enttäuscht, wenn er nicht erfährt, was der elektrische Strom ist. Dann sucht er in der Zeitung, Spalte *Wissenschaft und Technik.* Die Tochter wird unruhig. Sucht der Vater nach Heiratsinseraten? Er wirft die Zeitung unzufrieden weg und schimpft auf die Redakteure, die Unbekanntes als bekannt voraussetzen und Bekanntes erklären.

Wenn eine neue Kraft erst da ist, gibt's Zeitspannen, in denen er sie nur Quant für Quant in die Umwelt wirkt. Das sind die langweiligen Stellen unserer Geschichten. Wir überspringen sie und fahren bei den sichtbaren Veränderungen fort:

Der alte Adam sitzt auf dem Friedhof, sitzt dort auf einem Grab und ist sich selber nicht gut. Immer noch Löcher im Friedhofszaun. Es muß scheußlich sein, wehrlos unter der Erde zu liegen und sich mit Gänsedreck bestiften zu lassen! Er geht mit dem Spaten auf die Gänse los, er könnte sie erschlagen. Die Gänse stelln sich draußen auf, lugen in den Friedhof, bis er sich wieder gesetzt hat.

Er hat auf dem Grab von Adolf Schädlich gesessen. Ein kleines Entsetzen durchrieselt ihn, doch er verdrückt es.

Er setzt sich aufs Grab seiner Frau. Es rauscht in den Blautannen. Dieser Nachsommerwind, wenn er keine Widerstände fände, wäre er nicht zu spüren! Ähnlich beim elektrischen Strom. Er weiß noch immer nicht, was dieser Strom ist, doch seine Wirkungen hat er an sich selber erfahren …

Fünf andere Elektriker kamen, hatten Motore an ihren Fahrrädern und waren schnell wie galoppierende Pferde. Sonst ging alles wie damals: Jeder Mast zwei Isolatoren; zwei weitere Drähte, und die Häuser erhielten einen zweiten Anschluß. »Endlich Kraftstrom!« sagte der Schwiegersohn und kaufte einen Pumpenmotor. Das Haus erhielt ein Gekröse eiserner Eingeweide von unten her, und das Wasser kam unter menschliche Bevormundung, mußte in dünnen Röhren die Wände hinaufkriechen. Druckkessel, Spülstein und Wasserhähne – das erste Wasser, das in der Küche gezapft wurde, nötigte ihm noch ein Loblied auf den listigen Menschen ab, dem alten Adam.

Aber die großen Kümmernisse keimen unerkannt; man erkennt den Stein nicht, an dem man sich in der Zukunft das Bein brechen wird.

Die Wassereimer wurden zu den Petroleumlampen auf den Hausboden gebracht, und ihre von Hornhaut polierten Griffe sehnten sich dort im Dunkel nach den Händen des alten Adam. Wer kann es wissen?

Nachbar Pfuhl, der Bodenreformbauer, kaufte einen Motor für seine Dreschmaschine, und fortan wurde der Alte nicht mehr zum Treiben der Göpelpferde geholt, aber immerhin durfte er nach dem Dreschen noch die Saatreinigungsmaschine drehn. Dann wurde die Genossenschaft der Bauern gegründet; Pfuhls Dreschmaschine und der Dreher der Saatreinigungsorgel wurden überflüssig. Für den Dreschmaschinenmotor fand man Verwendung, für den alten Adam nicht. Der Motor wurde mit einer Kreissäge gekoppelt, und mit der Motorsäge zerkleinerte man das Winterholz für alle Einwohner des Vorwerks in wenigen Stunden. Aus war's mit dem Holzsägen im Frühling bei Grete Blume!

Aber noch waren der Hausgarten, die Schweine und das Federvieh da. Schweigsam nahm er den Kampf mit der überflüssigen Zeit auf.

Der Enkel lernte Elektriker in der Stadt. »Weißt du jetzt, was der Elektrostrom ist?« fragte der alte Adam. Der Enkel wußte es nicht.

Ein neues Weltwunder in der Kate; ein Apparat von der Größe einer Hühnerversandkiste, eine Seitenwand aus Glas. Der elektrische Strom lockte lebende und sprechende Bilder aus aller Welt auf die Glaswand. »Großvater soll noch was vom Leben haben«, sagten die jungen Leute.

Sie wuschen sich nur notdürftig, wenn sie von der Arbeit kamen, schlangen das Abendbrot hinunter und saßen wie eine Wand vor dem Spielkasten. Er mußte mit dem zufrieden sein, was er von hinten erspähte: Reitende Mongolen, ein dicker Berliner ohne Humor spielte Komiker, Ernteschlachten und Hochwasser, Bagger, so groß wie Kirchen, die von einem Menschen bedient wurden, Oberliga und Eisenhüttenarbeiter, die vom Staatsrat mit Medaillen ausgezeichnet wurden, Wettreiten – jeder im Lande hatte seine Stelle, seine befriedigende Arbeit, nur er nicht, der alte Adam.

Die jungen Leute wurden vornehm und schafften die Schweine ab. Tochter und Schwiegersohn hatten Pökelfleisch und hartgeräucherte Wurst satt. Das Kartoffelland brauchte nicht mehr bestellt zu werden.

Die jungen Leute gingen auf die Hühner los. Er konnte aus seinem Ställchen keine Wintereier von ihnen liefern.

Wintereier wurden den Hühnern in temperierten und elektrisch beleuchteten Ställen auf den Genossenschaftsfarmen entlockt.

Die Tochter brachte im Frühling frische Wirsingkohlköpfe aus dem Konsum. Er hatte seine Wirsingkohlpflanzen erst gesetzt. Kopfsalat und Kohlrabi – alles zu spät, zu spät. »Was soll der Hausgarten noch?« Die Tochter beachtete die Hände nicht, die sich unterm Tisch versteckten, die Hände des alten Adam.

Man ließ ihm nur die Gänse, die er am wenigsten leiden konnte. Behielt man sie der Bettfedern oder seinetwegen? Er wurde noch schweigsamer, wandte sich wieder dem vertrauten Walde zu, ging in die Pilze, verkaufte sie in der Sammelstelle. Aber ging's ihm darum, Pilze in bedruckte Zettel zu verwandeln?

Im Frühling entsann er sich der Ermunterungen Grete Blumes. Es war ein warmer Abend. Der Flieder sandte sein duftendes Gas aus, und der Vermehrungsdrang schrie aus den Käuzen, als er bei Grete Blume anklopfte. Ein Herein und ein Kichern klangen ihm entgegen, und das war zu verstehn: Es saß ein verwitweter Umsiedler aus dem Hauptdorf hemdärmelig in Grete Blumes Küche, und sie aßen miteinander elektrisch gekochte Pellkartoffeln und Sülze.

Auf dem Heimweg war Müdigkeit wie nach einem langen Marsche in seinen Füßen. Der Fliederduft drückte seine Schultern nieder, und im Balzruf des Kauzes hörte er Hohn.

Das war im letzten Frühling. Jetzt ist Sommerkehraus mit schrägstehendem Licht und abnehmendem Grün. Er scheucht noch einmal die Gänse aus dem Hof der Toten. Die Gänse morsen sich etwas zu und tun, als ob sie sich zum See hinwenden.

Er bleibt vor einem Grabstein, jenem praktischen Leichenschutz aus den Tagen Urans, stehn und liest die dem Toten zugedichtete Inschrift:

Das Uhrgetack, der Stundenschlag
Nähn Zeit aus Stille, Nacht und Tag;
Der Mond tut einen Tritt,
Der Tod tappt mit.

Er fängt unter der großen Douglasie an zu graben, hebt das grüne Lächeln der Erde, die Grasplaggen, aus und schichtet sie. Eine Altmännerträne, schwer vom Salz der Erfahrung, hängt an seinem Vollbart wie eine Tauperle an einer Baumflechte. Sie fällt, wie alles, was der Schwerkraft der Erde gehorchen muß, in den krümeligen Humus und versickert.

Sommeranfangs war er ins Dorf gegangen und hatte um eine Stelle als Viehhirt gebeten. Der Melkermeister und Vorsteher der langen Genossenschaftsmilchfabrik klopfte ihm die Schulter und zeigte auf den Krückstock, aufs lahme Bein des alten Adam.

Er verfiel darauf, Heilpflanzen zu sammeln und sie auf Kuchenbrettern zu trocknen. Eines Tages brachte er sie auf den Fußsteig vor der Kate, weil die Sonne dort günstig stand, und der Schwiegersohn fuhr mit seinem Moped über die Teebretter. Es gab keinen Zank, aber einen Seufzer und gleich darauf ein kleines Feuer auf dem Anger. Eine Menge Gesundheit flog mit dem Rauch davon.

Der Adam-Enkel war jetzt Elektriker in einem Atomkraftwerk. Er arbeitete gut, war zum ersten Mai ausgezeichnet worden, doch daheim war er – Musik, Musik und Fieber. Ein Rundfunkempfänger von Zigarettenschachtelgröße arbeitete an seinem Handgelenk. Musik aus dem Handgelenk. Der Strom für die Schachtel kam aus Batterieröllchen, nicht stärker als Gänsestifte. Posaunen und Stopftrompeten verscheuchten ihm die eigenen Lieder. Daraus entstand jenes Fieber, das den Alten am Enkel beunruhigte.

Der junge Elektriker brachte eine Verkäuferin aus dem Waldstädtchen. Sie hielten einander umschlungen, verrenkten Beine und Hüften, kamen trotzdem vorwärts und gingen zum See hinunter. Mit den ratternden Musikschachteln an ihren Handgelenken tauschten sie Gefühle aus, lächelten, ließen einsilbige Laute hören, waren glücklich auf ihre Art, und die mußte nicht schlecht sein, nur weil der alte Adam sie nicht verstand.

Die Verkäuferin, das Kind, sollte ein Kind haben. Man holte sie in die Adam-Kate. Sie sollte vor der Geburt des Kindes noch haushalten lernen.

Kein neues Weltwunder in der Kate, die künftige Schwiegertochter mit Fernsehnamen Beatrix. Ihr Gesicht war blaß, ihr Haar war gebleicht; sie trug ihren wachsenden Bauch mit Widerwillen durch die kleine Welt und hielt sich die Nase zu, weil ihr der Pfeifenrauch nicht bekam. Der alte Adam deutete die Schwangerschaftsübelkeit auf seine Weise: Für die ganz Jungen hatte er schon Leichengeruch. Er wich der kleinen Bea aus, doch sie schien ihn mit ihrem ausgebeulten Röckchen zu verfolgen. Eine gefüllte Knospe schickte sich an, ein gelbes Herbstblatt vom Aste zu stoßen.

Sie schlief beim Staubwischen auf dem Sofa ein, schlief überm Kartoffelschälen und am liebsten im Bett der versteckten Großvaterstube, die kleine Bea. Auch Urina suchte wohl einst die warme Höhle auf, wenn der Bär abwesend war. Bea schlief, und der kleine Apparat an ihrem Handgelenk arbeitete. So fand er sie, als er am Mittag aus dem Wald kam. Sie erwachte vom Pfeifendampf, hielt sich die Nase zu, bastelte mit der anderen Hand am Turm ihrer Haare, gähnte und sagte: »Hübsch werden wir hier wohnen.«

Da hatte er's aus der Quelle: Man wartete auf seinen Tod. Sie sollten nicht lange zu warten haben!

Jetzt gräbt er sich sein Grab, setzt eine vielgebrauchte Redensart in die Tat um. Er gräbt, und kleine Steine schrein auf, wenn das Spatenblatt sie berührt … Man geht zum See hinunter, man ist gottlob kein Schwimmer, man geht ohne

Umschweife unter. Vielleicht bekommt das Herz einen Schlag vom kalten Wasser, bevor man den grünen Algenschlamm schlucken muß. Man stampft bis hinter das Röhricht, sinkt bis an den Hals und tiefer. Der taubenblaue Himmel wird mit blaßgrüner Dämmerung vertauscht; ein Aal rankt sich an einem hoch, benutzt den Wasserstrudel, um in den schluckenden Mund zu schlüpfen …

Aber soweit ist's noch nicht. Er hat die Bücher mit den braunen Blattecken aus dem Kommodenschub gelesen, er kennt Geschichten. Er will den jungen Leuten seinen Tod ankündigen, will den kleinen Pumpenmotor im Keller zerschlagen gehn. Er wird dem Drachen Elektrizität damit nicht einen einzigen Kopf abschlagen, aber dieses kleine Rätsel sollen die jungen Leute von ihm haben.

Er geht zum Weg hinunter, tritt an die Wiese und steht vor einem Wunder: Die Genossenschaftsweide ist bis an den Hochwald von einer niedrigen Elektroleitung umspannt. Eiserne Pfähle, Isolatoren und Drähte – eine Stromleitung im kleinen.

Ein moderner Tod. Man hatte nur nötig, den Hängestrick zu berühren. Er packt den oberen Draht mit der bloßen Hand, erhält einen elektrischen Schlag, doch der ersetzt den Tod im See nicht.

Drei Hektar elektrisch umrandete Weide, und auf der Mitte grast die Milchrinderherde. Man hat den elektrischen Strom zum Hirten gemacht, während man Adam auf den Ausschußhaufen der Menschheit warf.

Die Neugier, jene listige Lebensverlängerin, erwacht in ihm. Die Elektrizität liegt ihm zu Füßen. Er muß herausbekommen, was der Elektrostrom ist, er muß!

Ein Kästchen auf rotem Eisenpfahl. Es knackt und tackt drin, als ob sich ein Specht ins Freie hacken wollte. Pfahl und Kästchen unter einem Baum in der Wiese. Also, von hier geht der Strom aus, von hier. Er entdeckt einen Schalter am Kästchen, drückt drauf, und das Tacken verstummt. Die Leitung ist stromfrei.

Es beginnt ihm Spaß zu machen, sich mit dem Strom zu unterhalten. Er schaltet ihn ein, er schaltet ihn aus, setzt ihn mit einem Fingerdruck als Wächter ein und wieder ab.

Jeden Tag ist er am Weidezaun, aber eines Tages liegen die Drähte zerrissen auf der Erde. Wildschweine sind nachts hindurchgegangen. Die Rinder sind ausgebrochen und stehn auf dem Wege oder grasen im Wald. Er kann sie nicht zurücktreiben; er nicht mit seinem lahmen Bein. Er humpelt ins Dorf und meldet den Vorfall.

Der Genossenschaftsvorsitzende kneift die Augen zu. Ein Einfall rauscht von irgendwoher heran: Könnte der alte Adam nicht den Posten eines Weidewärters übernehmen, auch die Kälber- und Jungviehweide überwachen? Eine dicke Bezahlung ist nicht zu erwarten, aber Adam kann sich nützlich machen. Acht Tage Bedenkzeit!

Der alte Adam braucht keine Bezahlung, der alte Adam braucht keine Bedenkzeit. Der alte Adam braucht Raum im Hauptdorf.

Ein Traktor fährt vor die Adam-Kate. Zwei Traktoristen räumen eine Stube aus, bringen sie auf neunzig Kubikmeter Luftraum. »Was soll das?« Die jungen Leute gehn auf den Großvater los. »Ihr kriegt noch zu wissen, wie es ist«, sagt der alte Adam. Auf dem Sofa schläft mit vorgerecktem Bauch die blasse Bea. Ein Saxophon und ein Schlagzeug arbeiten an ihrem Handgelenk.

Er klettert auf den Zweitsitz des Traktors. Die jungen Leute winken – der Nachbarn wegen. – Es gibt kein Gesetz, das vorschreibt: Du sollst in der Stube sterben, in der du geboren wurdest!

Kälber-, Jungvieh- und Milchrinderweide – er muß sie alle belaufen. Wenn Rehe oder Wildschweine die Drähte auf ihren Nachtgängen zerreißen, muß er sie flicken. Die Isolatoren müssen heil und die Akkumulatoren gefüllt sein. Ein anfälliger Gesell, der elektrische Hirt, er stolpert über Grashalme und hat einen ständigen Pfleger nötig.

Die Welt braucht ihn wieder, den alten Adam. Aber was der Elektrostrom ist, weiß er immer noch nicht. Er hält den Enkel an, der auf dem Motorrad mit der halben Geschwindigkeit einer Flintenkugel zur Arbeit flitzt. Keine Musikschachtel mehr am Handgelenk des Jungen. Die Musik des neuen Menschenkindes in der Kate hat sie verdrängt. Jede Jugend hat ihren Überschwang. Die Alten fürchten, er könne verderben, was sie mit ihrem Planeten planten, aber der Planet ist rund und bewegt sich.

»Frag endlich deine Ingenieure, was der Elektrostrom ist!« sagt der Alte.

Der Enkel wagt nicht mehr, den Großvater zu belächeln. Es ist genug Schande geschehn. Er sieht in der Werkbibliothek im Lexikon nach und lernt die Antwort auswendig: »Elektrizität ist die Gesamtheit der Erscheinungen, die auf elektrischen Ladungen und den von ihnen ausgehenden Feldern beruhen.«

»Die Kuh frißt Gras und gibt Milch, und daher kommt sie. Ist das eine Antwort?« fragt der alte Adam. Er ist unzufrieden mit den Ingenieuren. Er muß den Elektrostrom selber weiterbelauern. Der ist nichts Fremdes: verwandelte Kohle, verwandelte Fließkraft des Wassers, verwandeltes Uranerz aus den Bergen der Erde. Er ist nicht fremder als der Wind, den die Segelschiffer morgens dankbar begrüßen.

Das gibt ihm mächtig zu denken, das macht ihn glücklich. Aber so sagt man das auf dem Vorwerk nicht; man wirft dort nicht mit hohen Begriffen umher wie mit madigen Pflaumen. Der alte Adam ist mächtig am Leben.

Meine arme Tante

Onkel und Tante waren Ausbauern, lebten seit der Erschaffung meiner Welt auf ihrem Hofe, und jedes Sandkorn dort kannte sie. Vorzeiten mochten die Kinder der Hofstelle aus der Erde gekrochen sein, doch Generationen von Heidbauern verfeinerten die Erdhöhle mit Gebälk und Gemäuer zu einem Gehöft.

Onkel und Tante beunruhigten ihre Äcker mit Pflügen und Hacken, reizten sie mit Tiermist zu Taten, und die Taten der Äcker waren Lein, Kartoffeln und Buchweizen. Onkel und Tante aßen Kartoffeln, brieten sich Kartoffeln und gequollenen Buchweizen in Leinöl und wurden wandelnder Sand von ihren Äckern.

Tante Maika war eine fromme Frau, doch ihr schwarzes Kopftuch konnte die roten Locken nicht bändigen. Onkel Liepe, hager und schwarz, eine geteerte Zaunsäule, rasierte sich sein Haar aus der niederen Stirn und legte Falten frei, die fortfliegenden Kranichen glichen.

Sie zeichneten ihre Arbeitsgeräte, um sie nicht zu verwechseln, und packte Onkel in der Eile doch den Rechen von Tante, warf er ihn weg, als ob er in Aussatz gegriffen hätte. Tante war eine taube Blüte, etwas Krankes für Onkel und den Sandhof.

Eine dritte Garnitur Handwerkszeug benutzten die wechselnden Mägde. Sie brachten Moritaten auf den Hof. »Ein kleines Kind, so zart, schon eine Waise ward, doch als es, klug genug, nach seinen Eltern frug ...« Tante verbrauchte die Moritaten wie die Sandäcker den Dung.

Auf einem anderen Ausbauernhof wohnte der frauenlose Tischler, ein Stotterer. Sein Gesicht war aus Honig und Wachs; denn er war der Obertan von sechzig Bienenvölkern, mit denen er Zucker gegen Honig tauschte, und die Zeit, die er benötigte, das Wort *Biene* wohlgeformt über die Lippen zu bringen, reichte zum Ausschlüpfen einer Arbeitsbiene. Er fertigte Särge auf Vorrat für alte Heidbauern, die in Herbststürmen oder in lauen Frühlingsnächten vergingen; Särge für junge Weiber, die im Kindbett blieben, oder für junge Männer, denen im Frühling die stallmutigen Pferde durchgingen. Die Särge lagerten im Bienenhaus, wo der Tischler in der Schwarmzeit schlief. Mich gruselte, wenn er sich morgens aus einem Sarg wälzte, doch er sagte: »Besser man gewöhnt sich beizeiten«, und er brauchte zehn Minuten dazu.

Wenn er Särge fürs Begräbnis herrichtete, stopfte er Hobelspäne unter die weißen Papierlaken. Alle Toten ruhten auf Hobelspänen; niemand bestellte für das Lager seines *teuren Toten* Bettfedern.

Sein Tintenfaß war verschwunden. Er riß das papierne Laken herunter, durchwühlte das Ruhlager von Lehmanns Paul, zog das Tintenfaß aus den Hobelspänen, blies seine Klarinettistenbacken auf und schrieb die Rechnung.

Klarinettist in der Dorfkapelle – das war sein dritter Beruf. Auf dem ungespitzten Holzrohr mit den verwickelten Klappen blies er seine Gefühle flüssig in die beredte Welt.

Die Feste auf dem Ausbauernhof befahl das Land: Fastnacht, die Zeit, in der es sich zu neuen Taten bereit erklärte, und Kirmes, das Erntefest, wo es die Ergebnisse seiner Taten ablieferte.

Die Verwandten rollten sich in gewaschenen Ackerwagen über die Heide auf den Ausbauernhof, und der vorjährige Truthahn erschien nackt, buttergebräunt und rotkohlumkränzt auf der Tafel. Fünfzig Hühner hatten ihre Eier in die

Suppen fallen lassen, und ein schlafender Schweinskopf fraß Petersilienstengel von einer blaugeblümten Porzellanplatte.

Es wurde gegessen, getrunken, gerülpst, gelobt, und der Onkel prahlte: »Wollt ihr noch ein bißchen gebratenes Bullchen?« Die Tante wand vor Scham ihre Schürze. »Liepe, das Bullchen ist doch verkauft!«

»Ham wir verkauft? Da seht ihr's, wir haben zuviel!«

Die Gäste zwinkerten einander zu, und der Onkel sagte: »Maika, tuk spieln!«

Die Tante holte ihr Taschentuch aus dem Schürzenlatz, wickelte eine Mundharmonika aus, setzte sie an die frommen Lippen und entlockte den schwingenden Messingplättchen mit ihrem Atem das Lied vom *Guten Kameraden*. Zwischen den Tönen war viel Raum; jeder fand Zeit, sich zu entwickeln und auszuschwingen, während die Tante den nächsten suchte. Bei der zweiten Strophe sangen die Männer mit. Sie hatten sich mit *Cottbuser Korn* in Schwingungen gebracht, waren mit der Strophe früher fertig als die Tante und hatten noch Zeit, einen *Cottbuser* nachzugießen. Nur der Onkel tanzte mit der Magd durch die musiklosen Zeiten zwischen den Strophen: »Eine Kugel kam geflogen ...«

Um Mitternacht holperten die Teile des Truthahns in verschiedene Richtungen über die Heide.

Die Butter der Kühe, die Eier der Hühner brachte Onkel mit dem Fuchswallach, die Hufe mit Stiefelwichse geschwärzt, ins Städtchen und prahlte dort vor den Frauen: »Wollt ihr Kirschen, wollt ihr Pflaumen? Holt euch, wir haben! Wollt ihr Birnen, wollt ihr Apfeln? Holt euch, holt euch, wir ham alles!«

Lose Stadtweiber erschienen auf dem Sandhof, und Onkel half ihnen auf die Bäume, half ihnen ins Heu.

Die Tante hatte keine Kinder, der Onkel hatte viele, jedes zweite Jahr eins von einer Magd, doch bevor es ankam, suchte er einen *Magdmann* gegen Entgelt, und die Magd wurde verheiratet. Onkels Vermehrungsdrang fraß auf, was der kleine Hof abwarf.

Niemand aus der Verwandtschaft sagte: »Die armen Mägde!« Alle sagten: »Die arme, arme Tante, wie sie es trägt, und wie sie es aushält!«

Der sonntägliche Kirchgang und der christliche Abreißkalender hielten das Herz der Tante in Demut: »Wo Glaube, da Liebe; wo Liebe, da Segen; wo Segen, da Gott; wo Gott, keine Not!«

Im Frühling kam eine neue Magd auf den Sandhof. Zur Zeit der Frühkirschenernte wollt ich sie mir ansehen. Es war Sonntag, eine Stunde vor dem Mittag. Die Schwalben würzten das Gesumm der Bienen mit Gezwitscher, und das Strohdach der Scheune ruhte auf dem Rücken brütender Spatzenweibchen. Ich sah die Magd nicht, doch beim Häckseltürchen stand der Onkel mit Hacheln im Haar und offener Hose, und die Kraniche auf seiner Stirn verschwammen in der Ferne. Die Tante war in der Kirche, ich sollte ihr entgegengehen.

Unterwegs sprang ich beim Tischler zu, um ihm guten Sonntagmorgen zu wünschen. Er saß vor einem Sarg voll Hobelspänen und feierte Sonntag mit einem Klarinettenliedchen: »Schäfermädchen, Kuckuck, zeig mir deinen roten Rock! ...« Auf seinem Schoß saß die Tante und begleitete ihn auf der Mundharmonika.

Zwei Männer auf einem Wagen

Der Wandel besteht, der Handel vergeht, und als der Pferdehandel nicht mehr lohnte, kaufte der versessene Pferdehändler Hartkien für das erübrigte Geld eine Obstplantage. Die Arbeit unter den Obstbäumen ging an, aber wenn die zwei Zentner Hartkien den reifen Kirschen zustrebten, krachten Leitersprossen und Äste, und er überließ das Obstpflücken seiner leichteren Frau.

Hartkiens Sache waren zwei, drei Pferde, die er sonntags aus alter Neigung verfeilschte, um neue zu kaufen. Wenn er den Duft eines Pferdes erschnupperte, mußte er hinterher, mußte das Pferd sehn und seinen Besitzer zum Verkauf oder zum Tausch überreden.

Schöne Pferde gingen durch Hartkiens Hände: rotgemaserte Belgier mit kleinen Hügeln von Hinterteilen, Traber mit trockenen Beinen; Renner mit Funken in den Hufen, waschpulverweiße Schimmel mit blauer Apfelung und Vollblutstuten mit gleitendem Gazellengang und den Blikken arabischer Frauen.

Hartkien war mit seinem Leben unter den Obstbäumen zufrieden, doch das Leben nahm keine Rücksicht auf die Zufriedenheit eines unverbesserlichen Pferdehändlers, es mußte weiter, weiter – unbekannten Zielen zu.

Im Herbst starb Hartkiens Frau, seine billigste Gartenarbeiterin, und er blieb allein zu aller Arbeit, verkaufte zwei Pferde und bot seinen Kindern die Plantage an.

Einer seiner Söhne war Lehrer, der andere Ingenieur, die

Töchter lebten mit ihren Männern in der Stadt. Alle wehrten ab: Sie wollten nicht wie die Urmenschen auf Bäumen umherklettern.

Hartkien schloß sich der Gärtnergenossenschaft an. In seinem Stall stand noch ein Pferd, eine Ponystute, die er behalten hatte, weil sie ihm im Laufe der Jahre fünf Fohlen gebracht hatte. Das Pony, eine Schimmelstute, konnte unter Hartkiens ausgestrecktem Arm hindurchlaufen, größer war sie nicht, und sie hatte einen kurzen, zackelnden Schritt. In der Genossenschaft gab's keine Verwendung für das Pferd. Hartkiens Pferdeliebe begann unrentabel zu werden.

Vorbei, vorbei – die schönen Pferdezeiten! Aus mit Kettenklirren und Pferdescharren im Stall! Hartkien verfaßte seufzend ein Inserat für die Kleingärtnerzeitung. Der Text versprach allen Interessenten ein Elitepony.

Ein Sonntagmorgen, ein Morgen im Mai. Hinter Hartkiens Haus wetteiferten Blüten und Düfte, und das Gesumm der sechsbeinigen Stempelbestäuber übertönte den Zehnuhrglockenschlag vom Kirchturm. Ein dürrer Mann, dem zwanzig Zentimeter zu zwei Metern fehlten, betrat Hartkiens Hof. Der Mann hieß Haubenreißer, kam aus dem Mecklenburgischen und schien jener Sekte von Menschen zuzugehören, die sich beim Essen nicht setzen. Bevor er was sagte, wetzte er die Oberlippe, als müßte er die Worte auf einer Pikkolo-Mundharmonika herunterspielen. Er grüßte verhalten, sprach vom Wetter, von Zugverspätungen und sah sich im Vorgarten um. »Stand hier nicht ein Pferd in der Zeitung?« – Ja, hier stand ein Pferd in der Zeitung. Hartkien wurde eifrig und log, Haubenreißer wäre der zehnte Reflektant. Er wollte den Fremden zum Stall führen, doch der Fremde wetzte die Oberlippe: Er wollte das Pferd im Wagen sehen.

Während Hartkien im Stalle die Stute aufschirrte, bespuckte der Fremde den Hof, und während Hartkien den

Schimmel einspannte, betrachtete Haubenreißer den brandenburgischen Himmel.

Hartkien legte ein Brett quer über den Wagenkasten, bedeckte es mit einem Sack und lud den Fremden zum Aufsitzen ein. Haubenreißer setzte sich und sah vom Käuferthron zum ersten Male das Pferd an. Das also sollte die Stute sein, diese gemästete weiße Maus? Viel zu massig das Ding, am Hals zu massig, in den Hosen zu massig, zu fett in der Brust und am Rücken – überall nutzloses Winterfett.

Vom Stutenrücken stieg Ammoniakgas auf und mischte sich mit Kirschblütenduft. Haubenreißer sperrte den Mund auf und nieste, und Hartkien fuhr im Arbeitstrab an. Der Wagen polterte durch ausgetrocknete Pfützen, und Hartkiens Genick zitterte im Rockkragen. Im Blumentopf seiner Faust steckte der gelbe Peitschenstengel und bog sich im Fahrtwind. Der pendelnde Peitschenriemen bedrohte das Pferd, und die Strangketten klirrten.

Nach fünfzig Metern mäßigte die Stute die Gangart und fiel in einen zockelnden Trab. Sie war zu fett, und Fett macht träg, und Hartkien redete die Trägheit zur Tugend herauf: Bei Ponys käm's auf den Zockeltrab an. Eine Perle von Pony. Unbezahlbar das Pferd!

Haubenreißer starrte die Stute mit Blicken aus der gefiederten Reihe seiner Vorfahren, mit Habichtsblicken, an. Der zockelnde Trab gefiel ihm nicht, er wünschte das Pferd im Schritt gehn zu sehn, aber Hartkien wollte und wollt nicht verstehn. Da griff Haubenreißer selber in die Zügel, entwand Hartkien die Peitsche und warf sie in den Wagenkasten.

Jetzt ging die Stute im Schritt, und Haubenreißer verglich ihn mit dem einer Schimmelstute, die er daheim im Stall stehen hatte. Der Schritt war um zwanzig Zentimeter zu kurz.

Hartkien zerrte an seinem Hosenbund und wünschte

sich Blicke, schärfer als Peitschenschläge, um das Pferd mit ihnen anzutreiben.

Die Zeit verrann, und es fielen Kirschblütenblätter in den Wagenkasten. Der Fremde schwieg, der Schritt der Stute wurde ohne Peitschenhilfe immer kürzer, und Hartkien versuchte den Käufer auf andere Weise abzulenken, exakt ausgedrückt, mit Suggestion: Erst müßte die Stute sich lösen, sagte er, und wer was von Pferden verstünde, der wisse das!

Der Fremde schwieg weiter, schwieg bis in die nervöse Oberlippe hinein, und Sonnenstrahlen züngelten durchs Laub, und an den Kirschbäumen sprangen neue Knospen auf, aber für die Pferdehändler hätten statt der Blütenbäume beschneite Rutenbesen in der Feldmark stehen dürfen.

Hartkien ließ die Lederleine auf den fetten Rücken der Stute klatschen, um sie damit anzutreiben, und er sah den Fremden dabei von der Seite an, und der Fremde steckte sich eine Zwanziger-Zigarre an, und er lächelte fein und fragte: »Hat sie sich immer noch nicht gelöst?«

Hartkien spürte den Spott, doch er ließ ihn an seinen fleischigen Ohrlappen abrinnen, und er war sich fast sicher, daß er es mit einem Pferdemann zu tun hatte, aber er wollte es genau wissen und versuchte es mit einer neuen Flunkerei: Die Stute wäre rossig, sie buckele, zöge sich zusammen, sagte er, und wer was von Pferden verstünde, müsse das selber sehen!

Ein gesprenkelter Star strämmte seinen schillernden Kehlsack und pfiff, und der Wagen zerfuhr zwei Weinbergschnecken, und der Fremde schwieg. Er arbeitete an seiner Zukunft: Er sah sich mit einem weißen Zylinderhut auf dem Bock einer weißen Hochzeitskutsche sitzen. Die Kutsche besaß er noch nicht, aber sie würde schon kommen, wenn er diesen Schimmel hier als Zweitpferd und Passer sein eigen nennen würde. Er würde in seinem Heimatstädtchen Osterberg hochfeine Berliner Moden einführen: Haubenreißer mit zwei Schimmeln fährt dich in den Ehehimmel. Haubenreißer wird die Leute, die was von Vornehmheit verstehen, zur Trauung fahren, als wären sie holländische Königskinder. An die Peitsche wird er eine weiße, raschelnde Schleife binden, und die Schleife wird die Stute scheuchen. Wenn die Stute trotz der Schleife nicht traben sollte, wird er sie mit Gewinn verkaufen; denn sie ist gut in Futter und macht etwas her; es kommt nur drauf an, daß er sie billig zu kaufen kriegt, und das will er.

Weiße Wolken marschierten im Blau, und die Sonne posaunte, und Haubenreißer ließ Hartkien halten. Er stieg vom Wagen, war steif in den Gliedern, sah der Stute ins rosige Maul, hob den zerzausten Stutenschwanz an, bückte sich und schien wie durch ein Fernrohr durch die Stute hindurchzusehen und fragte: »Wo ist die rossig?« und stieg wieder auf.

Da wußte Hartkien, daß er es mit einem *Ausgewalkten* zu tun hatte, bereitete sich auf ein Duell vor und erhöhte den Stutenpreis in Gedanken um zweihundert Mark. Er duzte den Fremden jetzt zunftgebräuchlich: »Hör mal her!« und »Ganz unter Brüdern«, und er verlangte dreitausend Mark.

Haubenreißer saß fakirstarr, sah in die Ferne, lauschte, ob noch was kommen würde, doch als Hartkien nichts mehr sagte, steckte er seinen Zeigefinger ins Ohr. »Hab ich dreitausend gehört?«

Die Lerchen trillerten, die Kirchenuhr schlug, und ein Bach kreuzte den Weg. Hartkien hielt auf der Brücke an und sagte, er würde ins Wasser springen, wenn ihn die Stute nicht selber dreitausend Mark gekostet hätte, und er gäbe sie nur zum Selbstkostenpreis ab, weil er auch die Gärtnerei habe weggeben müssen, aber er sprang nicht ins Wasser.

Ein hockender Dicker und ein steiler Dürrer spiegelten sich im zitternden Bachwasser, und das Wasser floß, und das Spiegelbild stand. Zwei der letzten Landpferdehändler auf einem Wagen und ein Stütchen, das sie im trägen Schritt mit sich fortzog. Ein Hecht schnellte aus dem Wasser und tauchte wieder. Die Pferdehändler sahen ihn nicht, und sie hätten ihn auch nicht gesehen, wenn er ein Seehund gewesen wäre.

Hinter der Brücke begann eine Straße aus runden Pflastersteinen. Die Männer wurden geschüttelt, und auch der Stutenpreis schüttelte sich zusammen. Er betrug jetzt zweitausend Mark. Hartkien sagte es seufzend, und er gäbe die Stute unter Selbstkostenpreis ab, weil er wüßte, daß sie es bei dem Fremden gut haben würde. Er hielt Haubenreißer die Hand zum Einschlagen hin, aber Haubenreißer sah auf die fleischige Hand und sagte, in so eine Wuchererhand würde er am liebsten hineinspucken.

Hartkien hörte nicht drauf, was der Dürre sagte; er hatte mit dessen Einverständnis noch nicht gerechnet. Er sah sich sonntags daheim in der Stube vor einem Fernsehgerät sitzen: Fuchsjagd im Fernsehn, Reiten im Fernsehn, Turnier- und Dressurreiten – Hartkien würd's mit den Augen betreiben, wenn er kein Pferd mehr hätte, aber der Fernsehapparat war noch nicht da, den wollte er an der Stute verdienen, aber der Handel ging zu langsam vorwärts. Nie hatte es ihn so viel Zeit gekostet, ein Pferd zu verschachern.

Er wurde wehmütig, wenn er an die Zeit dachte. Was kam, wenn seine Zeit verbraucht sein würde? Die Ewigkeit? Hartkien stellte sie sich wie einen großen Kessel vor, aus dem sich der Mensch eine Kelle voll Zeit schöpfte, bevor er auf die Erdenreise ging. Die Frage war für Hartkien, ob ihm je wieder erlaubt werden würde, aus diesem Kessel zu schöpfen. Was war ihm, dem alten Pferdehändler, eingefallen, als er sich verleiten ließ, sich mit diesem ausgepichten Käufer auf einen Wagen zu setzen, um ihn spazierenzufahren? Weshalb handelte er nicht daheim auf dem Hofe, zu ebener Erde? Da konnte man den Käufer, wenn einem nicht paßte, was er bot, stehenlassen und um die Ecke gehn, um von dort aus zu schielen, was der für ein Gesicht machen würde.

Rechts und links der Straße waren tiefe Gräben. Es stand kein Wasser in ihnen, und das Gras an ihren Rändern war weich, und der Maiwind strich drüber hin, und das Gras zitterte. Unter den Rädern waren immer noch Steine, graue, blaue und gesprenkelte Steine, und Hartkien schien's, als ob sie immer buckeliger würden, und die buckeligen Steine brachten ihn auf einen Einfall: Er rieb sich den Bauch, er beschimpfte die holperige Urahnenstraße, und er sagte, sein Herz hielte das nicht aus. Er rieb sich die Brust, und er hielt das Pferd an und tat, als ob ihm schlecht würde. Er beugte sich vor und ließ sich geduckt vom Wagen gleiten, aber in diesem Augenblick zog die Stute an und zerrte zum Grabengras hin. Die Gesetze der Physik griffen ein, und die zwei Zentner Hartkien gerieten in Schwung, der Graben lag lauernd am Wege, und Hartkien überschlug sich zweimal. Er kam in ein Kleefeld zu liegen, und die Zitronenfalter fluckten beleidigt davon, und Hartkien verdrehte die Augen, als sähe er die Hölle. Aber selbst der Anblick der Hölle machte den eingefleischten Händler nicht vergessen, worum es ging: »Tausendneunhundert!« stöhnte er.

Haubenreißer, der mit der Hochzeitskutsche unterwegs gewesen war, als Hartkien vom Wagen rollte, brachte das Pferd zum Stehen, sprang in den Graben. Er riß dem Dikken die Weste auf, daß die Perlmuttknöpfe in den Klee sprangen, und massierte ihm die Brust. Hartkien schloß die Augen und ächzte: »Tausendachthundert, weil du es bist!«

Haubenreißer massierte und sagte: »Tausenddreihundert und keinen Pfennig!«

Hartkien wurde es schwarz vor den Augen, aber er war

gleich wieder da und rechnete: Tausenddreihundert – da würde sein Profit an der Stute nur für ein altes Fernsehgerät reichen. »Gauner!« schrie er, und Haubenreißer hörte beleidigt auf zu massieren. Jetzt wurde es ganz dunkel um Hartkien. Er riß die Augen auf, und es blieb dunkel. Angst packte ihn: Die Ewigkeit war kein Kessel, sie war ein Loch. Er mußte viel Kraft dransetzen, nicht in dieses Loch zu stürzen, bis ihm, Gott sei Dank, der Handel einfiel. Er mußte handeln, das war es, und er schrie: »Tausendfünfhundert!« und spuckte aus. Er spuckte die Angst aus, doch die Angst vermehrte sich in ihm. Nahm der Tod übel, daß er ihn hatte für ein Spielchen mißbrauchen wollen, um den Handel zu fördern? Hartkien streckte Haubenreißer die Hand hin, er fühlte sich so allein in der Finsternis.

Haubenreißer wollte die Hand nicht ergreifen. »Lieg still!« Aber dann sah Haubenreißer, wie die Hand zitterte und nach einem Widerdruck gierte, und er ergriff sie. Die Hand war kalt, und es war Schweiß auf ihrem Rücken, und Haubenreißer bekam Furcht und rannte um Hilfe ins Dorf. Er polterte über die Bachbrücke, und das Wasser bekam keine Zeit, den rennenden Pferdehändler zu spiegeln, aber als Haubenreißer die Brücke hinter sich hatte, hörte er's gräßlich verzerrt wie aus dem Jenseits rufen: »Tausendfünfhundert – Handschlag – gekauft!«

Haubenreißer war wütend, daß er beim Pferdehandel noch etwas hatte lernen müssen. Er pflasterte den Rückweg mit Flüchen, und als er sich Hartkien näherte, beschimpfte er ihn mit Wörtern, die in keinem Lexikon stehen.

Hartkien rührte sich nicht, und Haubenreißer setzte sich auf den Wagen. Die Stute scharrte, es summte im Klee, und die Zeit verging.

Haubenreißer hatte genug von dem Schauspiel. »Mach deine Faxen, mit wem du willst!« Er griff in die Zügel. Die Stute zog an und war flink wie den ganzen Morgen nicht. In der Ferne wieherte ein Pferd. Die Stute wieherte zurück. Kein Muskel zuckte in Hartkiens Gesicht. Haubenreißer wurde unsicher, hielt an und pflückte eine Honiggrasrispe. Er hielt Hartkien die Rispe unter die Nase. Kein Knötchen bewegte sich. Haubenreißer war's, als führe ein eisiger Wind durchs Gras, aber es war nur das Summen der Bienen im Klee. Er nahm seinen Hut ab. Sein Haar schimmerte silbergrau in der Sonne. Bevor er nach der Sitte den Kopf senkte, sah er sich um. Es war niemand in der Nähe, auf den die Ehrerbietung vor dem Tode hätte Eindruck machen können. Er warf den Hut auf die Erde und trampelte drauf.

Am Begräbnistage ging Haubenreißer, einigermaßen gebeugt, hinter dem Sarg her. Von Zeit zu Zeit verwandelte sich der schwarze Leichenwagen für ihn in eine weiße Hochzeitskutsche. Er mußte achtgeben, daß er sich nicht straffte und den Kopf stolz hob, als ob er bereits auf dem Kutschbock säße und unsichtbare Kinder zum Standesamt führe. Erst als der Grabhügel aufgeworfen wurde, war er sich seiner Stute sicher.

Er mischte sich unter die Erben. Die Kinder befragten ihn, wie es mit dem Vater zu Ende gegangen wäre. Haubenreißer gab zögernd Auskunft: Ein Ehrenmann wäre der Vater gewesen, ein Mann, der zu seinem Wort gestanden habe.

Die Kinder nickten nicht, wie es sich gehört hätte, doch sie schüttelten auch nicht die Köpfe. Der älteste Sohn, der Lehrer, fragte, so, als ob er es aufschreiben wollte: »Bitte genauer! Sein letztes Wort?«

Haubenreißer, gekrümmt vor Trauer: »Sein letztes Wort galt der Stute – leider.«

»Ach ja, die Stute, freilich, die Stute!« Die Kinder nickten einander beziehungsvoll zu. »Die Stute – was war da sein letzter Wille?«

Haubenreißer wand und wand sich, sagte, als ob es ihm peinlich wäre: »Eintausend Mark – war sein letztes Wort.«

Die Stute war das einzige Weiß zwischen den schwarzverkleideten Menschen, als Haubenreißer sie zum Tor hinausführte, und die Trauergäste sahen ihr nach, bis ihr Schweif wie eine Fahne, die jemand einzieht, zwischen den Bäumen verschwand.

Nebel

Als der Schornsteinfeger den Kamin der Wirtshausküche verlassen hatte, kroch, noch ehe sich die tanzenden Rußflocken gesetzt hatten, Fleischermeister Boll hinein. Der Schornsteinfeger hatte Boll sein Mundtuch angeboten, doch Boll hatte es abgelehnt und hatte sich sein rotgewürfeltes Fleischertaschentuch wie einen Knebel in den Mund gesteckt. Boll kroch in einer grünen Lodenjoppe, unter der er die gestreifte Fleischerjacke trug. Das gehörte zu den Bedingungen. Leichte Wetten reizten Boll nicht. Er hatte die langschäftigen Stiefel ausgezogen, aber die weißen Schafwollsocken hatte er anbehalten; denn der rechte Schafwollsocken mußte ihm helfen, seinen Klumpfuß vor den neugierigen Blicken seiner Saufkumpane zu verstekken.

Als das dicke Hinterteil des Fleischers im Kamin verschwunden war, schloß der Gastwirt die Tür des Einstiegs und rannte mit den anderen nach draußen.

Es war ein träger Spätherbstnachmittag, die Sonne stand schräg, und die Saufbrüder mußten ihre Augen mit den Händen beschatten, um das Ende der Feueresse auf dem Hausdach beobachten zu können. Dort oben mußte Boll erscheinen, wenn er die Wette gewinnen wollte.

Als nach zehn Minuten am Schornsteinrand nur schwarze Rußwolken walmten und immer noch kein Fleischermeister Boll erschien, rannten einige Zechkumpane in die Wirtshausküche zurück und öffneten die Einstiegtür. Ruß wirbelte ihnen in die Gesichter, und sie sahen nichts, aber sie hörten, wie sich Boll in die Höhe schuftete. Da rannten sie wieder hinaus, um das Schauspiel, das sich ihnen auf dem Dache bieten sollte, nicht zu versäumen.

Endlich erschien Boll auf dem Sims der Esse, und das einzige, was noch rein und weiß an ihm war, waren seine Augäpfel, und er rollte sie, setzte sich auf den Rand der Esse, ließ die Füße mit den ehemals weißen Schafwollsokken aufs Dach hinunter baumeln, nahm einen Hieb aus einer Taschenflasche und prahlte auf den Schornsteinfeger nieder: Endlich habe er erfahren, wie leicht gewisse Leute ihr Geld verdienten und sogar Staatsangestellte würden.

Die Kumpane radauten und ließen Boll hochleben. Vorübergehende Dorfleute blieben stehn und versäumten nicht, sich den Fleischermeister als Kaminfeger anzusehn. Am Abend würden sie daheim in ihren Stuben die sein, die das neueste Kunststück von Boll erzählen konnten.

Boll wohnte drei Dörfer weiter, aber die Leute in seinem Heimatdorf kamen nicht in den Genuß seiner Kunststücke, dafür sorgten sein Weib und seine Verwandten. Die Bolls hielten sich für ehrsame Handwerksleute, denn die Dorffleischerei lag bereits in den Händen der dritten Generation. Die vierte Generation, die eigentlich an der Reihe war, befand sich noch in der Gefangenschaft, in die sie beim letzten Krieg geraten war. Alt-Fleischermeister Bernhard Boll hatten seine übereinandergewachsenen Zehen dem Kriege entzogen, und der Klumpfuß war sein Glück.

Boll verschönte sich die Wege durch die mageren Kriegszeiten: Weizen, Wolle, Weiber und Wetten – alles war für Wurst zu haben: Eine Kuh wurde mit Möhren auf den Schanktisch der Gastwirtschaft in Mulmendorf gelockt und gemolken: Ein Schnittglas Milch als Gegenmittel für Alkoholvergiftungen – zehn Mark. Die Wette und die Kasse gewann Boll.

Wettreiten auf einem Eber in der Dorfaue von Ziltendorf. Wer hält's am längsten auf einem Schweinerücken aus? Diesse Wette verlor Boll, weil er sich mit seinem Klumpfuß nicht recht klammern konnte.

Wettfliegen von Hähnen, denen man die Köpfe abgehackt hatte. Wer hält einen lebenden Vierpfundaal am längsten mit ausgestrecktem Arm? So und ähnlich sahen die Wetten aus, die Boll erheckte.

Die Kaminwette hatte er jedenfalls gewonnen, obwohl sein Abstieg in die Wirtshausküche mehr ein Rutschen, Rumpeln und Plumpsen gewesen war. Der Schornsteinfeger, der aus Gründen der *Sicherheit* geblieben war, ging beleidigt davon.

Die Saufkumpane zechten noch lange und feierten die glückliche Kaminfahrt Bolls, und als alle schwarz und rußig waren, weil Boll nicht versäumt hatte, sie im Laufe des Abends brüderlich zu umarmen, wurde man müde. Boll verlangte nach einem Mietauto aus der Kreisstadt. Es wurde telefoniert und gewartet, aber es fuhr kein Auto vor. Der Mietautofahrer wollte mit dem Fleischer nichts mehr zu tun haben, weil ihn Boll vor Wochen dazu mißbraucht hatte, mitten in der Nacht nichts als die lederne Fleischermütze heimzufahren, da ihr Träger sich ermuntert hatte und weitertrinken wollte.

Die Mietdroschke kam also nicht, und Boll beschloß, den Nachtzug der Kleinbahn zu benutzen. Die Geleise der Kleinbahn streiften den Dorfrand, doch es gab keinen Bahnhof an dem Ort, in dem Boll seine Kaminfahrt glücklich hinter sich gebracht hatte. Es gab aber einen unbeschrankten Bahnübergang, den die Züge langsam mit Geklingel und Gepfeife überquerten. An dieser Stelle war es Boll früher schon einige Male gelungen, die Lokomotive mit einem Geldschein in der erhobenen Hand anzuhalten.

Die Zechbrüder zogen die Köpfe ein, als Boll seine Absicht äußerte. Man warnte. Es seien neue Zeiten, nicht mehr gemütlich wie früher, neue Leute, keine verläßlichen Beamten mehr, nur Angestellte bei der Eisenbahn. Einer der Saufkumpane wollte sogar den Lokomotivführer kennen, der den Nachtzug fuhr, einen scharfen Genossen, der sich an Bolls Geldschein nicht kehren würde.

Aber Boll war für Warnungen nicht zu erreichen: Was hieß hier neue Zeiten? Für Geld wäre zu jeder Zeit alles zu haben, sogar Priester- und Pastorenseelen, behauptete er und verzankte sich mit den Kumpanen, nannte sie »Angsthasen« und »Jammerlappen« und war pünktlich und halb betrunken um die elfte Nachtstunde am unbeschrankten Bahnübergang in der Feldmark des Dorfes. Er sah die Lichter der Lokomotive wie Glühwürmer im linden Nebel auftauchen, stand zwischen den Schienen und fuchtelte mit einem Fünfzigmarkschein. Die Glühwürmer wuchsen. Boll wurde unsicher, zog einen zweiten Fünfziger und winkte mit beiden wie ein signalisierender Matrose und schrie: »Boll hier, Fleischermeister Boll, hier!«

Als er die Bremsen knirschen hörte, war er sich seiner Sache und der gewonnenen Wette sicher und prahlte: »Ich hab's euch gesagt, ihr Jammerlappen, Geld regiert ...«, und die Maschine packte ihn wie ein eiserner Hengst und schlug ihn nieder, und das Zugpersonal zog den zertrümmerten Fleischermeister hinter dem dritten Waggon von den Schienen.

Es war ein grauer Novembertag, und die Zechkumpane Bolls hatten sich versteckt, denn es fühlte sich keiner außer Schuld. Und der oder jener berief sich darauf, daß er Boll gewarnt habe, und einer behauptete, Boll habe die Wette von Rechts wegen verloren, denn es wäre gekommen, wie er vorausgesagt hätte: eine Zeit, in der Lokomotivführer Geld ausschlügen wie früher die Pfarrer ein Teufelsgeschenk. Aber andere hielten ihm entgegen, daß der Lokomotivführer doch erwiesenermaßen gebremst hätte, und als einige Zeit vergangen war, wurde immer häufiger davon gesprochen, daß der Nebel am Tode Fleischermeister Bolls schuld gewesen wäre – ganz allgemein – der Nebel.

Saubohnen

Immer, wenn im Sommer die Saubohnen reif waren, luden die Bebels die Abels zum Saubohnenessen ein. Frau Bebel hatte eine kleine Hand, und so viel Saubohnen, wie diese kleine Hand halten konnte, wurden im Frühjahr im Gärtchen links vom kleinen Haus ausgesät.

Im Laufe des Frühlings und des Vorsommers wuchsen aus dieser Handvoll so viele Saubohnen heran, daß sie zu einer Abendmahlzeit reichten.

Man mußte sich über die Erde wundern, die es nicht leid wurde, Jahr um Jahr, fast auf der gleichen Stelle im Gärtchen, Saubohnen zu produzieren, aber sie wurde es nicht leid. Sie war verläßlich und arbeitete im Frühjahr los, sobald sie von Frau Bebel das Motiv in Form einiger Bohnensamen eingeimpft bekam. Sie produzierte ohne Zögern und ohne die Gewißheit, ob die Produktion gelingen würde, und ohne die Gewähr, ob die Wetter ihrem Vorhaben günstig sein würden, und ohne Ahnung, was mit ihrer Produktion zum Schluß geschehen würde.

In dem Jahr, von dem hier die Rede ist, war der Effekt, den die Früchte jenes Fleckchens Gartenerde auslösten, anzweifelbar.

Die Saubohnen waren gekocht und mit Gewürzen versehen, und sie aßen sie warm und streuten vor dem Essen gehackte Petersilie nach Ermessen über sie. Die Schalen mancher Bohnen waren beim Kochen geplatzt, und es quoll ein eiweißhaltiger Brei aus ihnen, der die nicht geplatzten Bohnen einhüllte, wie ein Pudding die Sultaninen einhüllt.

Die Sultaninen-Bohnen platzten zwischen den Zähnen der Esser und ergossen ihren Eiweißbrei unausgelaugt über die Geschmacksnerven in den Mündern, und die Esser schmeckten etwas von der Wildheit, aus der die Garten- und Feldfrüchte kommen, und das war das Interessante am Saubohnenessen.

Gleich nach den ersten Happen, die sie auf den Weg zu ihren Mägen brachten, begannen die vier Esser zu reden, weil das so üblich ist und zu den Gepflogenheiten gehört, wenn kultivierte Menschen gemeinsam ein Mahl einnehmen.

Die Abels, als Gäste, lobten das Bohnengericht, und die kleine Frau Bebel dankte mit niedergeschlagenen Augdekkeln und fing ihre Verlegenheit ab, indem sie von der diesjährigen Anzucht der Bohnen berichtete, die ihre Schwierigkeiten gehabt hätte; insbesondere wären jene schwarzen Läuse, von denen Holundertriebe und Saubohnen unausbleiblich befallen werden, dieses Jahr besonders zäh und sogar teilweise dem pulverisierten Insektengift gegenüber resistent gewesen.

Der lange Abel, mit der von Stoppelhaaren eingefaßten Glatze, bei dem die Saubohnen unter einem englisch geschnittenen Schnurrbart verschwanden, verlangte nach einem Wodka, und er erhielt ihn, und die anderen nahmen auch einen Wodka, nachdem das Thema einmal angeschnitten war. Sie hoben die kleinen Gläser, die aussehen wie die Hälften verschnittener Sanduhren. Die Esser sahen einander in die Augen, nickten und stießen auf das diesjährige Saubohnenessen an.

Dann waren sie satt und schickten den schweren Eiweißpillen von Saubohnen nach Bedürfnis Tee und Limonade nach, und das Essen hätte zu Ende sein müssen, wenn es unter Menschen mit *Anstand* nicht üblich und Sitte gewesen wäre, nach gehabter Mahlzeit, sich in Gesprächen zu ergehen. Leider veranschlagten sie nicht, daß bei solchen

Nachmahlzeitgesprächen das soeben Gegessene schon mitspielte, denn man spricht im Deutschen nicht umsonst vom *Einverleiben*.

Die Oberdosis Eiweiß fing jedenfalls sofort an, sich in die Gespräche zu schleichen, und sie schien schon im Spiel zu sein, als Frau Abel von dem zu sprechen begann, was sie in letzter Zeit geschrieben hatte. Sie wüßte nicht, ob es ihr gelungen wäre oder nicht, und das mache sie unruhig und unzufrieden.

Es war, als hätten die Saubohnen im Magen des verschmitzten, manchmal undurchschaubaren Bebel nur auf dieses Bekenntnis der Frau Abel gewartet. Es wäre der Unterschied zwischen ihm und Frau Abel, sagte Bebel, daß er genau wüßte, ob das, was er in letzter Zeit geschrieben hätte, etwas tauge oder nicht, es tauge nämlich nichts.

Der lange Abel sagte nichts dazu. Auch er hatte in der letzten Zeit einiges geschrieben und war einigermaßen damit zufrieden. Er konnte sich nicht entschließen, dem Druck der Oberdosis Eiweiß in seinem Magen nachzugeben und den Erfolg seiner Arbeit anzuzweifeln. Er verlangte nach einem weiteren Wodka und erhielt ihn und trank ihn, ohne mit den anderen anzustoßen, ohne ihnen in die Augen zu sehn. Dabei kam er sich vor wie ein Mann, der beim Seufzen von Armen an sein heimliches Bankkonto denkt, und er mußte Kraft aufwenden, daß die Saubohnen in seinem Magen ihn nicht doch noch im letzten Augenblick bestimmten, mit Ekel auf seine Selbstzufriedenheit niederzusehen.

Die Unterhaltung eskaladierte in der begonnenen Richtung. Bebel fand heraus, und die genossenen Saubohnen halfen dabei nicht schlecht, daß schon so vieles, wer weiß, ob nicht alles, geschrieben worden wäre und daß man zu leicht auf Vorbilder verfiele, von denen man sich schwer, ach, so schwer lösen könnte, und Frau Abel, deren spöttisches

Lächeln sonst berüchtigt war, nickte Bebel ermunternd zu. Sie kamen sich so einig vor, obwohl es nur die gehabten Saubohnen waren, die da miteinander korrespondierten.

Die kleine Frau Bebel, die körperlich und in ihren Gebärden einem frühreifen Schulmädchen glich, steuerte dem Einfluß der Saubohnenmahlzeit mit Wodka. Sie trank in den Gesprächspausen ein Gläschen und wieder einmal ein Gläschen und schien darauf zu warten, was die Bohnen bei ihrem Manne noch an Resignation zutage fördern würden.

Der schnurrbärtige Abel versuchte den Einfluß der Bohnenmahlzeit niederzuhalten, indem er ein Glas Limonade nach dem anderen trank und das Eiweißkonzentrat damit verdünnte. Er redete wenig und sah die ganze Zeit forschend, aber so, daß sie es nicht bemerkten, zu Bebel und zu seiner eigenen Frau hinüber und dachte: Jeder Mensch ist eine unwiederholbare Einmaligkeit, und es muß ihm gelingen, einen Punkt zu finden, seinen Punkt, von dem aus er zeigt, wie er die Welt sieht, wie nur er sie sehen kann. Es gehört Mut dazu, dachte er auch, eine Menge Mut, auf diesem Punkt, trotz aller sich anbietenden Vorbilder, zu verharren, auf diesem Aussichtspunkt.

Frau Bebel trank wieder ein Gläschen, und ihre Augen begannen zu glitzern. Bebel, ihr Mann, redete ganz gegen seine Gewohnheit von der Landschaft und den unübersteigbaren Bergen in seinem Innern. Er behauptete jetzt, es sei fraglich, sehr fraglich, ob etwas, was man aus eigener Sicht geschrieben habe, auch gedruckt werden würde.

Damit hatte er es geschafft, auch den stoppelhaarigen Abel unter den Einfluß der genossenen Saubohnenmahlzeit zu bringen, denn Abel wußte aus Erfahrung, daß jemand, der etwas getreu aus der Sicht seiner Einmaligkeit geschrieben hatte, nachher kämpfen und Langmut aufbringen mußte, um sein Geschriebenes gegen das Gewohnheitsdenken und Gewohnheitssehen durchzusetzen. Dieser Kampf erschien Abel jetzt unter dem Einfluß der Eiweißüberdosis so schwer, daß er zu bezweifeln begann, ob er ihn ein drittes und viertes Mal würde liefern können, und er schrie, oder waren es die Bohnen in ihm: »Ja, so hängen wir uns doch auf!« Und er wiederholte den Satz, aber diesmal schon als Frage: »Ja, weshalb hängen wir uns da nicht auf?«

Erstarrung, Schweigen, vielleicht sogar Ernüchterung. Nur die Augen der kleinen Frau Bebel, sie blitzten jetzt, blitzten unmißverständlich ihren Mann an, und es war unverkennbar, daß sie sich ihn ins Bett wünschte, und es war zu ahnen, daß sie ihn und seine Resignation dort besiegen würde, die kleine Frau Bebel, die körperlich und in ihren Gebärden einem frühreifen Schulmädchen glich, bei der der Effekt aber, den die Früchte eines Fleckchens Gartenerde in diesem Jahr auslösten, nicht so anzweifelbar war wie bei den anderen.

Schildläuse

Als noch Schildläuse genug vorhanden waren, ließ sich die Ehe des Professors immer wieder reparieren.

Der kleine Professor war reinlich und vermochte seine Nüstern zu blähen wie ein erregtes Shetlandpferd. Er war mit einer Arbeit über den sozialen Gehalt der Verba dicendi in zeitgenössischen Romanen beschäftigt.

Seine brünette Frau, ein Wesen mit Gazellenbeinen und durchnittlichen Bedürfnissen, war nicht in der Lage zu ermessen, was ihren Mann an den Verba dicendi reizte. Sie sammelte Bekanntschaften, Bekanntschaften von Leuten, deren Namen in Tageszeitungen genannt wurden, wie Schauspieler, Dichter, Leistungssportler und Aktivisten, die zum Auslösen ökonomischer Kampagnen herausgesucht worden waren.

Sie war ungehalten, wenn der Professor, der stets in eine Arbeit vertieft war, mit der er der modernen Literatur Impulse zu vermitteln meinte, die Empfänge versäumte, zu denen es Einladungen ins Haus regnete: Empfang bei der Bulgarischen Botschaft zu Ehren von Cyrill und Method; Empfang des Kulturministeriums zu Ehren des Shakespearejahres; Galaball der Neuerer und Knobler; Empfang der Akademie zu Ehren Holot Kul Axandas, des Verfassers des berühmten Werkes über die Eingeborenenlyrik im vierzehnten Jahrhundert, und so weiter.

Es konnte sein, daß dem Professor, der schon im weißen Perlonhemd mit der vorgeschriebenen hellgrauen Krawatte steckte, statt der Manschettenknöpfe ein paar Verba dicendi in die Hände fielen, die in seinem Werk noch keine Ausdeutung gefunden hatten. Dann wurde nichts mit der Teilnahme am Empfang zu Ehren Marcel Marceaus in der Akademie. Dann gab es Kräche, weil man es trotz allen Fortschritts noch nicht so weit gebracht hatte, daß eine meritenlose Ehefrau ohne lästiges Anhängsel in Gestalt eines Professors auf einem Empfang, den die Akademie gab, erscheinen konnte.

Nach den Auseinandersetzungen, die der Professor zuweilen in Unterhosen (weil er schon beim Umkleiden gewesen war) mit seiner Frau führte, war er stets erregt, und Erregung hielt er für Gift für alle Arten schöpferischer Tätigkeit.

Der Professor fing seine Erregung mit Schildläusen ab, die er von den Blumenstöcken im Fenster seines Arbeitszimmers absammelte. Er suchte in den Blattachseln der Zimmerblumen, und wenn er eines dieser Schmarotzerinsekten, eingewoben in einen weißen Kokon, fand, mußte sich seine Hand mit der Pinzette notgedrungen beruhigen, um das Flöckchen vom Blumenstengel heben zu können.

Sodann übergab er die eingesponnene Schildlaus mit Hilfe der Pinzette an Daumen und Zeigefinger seiner linken Hand. Sobald er spürte, daß er dort aus der vollgesoffenen Laus einen rötlichen Brei verfertigt hatte, stellte sich das Gefühl bei ihm ein, die Pflanzenwelt von einem Schmarotzer befreit zu haben, und das förderte seine Ruhe.

Wenn der Professor eine genügende Anzahl von Schildläusen zwischen Daumen und Zeigefinger zerquetscht hatte, dachte er nicht mehr an seine Frau, die grollend in ihrem Zimmer saß, und er machte sich daran, die Verba dicendi, die ihm beim Suchen der Manschettenknöpfe unterkommen waren, aufzuarbeiten.

Aber dann las der Professor in einer Wochenzeitschrift, in der Spalte *Die Feinde deiner Fensterblumen,* daß man Zimmerpflanzen des öfteren mit Wasser besprühen müsse, um die Schildläuse von ihnen fernzuhalten. Der Professor tat es. Er hätte es nicht tun sollen; die Schildläuse zogen sich zurück.

Es war nach dem Empfang für einen achtzigjährigen Komponisten, der seinen Gastgebern in der Akademie seine neunundzwanzigjährige Frau vorführte. Er war ein gefeierter Komponist, berühmt in ganz Europa, und es fiel eine Menge Abglanz auf seine neunundzwanzigjährige Frau.

Die Frau des Professors glaubte Möglichkeiten zu erkennen, sich berühmt zu heiraten, aber dazu mußte sie frei und nicht mit einem Professor der Philologie verheiratet sein, dessen Werke nicht einmal von denen, die sie angingen, den Dichtern und Schriftstellern, wahr und ernst genommen wurden.

Forthin ließ es die Frau Professor nicht an Andeutungen fehlen, daß sie ihre Jugend einem Mann weihe, der es nimmermehr zur Berühmtheit bringen würde; und eines Tages gab sie zu verstehen, daß sie willens wäre, sich von ihrem langweiligen Manne zu trennen.

Das erregte den Professor, das erregte ihn sehr und machte ihn unfähig, bei seiner Arbeit über den *kollektiven Helden* im zeitgenössischen Roman sitzen zu bleiben. Aber da waren keine Schildläuse mehr, die er zerdrücken konnte, um sich zu beruhigen. Andererseits ließ die Frau nicht nach, auf ihn einzureden und sich über ihn, den reizlosen Philologen, zu beklagen.

Der Professor, der jahrelang hingenommen hatte, von seiner Frau unverstanden zu sein, fühlte jetzt, wie die Frau an seiner Würde zerrte. Er wurde immer erregter und dachte schon nicht mehr daran, daß er sein Beruhigungsmittel, die Schildläuse, mit Wassersprühgüssen vertrieben hatte. Und er ging auf seine Frau los und preßte ihr die Oberarme. »Hast du nicht alles, was du brauchst?«

»Nein!« schrie die Frau. »Eine Niete habe ich!«

Der Professor merkte nicht, wie sich seine Hände zum Hals der Frau hochtasteten und wie er ihr den Hals zu drücken und zu quetschen begann. Und die Frau stieß ihn vor die Brust, stieß ihn von sich und schrie um Hilfe, schrie beim geöffneten Fenster, bis Leute von der Straße kamen.

Am Abend bat der Professor seine Frau um Verzeihung, doch es war keine zu erlangen.

Und die Frau ließ sich vom Professor scheiden. Es ging alles sehr leicht, und dem Professor wurde die Scheidung sehr teuer, weil er doch ein gewalttätiger Mensch war und man es einer Frau nicht zumuten konnte, weiterhin in seiner Nähe zu leben.

Aber, als noch Schildläuse vorhanden waren, ließ sich die Ehe des Professors immer wieder reparieren.

Kundenerziehung

Die Schriftsteller Berlins veranstalteten den jetzt traditionellen Mai-Buchbasar zum erstenmal. Ich sollte Brecht überreden, daran teilzunehmen. Ich überredete ihn nicht, und er nahm teil.

Die Schriftsteller bildeten Gruppen, und jede Gruppe erhielt einen Lastkraftwagen. Man bot Brecht an, in der Fahrerkabine des Lastwagens Platz zu nehmen. Er lehnte ab, obwohl er solche Bequemlichkeiten liebte, doch er wollte stets einen Bekannten bei sich haben, auf den er zurückgreifen konnte. Allein gelassen, schien er schmal wie ein Kind in der Fremde.

Wir fuhren auf die Vergnügungsplätze. Unsere Bücher wurden ausgeladen, und wir eröffneten einen *fliegenden* Verkaufsstand. Die Rummelplatzbesucher starrten uns an. Es fiel schwer, sie davon zu überzeugen, daß es *modern* sei, zwischen Schiffschaukeln und Drehorgeln Bücher zu kaufen. Unser Anreißer verhieß eventuellen Buchkäufern die Autogramme der Schriftsteller wie Zugabebonbons.

Schließlich entschlossen sich einige Vergnügungsplatzbesucher, mit der Geste des Erbarmens näher zu treten. Einige mochten Brecht von Zeitungsporträts her kennen und dachten wohl an einen Rummelplatzschwindel, als man ihnen einen Mann in einem immer ein wenig zerknautscht aussehenden Mantel, mit einer etwas fleckigen *Schiebermütze* und einem nicht gerade frischrasierten Gesicht als *echten* Brecht unterschieben wollte. Schließlich probierten sie es mit einem Autogramm, gewissermaßen, um die *Echtheit* zu prüfen.

Ich stand neben Brecht, um ihm gegebenenfalls behilflich sein zu können. Mich kannte niemand, denn ich war *frischgebacken* und hatte soeben meinen ersten Roman mit dem abschreckenden Titel *Ochsenkutscher* herausgebracht. Brecht aber hatte sich in den Kopf gesetzt, mich bekannt zu machen, und wenn jemand ein Autogramm von ihm wünschte, sagte er: »Sie gestatten, daß ich mir zunächst selber ein Buch kaufe.«

Die Leute wollten natürlich sehn, was für ein Buch der zweifelhafte Brecht kaufen würde, und seine *Echtheit* wurde wieder in Frage gestellt, als er ein Buch über Ochsen kaufte. Ich mußte Brecht eine Widmung hineinschreiben, und ich schrieb *in Dankbarkeit* hinein, und die Leute kauften mein Buch trotzdem nicht.

War Brecht jetzt entmutigt? Niemals. – Wir fuhren auf den nächsten Vergnügungsplatz, und wir packten unsere Bücher wieder aus, und Brecht kaufte wieder ein Buch von mir, und ich mußte ihm wieder etwas hineinschreiben, und ich schrieb wieder *in Dankbarkeit* hinein, und die Leute kauften mein Buch trotzdem nicht, aber Brecht ließ nicht nach. Er kaufte an jenem Maitag auf verschiedenen Rummelplätzen wohl an sechs, sieben Bücher von mir und nannte das *Kundenerziehung* und er betrieb sie mit der gleichen Intensität wie die *Zuschauererziehung* in seinem Theater.

Zum Schluß lächelten wir uns an wie Kinder, deren Versuch, Fische mit der Hand zu fangen, fehlschlug.

Wenn ich heute auf dem Maibasar beim Büchersignieren zum Aufschauen komme, denke ich an Brecht und an unseren ersten Buchbasar, und ich weiß nicht genau, was Früchte trägt, seine *Kundenerziehung* oder die Tatsache, daß er mich eine Weile erzog.

Die Katze

In den Geschichten vom *Herrn Keuner* gibt's eine Stelle, aus der hervorgeht, daß Herr *Keuner-Brecht* Katzen nicht besonders liebt; einer Katze aber, die sich zur Ruhe hingestreckt habe, zolle auch er den nötigen Respekt vor dieser Arbeit. Herr *Keuner-Brecht* hatte also die Katzen gut beobachtet.

Eines Abends kam ich zu Brecht und sah ein schwarzweißes Kätzchen auf seinem Abendbrottisch. Die Wurst hatte es schon von den Broten gefressen, und jetzt leckte es die Butter ab. »Schau an, Herr Keuner und die Katzen!« sagte ich in der Art, wie wir uns gegenseitig zu frotzeln pflegten. Er sagte oft: »Guten Abend! Wie geht's dem Pferd?«, und spielte auf meine Pferdenarrheit an. Ich stellte fest, daß er von seinem Arbeitsplatz geflüchtet war, damit sich die Katze dort tummeln konnte. Er wurde verlegen, nahm die Sache sehr ernst und gab Erklärungen ab, wieso man eine Katze, wenn sie sich einmal eingefunden habe, nicht sofort und ohne weiteres abschieben könne, und man müsse dies und das berücksichtigen. Aber die Katze fraß, ungerührt von allen Theorien, Brechts Abendbrot.

Bei späteren Besuchen sah ich die Katze wieder. Sie war noch frecher geworden, und meine Frotzeleien wurden nachdrücklicher, weil es mir, ich gesteh es, Spaß machte, ihn, der sonst so schlagfertig war, immer aufs neue in Verlegenheit zu bringen und in *Katzendiskussionen* zu verwickeln. Und ich spielte auf das *Kleine Organon* an, und daß das eine eben die Theorie und ein anderes die Praxis sei und daß man es doch an der *Keuner-Katze* sehen könne.

»Natürlich«, sagte er, »dös möcht auch gräßlich ausschaun, wenn dein Pferd sich auf 'm Abendbrottisch wälzen wollt!«

Der Hut

Wir wollten nach Holland fahren. »An Hut sollten mir uns kaufn«, sagte Brecht, »über die Grenze geht man besser mit Hut.«

Ich hielt das für einen Scherz und lachte; er lächelte.

Wir kamen nach Aachen. »Jetzt wär's also Zeit z'wegn dem Hut«, sagte Brecht, und da erst erspürte ich, daß es ihm ernst war mit dem Hutkauf, und mir fiel jene Stelle aus der *Carrar* ein, in der es um die Arbeitermütze geht, nach der die Reaktion schießt.

Wir gingen einen Hut für ihn kaufen. Der Laden war vollgestopft mit Hüten von »Spießbürgerglocken« bis zu Zylinderhüten. Brecht versuchte es mit einem Sporthut, setzte ihn auf, stellte sich vor den Probierspiegel und starrte mit weit aufgerissenen Augen, als wäre er erstaunt über sich selber. Ich sollte begutachten. Der Sporthut war fipsig, und Brecht hätte ihn nicht mal in seiner Samson-Körner-Zeit tragen können.

Er versuchte es mit einer Art Trachtenhut. Darin sah er aus wie ein gescherter Jager bei Ganghofer. Noch schlimmer. Jetzt probierte er Hüte in den verschiedensten Grautönen. Auch nichts, allenthalben die Krempen zu mager.

Der eifrige Hutverkäufer wollte sich das Geschäft nicht entgehen lassen. Er schickte ins Lager. Jetzt kamen alle Arten von Schlapp- und Künstlerhüten hervor. Brecht probierte und probierte, starrte sich im Spiegel an und forderte mein Urteil. Nichts, nichts, ein Brecht ohne graue Tuchmütze war für mich unmöglich.

»Wenn ich nur den fänd, wie ihn der Valentin mal gehabt hat«, sagte Brecht und probierte unermüdlich wie bei einer Kostümprobe auf dem Theater. Mit Schlapphüten sah er aus wie ein schlechtgetarnter Einbrecher, besonders, wenn er mit starrem Blick in den Spiegel sah.

Er überlegte, ob wir nicht einen anderen Hutladen aufsuchen sollten. Ich riet ab. Mir war, als hätten wir bereits alle Männerhutmodelle der Welt, bis auf ausgesprochene Texashüte, durchprobiert.

Nun, so wollte Brecht, der die Mühe des Hutverkäufers anerkannte, eben einen Schlips kaufen. Alle Schlipse im Laden waren natürlich bunt, wie es die derzeitige Mode vorschrieb. Brecht aber wollte einen grauen Schlips.

Es wurde wieder zum Lager geschickt. Man brachte die altmodischsten Schlipse, über die das Haus verfügte, sogar solche zum Anschnallen waren dabei. Brecht zog einen hellgrauen Schlips aus dem Haufen. »So einer wär schon recht, nur so bunt, wenn er nicht wär!« Die Schlipse, die den Grauton hatten, der Brecht vorschwebte, waren die zum Anschnallen. Da riet ich wieder ab. Schließlich nahm Brecht den dunkelsten Schlips von den hellgrauen.

Der Verkäufer wollte aufseufzen, fing den Seufzer aber ab und hüstelte. Er wollte den Schlips eintüten, doch Brecht kam ihm zuvor, nahm ihn und stopfte ihn in die Jackentasche. Der Verkäufer sah drein, als ob er jemanden Erdbeeren mit dem Messer essen sähe.

Wir kamen an die Grenze. Ein westdeutscher Grenzpolizist prüfte unsere Papiere. Er besah uns von oben nach unten und von unten nach oben: Brecht mit der zerknitterten Litewka und den ausgebeulten Hosen, mich mit der ledernen Motorrad-Rennweste. Dann kam's im Tone eines preußischen Kompaniefeldwebels: »Was, Schriftsteller seid ihr? In dem Aufzug?« Er sah wieder in die Papiere »Aus der Ostzone natürlich, na, da werd ihr was schreiben.«

Ich ging hoch, verbat mir den Kasernenton. Brecht zitterte vor Empörung, doch er sagte nichts. Man ließ uns passieren, und Brecht sagte, immer noch kopfschüttelnd: »Aber an Hut, wenn wir gehabt hätten ...«

Der Kommissar

Was doch Reporter verschiedener westlicher Zeitungen ihren Lesern zumuten! Nach der Premiere meiner Bauernkomödie *Katzgraben,* die unter Brechts Regie lief, berichtete eine westdeutsche Zeitschrift, die *Der Spiegel* genannt wird, mich gäbe es gar nicht, und mein Name sei ein Pseudonym von Brecht, unter dem er ein *ostdeutsches* Gegenwartsstück auf die Bühne brächte.

Einige Jahre später druckte man in der gleichen Zeitschrift eine Besprechung meines Romans *Der Wundertäter* und verwies auf den Artikel über meine Komödie *Katzgraben* von vor Jahren. Brecht hatte also, wenn man den *Spiegel*-Leuten glaubte, auch diesen Roman geschrieben, aber er lebte damals schon nicht mehr.

Vor einer Schriftstellertagung in Amsterdam besuchten wir mit Brecht dort eine Buchhandlung. Der Buchhändler erkannte Brecht und musterte mich aufdringlich. Er verschwand, kam mit einer Zeitung zurück und bat Brecht, einen bestimmten Artikel zu lesen. In dem Artikel stand, die *ostdeutschen* Behörden hätten Brecht, wider Erwarten, die Ausreise nach Holland gestattet, doch man habe ihm einen Kommissar beigegeben, der als Chauffeur getarnt sei. Der Buchhändler meinte es also *gut* mit Brecht, denn für den getarnten Kommissar hielt er mich, und ich trug eine Lederjacke.

Brecht lachte, als er den Artikel gelesen hatte, und sagte: »Diesmal packen mir sie!«

Die Tagung begann. Brecht saß im Präsidium, und man wußte seine Anwesenheit zu schätzen. Er wurde gefeiert, doch jedesmal, wenn ein Beschluß gefaßt werden mußte, sagte er: »Halt's amal! Ich muß da erst mein' Kommissär befragn gehn!« Er machte einen *großen Gang*, wie man's auf dem Theater nennt, und er kam zu mir und fragte: »Derf ich?«

Bal i mal stirb …

»Gott, wenn's einen gibt, ist ein Lächler«, pflegte Brecht zu sagen. »Dieser Kerl lacht den ganzen Tag über seine Schwächen und Dummheiten.«

Es gab Stunden, da war Brecht dem Gott, den er sich ausgedacht hatte, ähnlich. Eines Tages sagte er: »Heute abend treffen wir uns beim Eisler-Hanns!«

Wir saßen zu dritt und sprachen über Eislers Text-Dichtung zu seiner *Faust*-Oper.

»An diesem Faust hat sich schon der Goethe vergriffen, bedenk, Hanns, man verzeiht es dir nicht«, sagte Brecht.

Hanns Eisler wollte nicht einsehen. Brecht behielt leider recht: Eisler bekam's schwer mit seiner *Faust*-Dichtung, die ich für groß halte.

Eisler war an jenem Abend bestürzt über die *Prophezeiungen* seines Freundes Brecht. Brecht sah es ihm an. »Jetzt spiel mir mein Lieblingslied, damit's lustig wird, Hanns!«

Eisler sträubte sich, dann spielte er doch, und Brecht sang mit seiner krähenden Stimme: *»Bal i mal stirb, stirb …«* Das war ein alter Wiener Schmachtfetzen, sacharinsüß in der Melodie, multisentimental im Text. Brecht stieß mich einmal ums andre. »Hör's dir an, hör's dir an, besser als vom Eisler wirst' das dein Leben nimmer hörn. An Kitsch, daß' schon wieder schön is!« Dabei schlug er sich auf die Schenkel und sang krächzend und sang, bis Eisler mit Altstimme nach Art der Bänkelsänger einfiel: *»Bal i mal stirb, stirb, stirb …«*

Manchmal denk ich, wir hätten sie beide noch haben können, wenn sie ihn nicht mit dem Schmachtfetzen gereizt hätten. Vielleicht mag er Kitsch auf den Tod nicht, der Tod.

Die Brecht-Nessel

Es war nachts, nach zwölf Uhr, und wir wurden von der Grenzpolizei zwischen Frankreich und Belgien aufgehalten. Irgendein Ausweispapier war abgelaufen, und wir durften nicht nach Belgien hinein, und eine Verlängerung der Bescheinigung, gegen entsprechende Francs, war erst am nächsten Morgen zu erhalten. In der Nähe der Polizeistation gab's ein Grenzgasthaus, als stünde es für Leute wie uns, denen eine Bescheinigung ausgegangen war, an der Landstraße.

Eine Klingel gab es nicht, und wir pochten, und eine verschlafene Wirtin öffnete uns, und sie schien es gewohnt zu sein, nachts von Leuten herausgeklopft zu werden, denen irgendein Papier abgelaufen war.

Im Flur brannten Notlampen, und im Gastraum herrschte Balzac-Stimmung. Brecht erhielt sogar noch sein obligates *Bettkäsebrot;* allerdings ohne Bier, und er nippte etwas Rotwein zum Brot.

Wir schliefen gut, und am Morgen sahen wir auf die sonnige, sehr plane und etwas karge Grenzlandschaft.

In der Gaststube tafelte uns ein Mädchen das Frühstück auf, und als wir zum Fenster sahen, das nach der Polizeistation und der Grenzstraße hinausging, erhoben wir uns gleichzeitig von den Stühlen, weil das Fenster von eigenartigen Blattpflanzen zugerankt war. Es waren Pflanzen mit dunkelroten Stämmen und hellroten Blättern, und durch die Blätter schien die Morgensonne, und das Fenster sah aus wie ein Butzenfenster aus einer *Faust*-Bühnendekoration.

Brecht betrachtete die eigenartigen Pflanzen sehr eingehend und sagte: »Erstaunlich!« Ich spürte, daß er sich eine solche Pflanze wünschte, und begann in meinem Selbstunterrichts-Französisch das Mädchen um einige Ableger von diesen seltsamen Pflanzen zu bitten. Brecht nickte mir zu, doch er half mir nicht mit seinem Schulfranzösisch. Seine Zunge war auf Augsburgisch eingestellt, und er kam sich lächerlich vor, wenn er sie ausländisch und *geschert* verdrehen sollte. In bezug auf seine Muttersprache war er der größte Chauvinist, den ich kannte, und Holländisch nannte er *verkommenes Deutsch.* Auf einer Schriftstellertagung, bei der die Verhandlungssprache Englisch war, leitete er seinen Diskussionsbeitrag ein: »My English ist baddd, but my German ist better.« Und er sprach Deutsch mit ein wenig Wollust, wie mir schien, und das besonders nach seinen Erlebnissen mit dem *Ausschuß für unamerikanische Umtriebe.*

Ich erhielt also die Ableger von den rotblätterigen Pflanzen, und wir brachten sie, in Zeitungspapier gewickelt, das wir unterwegs von Zeit zu Zeit anfeuchteten, durch Belgien und durch Westdeutschland und schließlich nach Berlin, und als wir uns nach dieser langen Reise trennten, teilten wir uns die Ableger.

Ich weiß nicht, was aus den seinen wurde, und ich sah sie nie auf dem Fensterbrett in der Chausseestraße.

Ich pflanzte meine Ableger ein, doch nur einer von ihnen ging an, und eine Zeitlang hatte er nur zwei armselige Blätter. Dann aber wuchs er doch langsam ein und trieb.

Es war eine seltene Art der Buntnessel, die wir uns da in Belgien eingehandelt hatten, und sieben Jahre später sah ich sie in Sotschi am Schwarzen Meer, und dort wuchs sie im Freien in einem Park, Tausende Buntnesseln zur Einfassung von Blumenrabatten.

Meine Buntnessel wuchs also, und wenn ich bei Brecht

war, konnte es vorkommen, daß er, wenn sein Blick das Blumenfenster nach dem Hof mit der grauen Friedhofsmauer streifte, plötzlich fragte: »Gibt's eigentlich diese erstaunlich rote Pflanze noch?«

Da mochte er sich wohl unserer gemeinsamen Frankreichfahrt erinnern, die für ihn und sein Theater die erste westeuropäische Triumphfahrt gewesen war. Er wurde in der Comédie Française gefeiert, er, die Weigel und seine Schauspieler. Er hatte den kommunistischen Ideen Theaterröcke angezogen und sie zu den suchenden westeuropäischen Intellektuellen in Marsch gesetzt.

Ich versicherte ihm damals des öfteren, daß es diese *erstaunlich rote Pflanze* noch gäbe, denn ich zog bereits Ableger von ihr und wollte ihn mit einem Butzenfenster überraschen, wie wir es damals auf der französischen Grenzstation geschen hatten.

Der Tod wartete nicht, bis ich mein Fenster fertig hatte, und er griff sich Brecht, und es war am traurigsten Geburtstag meines Lebens.

Wir aber nennen jene Buntnessel jetzt *Brecht-Nessel*, und ich gebe meinen Freunden von Zeit zu Zeit Ableger von ihr, und als mir in einem Winter, da ich verreist war, meine Zimmerblumen und mit ihnen die Buntnesseln erfroren, holte ich mir Ableger von Freunden, und jetzt, da ich das schreibe, stehen drei große *Brecht-Nesseln* in meinem Blumenfenster.

Schneewittchen

Onkel Phile arbeitete in der Kreisstadt, doch er arbeitete nicht gern, und am liebsten arbeitete er gar nicht. Am Wochenende besuchte er uns und die Großeltern auf dem Lande. Seine Handinnenflächen waren feucht, und seine Fingernägel waren abgenagt, und wir reichten ihm unsere Hände nur widerwillig zum Gruß, und wenn wir vor den feucht-nackten Onkelfingern zurückschreckten, lachte Phile wie ein Unterirdischer.

Onkel Phile war gut beschlagen unter der Nase, und unsere Ohren verschlangen, was er flunkerte und schwadronierte, denn wir glaubten noch, das Leben in der Stadt wäre vornehm und kurzweilig, unser Leben auf dem Lande aber gewöhnlich und langweilig.

Es perlten feine Lügen, und es gluckstem grobe Halbwahrheiten aus dem Onkelmund, und bei den grobgewebten Geschichten zwinkerten die Erwachsenen einander zu, aber den Onkel fochts nicht an; es genügte ihm, sich in der Bewunderung der Kinder zu baden, und er ging als Held durch seine Geschichten, besiegte seine Gegner in Maulgefechten und verschoß Schimpfworte und Beteuerungen, weil grobe Worte mögliche Wahrheit und etwas wie Taten vortäuschen.

Es gab Wochenenden, da hatte der Onkel seinen Arbeitslohn bereits am Freitag vertan, er erschien mit leeren Taschen vor den Großeltern und mußte Geschichten erfinden. In den Geschichten mußte der arme Onkel überfallen werden, und er wurde oft überfallen, und die Überfälle waren dramatisch:

Was, mördern willst du mir? frag ich.

Mördern, sagt er.

Mir hinterrücks abmurksen, Kindsarsch?

Vorderrücks ists gefährlich, sagt er.

Leg dein Messer ins Gras, sage ich.

Und er legt sein Messer nicht ins Gras, und ich muß auf ihn los, und ich muß mit den Augen rollen wie ein Löwe, und ich muß auf ihn zutrampen und brüllen: Nimm Abschied! Da laßt er das Messer fallen, und weg ist er und mein Geld auch.

»Das Messer, Onkel Phile, zeig uns das Messer!« Der arme Onkel mußte tiefer in den Lügenwald: Das Messer hätte er verscharrt, unauffindbar, mußte er schwindeln, »denn das möcht was geben, wenn der Gendarm einen mit einem Räubermesser betrifft!«

Der Vater und die Bergarbeiter tranken Bier in unserer Küche, und sie lachten Onkel Phile für seine erzählerischen Unfälle aus, doch die Großmutter verteidigte ihren Liebling Phile, und sie sagte spitz: »Er wird's wohl wissen, wenn er dabei war«, und der Vater und die Bergleute lachten über Großmutters Naivität, und Großmutter spuckte vor ihnen aus. Sie nahm Onkel Phile zum Begrüßungsmahl mit nach oben in die Großelternstube, und Onkel Phile aß schnell, und er aß, obwohl er schnell aß, lange.

Das Gezell des Menschen ist von Leidenschaften und Lastern durchwoben, wie das Gewurzel der Bäume vom Myzelgeflecht der Pilze durchwirkt ist, und kein Mensch wird gefragt, wieviel Leidenschaften und Laster er sich wünscht, bevor er ins sichtbare Leben schlüpft, und der eine Mensch schleppt viele Leidenschaften und Laster, und der andere Mensch schleppt nur je eine Leidenschaft und ein Laster, aber die Mitwelt giert zu erfahren, ob einer mit seinen

Leidenschaften und Lastern fertig wird oder ob sie ihn hinwerfen und wieder in die Erde trampeln.

Onkel Phile war bar aller Leidenschaften, doch er bukkelte sich mit drei Haupt- und mehreren Nebenlastern ab, und seine Hauptlaster waren das Lesen, das Rauchen und das Kartenspiel.

Wenn nach dem Essen kein Kartenspiel mit dem Vater und dem Großvater oder mit den beiden Großmüttern in Aussicht stand, setzte sich Onkel Phile unter Dampf, und der Zigarettenqualm schien ihm nicht nur aus dem Mund, sondern auch aus den Jackentaschen und Knopflöchern zu quillen. Onkel Phile las, wie er aß, schnell und viel, und er baute sich eine Welt aus Rauch und Buchstaben, und er verschwand darin, und gleichwie das Essen bei ihm nicht anschlug, so schlug ihm auch das Gelesene nicht an: Er nahm zur Kenntnis, ohne an Kenntnis zuzunehmen.

Zuerst las Onkel Phile die aufgestapelten Nummern des *Bergfrieds.* Der *Bergfried* war eine Familienzeitung, und wer sie hielt, der war versichert, und die Hinterbliebenen des Abonnenten sollten einige hundert Mark ausbezahlt bekommen, »falls der Versicherungsträger das Leben mit Abgang durch Tod verlassen sollte«, stand geschrieben.

Nach dem *Bergfried* nahm Onkel Phile *Vobachs Modenzeitung für das deutsche Haus* her und las auch die, und er entfaltete sogar die Schnittmusterbögen, und er las auf den Schnittmusterbögen die Hinweise für die Anfertigung raffiniert geschnittener Plisseeröcke, denn er mußte alles gelesen haben, was sich lesen ließ, und er verpackte den Inhalt der zwei Zeitschriftenstöße unter seiner Schädeldecke, und die Schädeldecke war mit strubbeligen, stets etwas unsauberen Haaren bewachsen.

Dann griff der Onkel auf mehrmals gelesene Bücher zurück, und das waren die beiden Bände *Praktischer Hausarzt in gesunden und kranken Tagen.* Ich habe in meinem Leben kranke Menschen, aber nie einen kranken Tag gesehen, aber die beiden Bände lagen auf der sauberen Wäsche im Vertiko der Mutter, und man nannte sie Hülsen-Bücher, weil ihr Verfasser Doktor von Hülsen hieß. Doktor von Hülsen unterrichtete den Onkel mit farbigen Klappbildern über das Muskel-, Knochen- und Sexualleben des Menschen, und der Onkel studierte vor allem das Innenleben der Frau, und er hatte im Gegensatz zur Mutter nichts dagegen, wenn wir ihm dabei über die Schulter sahen.

Der Mensch bestehe hauptsächlich aus Hohlräumen, erklärte Herr von Hülsen, und die chemischen Bestandteile des Zweibeiners hätten einen Wert von nur sechs Mark und achtzig Pfennig in Goldwährung.

Diese *Wertschätzung* des Menschen als Ergebnis wissenschaftlicher Forschung wurde zur Zungenmaxime meines Onkels, und er hängte sie hie und da seinen Betrachtungen an, und seine Betrachtungen bestanden aus zusammengelesenen populärwissenschaftlichen Informationen: »Die Mode ist ein Zwang, der auf charakterlich labile Leute ausgeübt wird, und die charakterfesten Leute, die sich der Mode nicht fügen, werden lächerlich gemacht, und alles ist das Werk von Geschäftsleuten. Ja, ja, was ist der Mensch? Hohlraum an Hohlraum, Chemiewert sechs Mark und achtzig, wenn man ihn einschmilzt.«

Wir hörten diese Materialrechnung, und uns fror, und wir ahnten nicht, daß von Hülsens wissenschaftliche Menschenbetrachtung einige Jahre später von vertierten Landsleuten mit dem Einschmelzen von Menschen in Wirklichkeit umgesetzt werden sollte, und wir ahnten nicht, daß Wissenschaftler, die nur auf den schmalen Ausschnitt ihres Wissensgebietes starren und im Menschen nur sehen, was Doktor von Hülsen in ihm sah, zu schlimmeren Sündern gegen das Leben werden können als Unwissende.

Nach den *Hülsen-Buchern* las Onkel Phile das Realienbuch, und das war ein Buch, das uns Kinder durch die Dorfschulzeit begleitete, und für interessierte Leser und weil ich es wie die Bibel jeden Tag in die Schule schleppte, sage ich hier etwas über dieses Buch, und die uninteressierten Leser mögen dort weiterlesen, wo ich meine Angaben beschließe:

Das Realienbuch enthielt einen kurzen Abriß der preußisch-brandenburgischen Geschichte und die Geburts-, Herrschafts- und Todesdaten aller unvermeidlichen Könige und Feldherren, und nach diesem Geschichtsaufriß mußte man annehmen, daß die Germanen nur auf dieser Erde erschienen waren, damit sie den Humus für das echte Preußentum abgeben konnten.

Dem Geschichtsabschnitt schloß sich ein Zoologieabschnitt an, in dem der Igel als ein wichtiges Tier behandelt wurde, wohl, weil wir in der Schulfibel als ersten Buchstaben des Alphabets das I vom Igel lesen lernten, und es folgten einige Angaben über Haustiere, insbesondere über die Kuh als Milchspender und über die Bedeutung des Pferdes als ackerbearbeitendes Tier und als Kriegsroß, und der Zoologieabschnitt schloß mit der Beschreibung des Eichhörnchens, des Affen der preußisch-kurbrandenburgischen Wälder, gewissermaßen als Anschluß an die Weltzoologie.

Der Fläming, der Niederlausitzer Grenzwall und das Glogau-Baruther Urstromtal vereinigten sich im Realienbuch zu etwas Erdkunde, und in der Abteilung Weltkunde erfuhr man, daß die Erde ein Planet, die Sonne ein Fixstern und der Mond ein Nachtleuchter wäre, der sein Licht von der Sonne bezöge. In der Abteilung Botanik behandelte man, neben der deutschen Eiche, die Kokospalme, die, trotz des Verlustes der Kolonien, immer noch in Deutsch-Südwestafrika wuchs, und wir erfuhren, daß es vor allem das *Palmin* wäre, um das die »bösen Feinde« uns mit dem Versailler Vertrag gebracht hätten, aber man verriet uns auch leichtfertig, daß die Alten Deutschen so gut wie kein Obst gekannt hätten und daß es ihnen, nachdem die alten Metsäufer sich hätten christianisieren lassen, die Mönche gebracht hätten, woran man die Wichtigkeit der Kirche für die deutsche Obstversorgung erkennen konnte.

Meinem jüngsten Bruder, der die Schule in der Epoche des Zwölfjahrreiches besuchte, wurde jedoch beigebracht, die arischen Germanen hätten weder die welschen Pflaumen noch den römischen Wein nötig gehabt, denn sie hätten längst den Vitaminwert der wilden Waldstachelbeere und der Ribiseln gekannt, und den Weinbau hätten sie in Grüneberg in Schlesien betrieben und in Weißenfels und in Naumburg und in Meißen auch, »ein bißchen sauer zwar, aber gelobt sei, was da hart macht!«.

Und so ließen die lieben Deutschen, die einander so gern *Kulturdünger* oder *Salz der Erde* nennen, alleweil pseudowissenschaftlich mit sich umspringen, und es wird Zeit, daß sie was lernen nach dem Hü und Hott ihrer Geschichte und daß sie beginnen, Pseudo- und Wissenschaft zu unterscheiden.

Von solcher Art war Onkel Philes Wochenend-Notliteratur, in der Stadt aber las er Detektiv-, Wildwest-, Liebes- und Schwulstgeschichten und auch die Werke von Klassikern, denn wie die Bücher im Strom der Tage auf Phile zutrieben, so fischte er sie heraus und benagte ihre Texte mit seinen flinken Blauaugen.

Und er las beim Essen, und er las auf dem Klosett, und wenn ihn der Weg nach irgendwohin langweilte, las er auch im Gehen, und Goethes *Werther* war für ihn eine Liebesgeschichte mit hinausgezerrtem tödlichem Abgang des Liebhabers, und Manzonis *Verlobte* waren für ihn eine andere Liebesgeschichte, in der der Buchschreiber immer etwas zwischen Verlobung und Heirat kommen ließ, damit er das Buch »vollkriegte«.

Der Wissenschaft, die man Orthographie nennt, ging

Onkel Phile, obwohl er täglich mit ihr zu tun hatte, energisch aus dem Wege. Er schrieb nur, wenn er in Not war, hauptsächlich, wenn er Geld geborgt haben wollte. Dann bereitete er meine Mutter schon während der Woche in einem Brief auf seinen Anschlag vor: »Liebes Lehnchen! Das Schicksal hat es gewohlt, mir wieder einmahl mitelos in die Welt sten zu lasen. Ausgeborgt bis auf mein Gemüht, welches mir blieb, von jene, die sich meine Freunde zu nennen belibten und als Strahfe für meine unversiegbare Gutmütlichkeit, trete ich also nackt vor dir hin …«

Auch in seinen Feldpostbriefen aus dem ersten Weltkrieg an die naive Großmutter waren Onkel Philes Bitten und Forderungen in rührselige Geschichten gekleidet:

»Libe Mutter!!!

Du allein weißt es, wie ich an meine Taschenuhr, Vaters Gabe zum Konfermationsgeschenke, gehangen habe, allein, nun hat mich ein groß Unglück betroffen, und ist mir jene durch die Verirrung eines Granatsplitters in der Westentasche zu Muß geworden, und ich kann mein Got danken, daß der Spliter meine Ur, nicht aber meinem Leibe zu nahe trat. Wenn es dich im Bereiche des möglichen erscheint, so schicke mir umgent einen neuen Zeitmesser, damit ich weiß, welche Stunde es geschlagen hat, wenn ich in das Land hinüber muß, aus dem keiner zurückkehrt …«

Ach, hätte der Onkel Sitzfleisch gehabt und sich ein wenig mehr um die kapriziöse Dame Orthographie gekümmert! Er hätte eine Art Löschblatt-Literatur aus vorgestanzten Wendungen und Bildern und aus vorgeprägten dramatischen Szenen zustande bringen können, wie jene Schwülstlinge und Journal-Gespielinnen, die in »Morpheus' Armen ruhen«, wenn sie schlafen, denen Berlin, Dresden und Leningrad zu nichtssagend sind und die deshalb von »Spreeathen«, »Elbflorenz« und der »Newa-Metropole« schreiben. Sie heiraten nicht, sondern »schmieden ihre Ehe«, trinken »Rebensaft« und »edles Naß« bei dieser Gelegenheit und »steuern« nicht auf den Berliner Ausflugsschiffen, sondern mit der »Freizeit-Armada« in den »Honigmond«. Sie machen Angler zu »Petrijüngern« und Reiterinnen zu »Amazonen«, um klassische Bildung vorzutäuschen; sie »gestalten« Siege und Niederlagen, Kinderwagenkissen und Totenkränze, und sie wähnen ihre Beschränktheit »durchgestaltet« zu haben, wenn sie den Zeiß-Laden am Berliner Alexanderplatz das »Mini-Mekka der Fotofreunde« nennen.

Über den Schwulst, der nötig ist, die Sprache in dieser Weise zu verspießern, hätte mein Onkel Phile durchaus verfügt.

Großvater stand den pseudoliterarischen Wendungen des Onkels skeptischer gegenüber: »Die Uhr aus der Westentasche geschossen? Seit wann tragen sie bei den Soldaten Westen?«

»Er wird die Strickjacke meinen, die ich ihm schickte.«

»Was, meine gute Strickjacke?«

»Sie hatte schon ein Loch am Ärmel.«

»Freilich, zwei Ärmellöcher, zweie. Du wirst freilich nicht frieren für mich im Winter.«

Es gab einen Krach, aber eine Ersatzuhr erhielt der Onkel von der Großmutter heimlich doch, womit die Macht auch der schlechtesten Literatur bewiesen wäre.

Verliebt war der Stiefonkel des öfteren, aber zum Heiraten einer »vernünftigen« Frau, wie die Großmutter sich ausdrückte, um damit unfreiwillig zuzugeben, daß der Onkel unvernünftig war, reichte Philes Einkommen nicht, weil er doch seine Arbeitsstellen öfter als seine Taschentücher wechselte, und sobald er an einer Arbeit die Lust verlor, fand er sein »Haar in der Suppe«.

Einmal arbeitete Onkel Phile in einer Tuchfärberei, und er kam mit leichengelbem Gesicht und zitronenfarbenen Händen auf Wochenendbesuch, und wochdrauf kam er um und um blau gefärbt, und wieder eine Woche später erschien er lodengrün in unserer Küche.

Onkel Phile hätte seine verschiedenen Färbungen mit etwas Ausdauer abscheuern können, aber er wusch sich nicht gern, und er liebte es, wie gesagt, wenn wir Kinder ihn bewunderten. Die Großmutter jedoch bejammerte ihn ob seiner ungesunden Arbeit, und dieses Bejammern erleichterte es Phile, die Arbeit in der Färberei aufzugeben, als wir ihn nicht mehr genügend bestaunten, weil wir uns an seine wechselnden Färbungen gewöhnt hatten.

Onkel Phile verdingte sich als Nachtwächter.

»Du wirst gerade was wachen!« sagte der Großvater, der wußte, was wir alle wußten, nämlich, wie furchtsam der Onkel war. Aber Furcht hin, Furcht her, dem Onkel ging's darum, eine Arbeit zu haben, bei der er lesen konnte. Er schloß sich in seiner Wächterbude ein, damit ihn die Tuchdiebe nicht wegschleppen konnten, und er schrieb morgens mit gutem Gewissen in sein Wächterbuch: »Nacht ordnungsgemäß vergangen. Keine Vorkommnisse.« Und es war nichts Gelogenes an diesem Rapport, denn wenn Onkel Phile lesen und dabei rauchen konnte, verlief seine Nacht ordnungsgemäß, und was sich sonst nachts auf dem Fabrikhofe tat, betrachtete der Onkel nicht als seine Sache. Aber die Oberüberwächter, die auf dem Fabrikgelände verteilten Wächtersteckuhren, diese Embryos unserer Computer, die Onkel Phile ignorierte, rächten sich an ihm, und sie verrieten ihn, und sie brachten ihn um seine heimeligen Lesenächte.

In seiner Nachtlesezeit wohnte Onkel Phile als Schlafbursche in der Familie eines Mühlkutschers, dessen mittelalterliches Häuschen am Ende der Friedrichstraße in der Kreisstadt stand, wo die unteren Fensterkanten der einstöckigen Kleinstadthäuser nicht höher als dreißig Zentimeter über dem Straßenprofil lagen.

Ich ging als Dorfschuljunge, sobald ich mich einmal in

der Stadt befand, an diesen Häusern entlang, weil ich gern in die Stuben blickte und den Leuten bei ihren Hantierungen zusah und weil ich glaubte, damit am städtischen Leben, das uns als Kindern so erstrebenswert erschien, teilzuhaben, und gar zu gern wäre ich in die eine oder in die andere Stube eingetreten, und manchmal denk ich, mein Wunsch war in dieser Hinsicht so heftig, daß ich später mehr, als mir lieb war, in solchen Stuben aus und ein ging, und nicht nur, als ich Onkel Phile in einer solchen Behausung besuchte, sondern als ich, selber ein Deklassierter, in den Slums deutscher Städte wohnte.

Die Nachbarin jenes Mühlkutschers, bei dem Onkel Phile einwohnte, war eine Plätterin, und sie war in ihrer Jugendzeit, das heißt, sechs oder sieben Jahre bevor ich sie kennenlernte und bevor sie meine Tante Elli wurde, eine Schönheit, eine etwas zigeunerische Schönheit, gewesen.

Ein vornehmer Herr, wie sie stets betonte, hatte sie »im Rausche der Liebe« geschwängert, und er war dann aus einem durchsichtigen Grunde zum Heiraten unabkömmlich gewesen, und zeither lebte meine spätere Tante allein, wartete und wartete auf die Abkömmlichkeit jenes Herrn und sorgte für ihre Tochter, meine spätere Base.

Die große Stube der Tante war nicht nur Wohn-, Schlafstube und Küche, sondern sie war auch die Wasch- und Plättanstalt. Ein Schildchen, auf dem die Buchstaben nach allen Seiten auseinanderzufallen drohten, wies am Hauseingang darauf hin, daß man in der Halbkellerwohnung Herren- und Damenwäsche waschen und plätten, auch Fenstergardinen spannen lassen könne.

Als Onkel Phile die Plätterin kennenlernte, kam er nicht mehr regelmäßig zu uns auf Besuch. Seine leere Geldtasche, die er sich sonst hatte heimlich von meiner Mutter oder der Großmutter anmägern lassen, schien jetzt von anderswoher zu frischem Inhalt zu kommen, und Großvater sagte, um die Großmutter zu ärgern, der Onkel lebe jetzt vom »Durchgebrachten«, aber eines Sonnabends erschien Onkel Phile doch wieder und erzählte, erzählte, und dabei zog er ein Zigarettenetui aus der Jackentasche, das auffällig silbern glänzte. Phile entnahm dem Etui umständlich eine Zigarette Marke *Süße Mädels,* eine der billigsten Zigaretten damals, und brachte zum Anzünden des Tabakröllchens ein blinkendes Feuerzeug aus dem Mulm seiner Rocktasche ans abendliche Sonnlicht.

»Was hast du Blinkendes, Onkel Phile?«

»Hat mir Elli geschenkt.«

»Elli?«

»Meine Braut.«

Unsere Phantasie baute an Onkel Philes Braut: Sie konnte nicht anders als ein schönes Mädchen sein, wenn sie den Onkel mit so silbern blinkenden Dingen beschenkte, eine Märchenbraut, eine Art Schneewittchen.

Später erfuhren wir, daß das Zigarettenetui und das Feuerzeug, die so anregend gegleißt und uns inspiriert hatten, jenem »vornehmen Herrn« zugedacht gewesen waren, der damals verhindert war, an seiner Hochzeit mit der Tante teilzunehmen. Tante Elli hatte auf den »Herrn« gewartet und gewartet, und eines Tages war sie müde geworden, und sie hatte die blinkenden Dinge Onkel Phile übergeben.

Wenn man geradewegs auf die Kreisstadt zuging, hatte man dreizehn Kilometer Weg hinter seine Fersen zu bringen, und eines Tages machte sich unsere Großmutter mit dem Tragekorb voll Lebensmitteln und einem Strauß Sommerblumen auf den Weg dorthin, aber sie lief erst fünf Kilometer bis zur Bahnstation, um sich dann von dort aus auf einem Umwege von fünfunddreißig Kilometern zu Onkel Philes Hochzeit zu ruckeln.

»Das fehlte mir!« sagte Großvater, »wer weiß, welche Henne diesen unausgereiften Hahn aufspringen ließ?«

Die Hochzeit, die Hochzeit, was spielt sie doch für eine Rolle im Leben der Menschen! Wird sie nicht wie die Wiederholung einer Geburt behandelt, einer Geburt, nach der der Mensch mit zwei Köpfen, vier Händen und vier Beinen vor seinen Mitmenschen und im Leben erscheint? Und die Eltern des Hochzeiters rufen das Glück an, und sie rufen das Schicksal an, und das ganz besonders am Hochzeitstage; das Glück oder das Schicksal, sie möchten machen, daß die beiden Köpfe, mit denen der Mensch hinfort einhergehen wird, nicht gegeneinanderarbeiten, daß er sich mit seinen vier Händen nicht selber verprügelt und daß die vier Beine nicht voneinander streben, kurz, daß der zweiteilige Mensch funktioniert, sich zusammenhält und daß die jungen Köpfe und Beine, die ihm mit der Zeit dazuwachsen, an ihm ein gutes Beispiel haben möchten.

Kurze Zeit nach der Hochzeit erschien Onkel Phile mit Tante Elli und seinem angeheirateten Töchterchen zur Vorstellung beim Großvater und bei uns, den lieben Verwandten, und das Schneewittchen unserer Kinderphantasie wurde von der Wirklichkeit beschädigt: Tante Elli war klein und neigte zur Dicklichkeit; ihr Gesicht zeigte schon Kummerkerben, und es war welk von Wasch- und Plättdämpfen. Das schwarze Haar der Tante führte ein eigenwilliges Leben, und es entfloh, soviel die Tante es auch zurückstrich, immer wieder dem Haarknoten. Oder führte die Tante zuwenig Haarnadeln zur Befriedung dieses zigeunerisch-üppigen Haares ins Feld? Jedenfalls waren die Tantenwangen beständig von schwarzen Haarsträhnen umwedelt wie von schwarzen Gluckenflügeln, und auch der Gang der Tante, mit den nach innen gerichteten Füßen, glich dem Gang einer eilenden Henne.

Tante Elli sprach vornehm sprembergisch, und sie sprach gern, und sie kannte sich mit den kleinstädtischen Gepflogenheiten und Sitten aus, und beim Besichtigungsspazieren durch das Dorf ermahnte sie den Onkel, der Steine in den Dorfteich warf und sich an unseren Streichen beteiligte: »Phile, hak mir ein und geh ein bißchen onglich!«

»Onglich« war vornehm sprembergisch ausgesprochen und bedeutete »ordentlich«.

Tante Elli war nicht unbelesen, wie der Volksmund sagt, aber sie fand wenig Zeit zum Lesen, und die Liebesgeschichte, die sich zwischen ihr und unserem altbekannten Onkel Phile abgespielt hatte, erzählte sie so: »Wie das so ist: Man ist allein. Man hat seinen *Fehltritt* gehabt, nicht wahr?« (Wir Kinder sahen unsere sympathische Base, den *Fehltritt*, an.) »Man sucht nach einer Gelegenheit, sich zu entsündigen, und man bittet Gott, nicht wahr? Eines Tages erbarmt sich der Herr, und er schickt uns die Gelegenheit.« (Wir sahen unseren Onkel Phile, den von Gott Gesandten, an.) »Er tat mir so leid, ein Mensch ohne Eltern in der Stadt. Er guckte nachmittags, nachdem er sich vom Nachtdienst ausgeschlafen hatte« (mit dem Nachtdienst waren Onkel Philes Nachtwächter-Lesestunden gemeint!), »sehnsüchtig in mein Fenster hinein, nicht wahr? Es ist Sommer, und es ist warm, ihr wißt, und man hat das Fenster geöffnet, man spricht ein bißchen und sieht einander in die Augen, nicht wahr? Ein Wort gibt das andere, aber nie hätt ich ans Heiraten gedacht, doch eines Abends gab ich ihm die Stulle.«

»Was für eine Stulle, Tante Elli?«

»Das Liebesbrot, wie man so sagt, nicht wahr?«

»Da hat man's!« sagte Großvater, »stand er also wie ein Bettelmannsjunge vorm Fenster, weil er sein Geld verjuxt hatte.«

Tante Elli verteidigte Onkel Phile gegen Großvater. Der Onkel hätte nicht gebettelt. Sie hätte dem Onkel die Stulle mit Hackfleisch und Zwiebeln auch nicht durchs Fenster gereicht, denn sie wüßte doch, was sich gehore, »nicht wahr?« Sie hätte den Onkel zu sich in die Stube geladen.

»Eines ergibt das andere, nicht wahr: Er kam wieder, und mit einem Male war die Liebe da.«

Nun wußten wir, wie sich die Liebe ihren Weg über ein Hackfleischbrot mit Zwiebeln bahnt und den Menschen »in Ketten schlägt«, wie sich Tante Elli auszudrücken beliebte.

So kamen wir unversehens zu einer Tante und zu einer Base in der Stadt, und fortan wurde es von Tante Elli nicht günstig vermerkt, wenn wir bei Mutters alter Freundin, mit der sie in der Tuchfabrik zusammengearbeitet hatte, in der Kreisstadt abstiegen und nicht bei unseren Verwandten, wie es sich für einen »onglichen Menschen« gehörte, »nicht wahr?«

Wir Kinder unterschieden zwischen Onkeln und Tanten, die uns seit »immer« gehörten, und jenen, die auf uns stießen, als wir schon fix im Leben umherschwammen, denn bei ihrem *Dazukommen* schien der Zufall obwaltet zu haben. Onkel Phile hätte ja auch ein Mädchen aus unserem Dorfe, eines, das ihm der Großvater besorgt hätte, heiraten können.

Wir säten im Herbst den Roggen, und wir pflanzten im Frühling die Kartoffeln; wir ernteten den Roggen im Sommer, und wir ernteten die Kartoffeln im Herbst, und es standen Jahr um Jahr Kornpuppen auf unseren Feldern, und es standen gefüllte Säcke im Herbst neben den Kartoffelfeuern – auch das – Jahr um Jahr.

Und wenn die Wiesen zum zweiten Male geheut waren, weideten wir die Kuh und ihr jährliches Kalb auf ihnen, und all das langweilte uns nicht, weil es das Leben war, das uns in seinen sich wiederholenden Verwandlungen entgegentrat.

Aber die Dorfschule mit ihrem sich fünf Jahre hintereinander wiederholenden Lehrstoff langweilte uns, weil es sich nicht um Leben, sondern um Abstraktionen vom Leben handelte und weil es Ekel beim Menschen heraufbeschwört, wenn man ihn immer wieder mit den gleichen Abstraktionen zu füttern versucht. Ich wollte und wollte in die Stadtschule, wollte, obwohl mir das nicht bewußt war, mit neuen Abstraktionen konfrontiert und zu eigenen Gedanken angeregt werden, und ich bat und bettelte um die Erlaubnis, und endlich gaben meine Eltern nach, und ich wurde zu einer von Mutters Kolleginnen aus der Fabrikzeit in Pension gegeben. Mutters alte Kumpanin und ihr Mann waren das Hausmeisterehepaar der Städtischen Mädchenschule, und sie wohnten im Keller dieses Instituts, und mein Bett wurde im Schlafzimmer der Pensionseltern aufgeschlagen.

Tante Elli war beleidigt: »Dachtet ihr, daß jene Kellerwohnung höher als unsere Stube liegt? Es wäre onglicher gewesen, den Jungen bei Verwandten unterzubringen, nicht wahr?«

Richtig, richtig, aber meine Eltern wollten nicht, daß auch ich noch in der Stube von Onkel Phile und Tante Elli hauste, und um die Tante zu versöhnen, machte ich von Zeit zu Zeit Besuche bei meinen Verwandten, vor allem, weil mich das Leben in der Wasch- und Plättanstalt am Ende der Friedrichstraße erregte und reizte, denn zur festen Kundschaft meiner Tante gehörten die Mädchen gewisser Etablissements, und es gab drei Etablissements in der Stadt, und mit der Wäsche dieser Damen gab sich die Tante besondere Mühe, weil sie sauberer sein mußte als die Unterwäsche der Schlafburschen und der »möblierten Herrn«.

Die Freudenmädchen zahlten gut, und sie sahen, wie man sagt, nicht auf den Groschen, und der Kleinbürger sagt mit gerümpfter Nase: »Wie gewonnen, so zerronnen«, und ich wünschte ihnen damals, daß ihnen die Nasen gerümpft stehenblieben, und wenn ichs recht bedenke, wünsch ichs ihnen heute noch.

Auch ich erhielt meinen Groschen Naschgeld von den Freudenmädchen, wenn ich zufällig bei der Tante war, deshalb besuchte ich sie häufiger und häufiger, damit ich dort war, wenn die Freudenmädchen ihre Wäsche abholten, und auf diese Weise lernte ich alle »zugänglichen« Damen der Stadt kennen, und sie kannten mich, und wenn der Onkel sie um Zigaretten oder um Bier anbettelte, so schickten sie mich nach Wein zum Spirituosenhändler Bombel, denn mit Bier wollten sie nichts zu tun haben, und später wurde ich für das Weinholen abgelohnt.

Ich lernte die neuen Freudenmädchen, die zum Monatsanfang in die Stadt kamen, kennen, und ich kannte die, die länger blieben, und ich wußte dies und das von ihren Qualitäten, denn von diesen Qualitäten hing es ab, ob sie länger als einen Monat in ihren Etablissements engagiert blieben, und ich grüßte die, die länger blieben, und ich grüßte die, die neu angekommen waren, wenn ich sie auf der Straße traf, und ich nahm keine Rücksicht auf die Vorurteile und die entsetzten Gesichter meiner Mitschüler. Es geschah sogar oft, daß mich die Mädchen auf der Straße umarmten und daß sie mir die Wangen streichelten und mich abküßten und daß sie mich zu *Windbeuteln mit Schlagsahne* ins Café einluden, und all das war aufregend, und die Freudenmädchen bereiteten mir viel Kopfzerbrechen.

Die Tante dozierte gern, und sie hatte in mir einen lernbegierigen Schüler; wirklich, es schien eine Lehrerin an meiner Tante verlorengegangen zu sein. Aber das Leben läßt nichts aus den Augen, was es sich vornahm, und was ihm mit der einen Generation nicht gelingt, das gelingt ihm mit der nächsten. Vielleicht besteht unsere Freiheit, die wir mit dem Menschsein erhalten, darin, daß wir unsere geistige Entwicklung, denn nur sie zählt, aufs Ganze gesehen, ein wenig zu beschleunigen vermögen. Die Tochter meiner Tante, also meine Base, wurde jedenfalls in unserer Zeit der vielen Möglichkeiten das, was ihre Mutter nicht wurde, eine befähigte Lehrerin.

Das unbezogene Ende des Plättbrettes war um und um versengt, und es hatte hellbraune, dunkelbraune und holzkohlenschwarze Flecke, die von der Häufigkeit und der Länge der Nebenarbeiten zeugten, die meine Tante neben dem Plätten ausführte, denn an diesem Ende des Plättbrettes lag das eiserne Gestell, das die Bolzenplatte aufnahm, wenn sich die Tante vom Plättbrett entfernte. Neben diesem Gestell stand stets eine Tasse von der Größe eines kleinen Nachttopfes, die moorwasserschwarzen Bohnenkaffee enthielt, der mit einer Prise Salz versetzt war.

Die Großmutter hielt der Tante das »schöne Geld« vor, das für »schwarze Lurke«, so nannte Großmutter den Bohnenkaffee, »verplempert« wurde, und die Tante rechtfertigte sich: »Das verstehst du, Mutter, nicht!«, und sie wies zum arbeitsscheuen, lesenden Onkel am Fenster hinüber, »der eine raucht und liest, um sich ein bißchen von der Erde zu heben, und ein anderes trinkt eben Kaffee, nicht wahr?«

»Was müßt ihr euch denn von der Erde wegheben?« fragte die Großmutter. »Das würde sich mir nicht wollen. Da möchte mir schön schwindelig werden«, und sie spuckte wie stets, wenn ihr etwas nicht gefiel, nach allen Seiten aus.

Die Tante erklärte mir die einzelnen Teile des Unterzeugs jener Damen, die zu ihrer Hauptkundschaft gehörten: »Also, das ist ein Korsett, und es ist nur noch bei Damen in Mode, die es nötig haben, ihren Bauch zurückzudrängen, nicht wahr? Und das hier ist ein Korselett, und es ist modern, aber das hier sind nun Höschen, weißt du ja wohl, und hier hinwiederum sind Schlüpfer, das Modernste vom Modernen.«

Sodann führte mir die Tante verschiedene Büstenhaltermodelle und deren diskrete Polsterungen vor und erläuterte: »Am besten, man hat das alles nicht nötig, nicht wahr?« Sie sah an ihrem flachen Schürzenlatz hinunter, und sie trank einen Hieb Kaffee aus dem großen Topf, und sie stöhnte nach dem Trinken genüßlich auf und begann zu singen:

Ach, laß mich einmal schmusen
An deinem Busen
Da fing sie an zu weinen:
Ich habe keinen.
Und was ich gestern hatte,
Das war von Watte
Da fing sie an zu schreien:
Kannst du verzeihen?

Auch der Gesang der Tante war dem Schnarren einer wohlgelaunten Henne ähnlich, und sie trippelte am Plättbrett auf und ab, die arme Tante, und es hüpfte ein Kaffeefleck auf das gestärkte Chemisett, das sie unter der Plätte hatte. Sie lief in ihren schlappenden Tuchpantoffeln vom Plättbrett zum Waschfaß, das – stets mit blaugrauer Lauge gefüllt – am Stubenofen stand.

Die Tante versuchte den Kaffeefleck aus dem Chemisett herauszuwaschen, und sie wusch und rieb eine Weile, und sie schlappte mit dem Chemisett zum Fenster, und sie kontrollierte dort, ob der Fleck schon gewichen war und sie kniff dabei die Augen zusammen, denn sie war kurzsichtig, und schließlich holte sie mich zu Hilfe, und wenn ich entschied: »Es mag gehen!«, nahm sie das Vorhemd des »möblierten Herrn« wieder unter die Plätte und trank wieder einen Hieb Kaffee und vergaß das Chemisett und eilte zum Herd und stach mit einer Gabel in die kochenden Kartoffeln im Ofenröhr. Sie überprüfte den Glühgrad eines Plättbolzens, der im Feuerloch des Stubenofens steckte, und sie überlegte: »Was wollte ich doch gleich?«, und sie entsann sich des Chemisetts, und sie rannte zum Plättbrett und sah den Sengfleck vom Plätteisen auf dem Vorhemd, und sie riß das Eisen herunter, und sie schlug die Hände über dem Kopf zusammen, und sie strich sich die Haarsträhnen, die schwarzen Gluckenflügel, aus dem Gesicht, nahm wieder einen Hieb aus der Kaffeetasse, und sie steckte das Vorhemd ins Feuerloch.

Ersatz für so ein in Verlust geratenes Chemisett war stets vorhanden, denn es gab genug liegengebliebene Wäsche von *möblierten Herren* oder von Schlafburschen, die über Nacht weitergereist waren und keine Zeit mehr gefunden hatten, sich nach ihren Siebensachen umzusehen.

Onkel Phile, der gerade wieder einmal krankfeierte, saß ungerührt am Fenster und nahm an der Verbrennung des Chemisetts keinen Anteil. Er saß neben der Kommode, rauchte und las und befand sich in anderen Welten. Wenn es im Leseheft aufregend zuging, hielt er sich den Zeigefinger mit dem bis zum Mond abgefressenen Stümpfchen Nagel gekrümmt unter das linke Nasenloch und sog aufgeregt die Luft ein und schnorchelte, und dieses Schnorcheln wiederholte sich in Abständen von etwa einer halben Minute, und es dauerte an, solange die Spannung, die dem Lesestoff des Onkels innewohnte, ausreichte. Und wenn die Geschichte in einem Zwanzigpfennigheft nicht zur Zufriedenheit von Onkel Phile auslief, so warf er es gegen die Wand, oder der in Buchstaben gegossene Detektiv und die Bankräuber klatschten gegen eine Herde Fliegen, die auf dem eingerahmten Großfoto von Tante Elli hockten, das sie noch vor dem *Fehltritt* zeigte. Das Heft fiel herab, fiel auf den Nähmaschinentisch und dort auf einen Stoß gewaschener Gardinen, und auch die zerquetschten Fliegen fielen vom verglasten Bild, fielen als schwarze Samenkörner künftiger Unannehmlichkeiten auf die weiße *Fertigware.*

Onkel Phile blätterte sogleich ein neues Leseheft an, stieß Tabakrauch aus und verschwand in der blauen Wolke, wie dennmals die Pythia, die Kartenlegerin von Delphi, im Rauch brennender Flechten aus den griechischen Bergen verschwand.

Zu jener Zeit geschah in der benachbarten Kreisstadt Cottbus etwas, was die theoretischen Grausamkeiten aus den Leseheften von Onkel Phile übertraf: Ein Mädchen, eine Lyzeumsschülerin, war verschwunden, und es blieb verschwunden, und die Kriminalpolizei forschte und forschte und kam nur sehr allmählich zu einem Ergebnis: Der Hausmeister des Lyzeums hatte das Mädchen »unsittlich berührt«, wie die Stadtanzeiger beider Städte schonend, aber schwulstvoll mitteilten, und er hatte nach der »unsittlichen Berührung« Gewissensbisse bekommen und hatte das Mädchen erdrosselt und die Mädchenleiche in Stücke geschnitten und sie in der Heizanlage der Schule verbrannt.

Die Einwohner beider Städte und Landkreise erschauerten: Ein wohlgelittener städtischer Kleinbeamter war zur Bestie geworden, war ins Tierreich zurückgefallen. Wem konnte man noch trauen? Welche Bevölkerungsschicht konnte man noch, ohne enttäuscht zu werden, zu den Menschen rechnen? Was, wenn plötzlich alle kleinen städtischen Beamten bestialische Züge entwickeln und sich auf friedliche Menschenkinder stürzen würden?

In der deutschnationalen Zeitung, die sich *Der Stahlhelm* betitelte, wurde die Tatsache, daß der Hausmeister der Sozialdemokratischen Partei angehörte, zum billigen Anlaß genommen, die Leser vor der »roten Gefahr« zu warnen, die der Lehre Darwins huldige, der Irrlehre, daß der Mensch vom Affen, also von wilden Tieren, abstamme, und man nahm bei den *Stahlhelmern* die Gelegenheit wahr, alle politisch links eingestellten Bürger zu beschimpfen und zu diskreditieren. In der sozialdemokratischen *Volksstimme* hinwiederum reduzierte man die Bestialität des Hausmeisters auf Furcht vor der Zahlung eventueller Alimente, die sich ein schlecht bezahlter Hausmeister nicht hätte leisten können, und man ließ die Abhandlung des Mordfalles in der Forderung gipfeln, die Stadtverwaltungen sollten den städtischen Unterbeamten gefälligst höhere Gehälter zahlen, bitte.

Meine Pensionsmutter, die Hausmeistersfrau der Mädchenschule, weinte und greinte, und sie rief ihren Mann an, der Georg hieß, den sie aber, kreisstädtisch vornehm, Georig rief: »Georig, wenn du mir mit einem Schulmädchen betrügen würdest, ich wüßte nicht, was ich täte...«

Mein Pensionsvater wischte sich mit seinem karierten Taschentuch den Schweiß von der Glatze und sagte: »Ach Quatsch!«

Auch in der Plättstube meiner Tante wurde der Lustmord eingehend besprochen. Der Onkel hatte soeben eine Arbeit als Lagerist bei einem Lebensmittelhändler aufgegeben, weil er dort zwischen Kaffeesäcken und Käsekisten weder lesen noch rauchen durfte, und nun saß er daheim, und die Tante hatte ihn mit einem Eimer Wasser vor den mit Hunderten von spitzen Nägeln gespickten Gardinenspannrahmen gestellt, damit er dort die Gardinen von Zeit zu Zeit mit Wasser besprenge.

Die Tante plättete und trank Schluck bei Schluck aus ihrer großen Kaffeetasse, was für meinen Onkel, den Gardinenwächter, allemal das Signal war, sich eine Zigarette anzubrennen. Die Tante aber plauderte mit mir, dem gelehrigen Neffen, über den Lustmord. »Er hat das Mädchen gebraucht, du weißt, wie das ist, nicht wahr?«

Ich nickte, als ob ich wer weiß welche Erfahrungen im Vergewaltigen von Mädchen hätte aufweisen können.

»Er hat sie gebraucht, und dann packte ihn die Angst, und diese verdüsterte sein Gemüt, und dann hat er sie eben, nicht wahr?... Du weißt doch, wie so etwas ist!«

Mein Onkel, der Spezialist für theoretische Raub- und Lustmorde, mischte sich ein; denn das war nach seiner Meinung kein Fall für Kleinstadtkriminalisten, kein Fall für Stümper, das war eine Sache für seinen Serien-Detektiv Harald Harst aus »Scoootland Yard«, wie er sagte, weil noch immer nicht ermittelt worden war, womit jener Hausmeister das arme Mädchen im Heizungsraum erdrosselt hatte. Für meinen Onkel Phile, der sich selber für einen von Scotland Yard hielt, war das klar: »Mit ihre eigene Zöppe hat er sie erwürgt. Nichts leichter als das! Was ist der Mensch? Schleim, Hornhaut und Wasser, Hohlraum an Hohlraum – Chemiewert sechs achtzig ...« Onkel Phile legte den gekrümmten Zeigefinger an das linke Nasenloch und schnorchelte, denn hier war Spannung ohne Lesestoff für ihn entstanden, doch die Tante betrachtete ihn kritisch, trank einen großen Schluck von ihrem »Moorwasser« und sagte: »Du spreng mal jetzt die Gardinen, Herr Scoootland Yard, nicht wahr!«

Meine Gedanken wanderten vom Mordfall zu einem sprachlichen Rätsel, denn sprachliche Belange beschäftigten mich, meiner halbsorbischen Herkunft wegen, von Kind an. Hier nun interessierte mich die Doppelbedeutung des Satzes: »Er hat sie gebraucht.« Man brauchte einen Menschen, wenn man in Not war, wußte ich, aber hier verlieh dieses Tätigkeitswort durch die Vorsilbe »ge« dem Satzobjekt Werkzeugcharakter, in diesem Falle den Charakter eines Werkzeugs, das man benutzt und dann fortgeworfen hatte. Ferner fiel mir auf, daß dieses geschlechtliche Gebrauchen nur Männern angelastet wurde und niemals den Frauen. Sollte es nicht auch Frauen geben, die Männer gebrauchten? Wie war das zum Beispiel mit meiner Tante Elli? Sie war älter (ich weiß nicht mehr, um wie viele Jahre) als mein Onkel Phile, und sie war nicht die Schönste mehr, und sie durfte nicht hoffen, daß ein Mann sie mit ihrem *Fehltritt*, den sie immer wieder erwähnte, aus ihrer Wohn-, Koch-, Plätt- und Waschstube herausholen würde, und sie war hinwiederum nicht alt genug, um auf die Liebe ganz und gar verzichten zu können. Hatte sie da nicht, in ihrer Not, den halb verkommenen Onkel Phile mit dem Hackfleischbrot zu sich in die Spinnenhöhle gelockt, um ihn zu gebrauchen?

Vielleicht war es so, aber Tante Elli gebrauchte Onkel Phile nicht wie ein Werkzeug, und wenn, dann pflegte sie dieses Werkzeug, pflegte es im Hinblick auf ihre Nächte, die sonst liebelos, einsam und voller Sehnsucht verronnen wären; denn während sie dem Onkel den Tag lang kein Wort glaubte, während sie tagsüber all seine Handlungen kritisch verfolgte, ihn zurechtwies und ihn zu erziehen versuchte, glaubte sie ihm in der Nacht eine Stunde lang seine Koseworte, all seine Liebeserklärungen, und je pseudoliterarischer sie aus dem fast zahnlosen Munde des Onkels glückerten, um so glaubhafter erschienen sie der Tante.

Onkel Phile und Tante Elli zeugten zwei Kinder. Der Junge wurde nur ein halbes Jahr alt, doch in den Erzählungen der Tante blieb er am Leben: »Ein Kerlchen wie Sahne und Honig, kann ich nur sagen, und was für hübsche Händchen, nicht wahr?« Das Mädchen blieb am Leben, und es wurde ein lustiges Mädchen, und wenn du wissen willst, wie ein Kanarienvogel pfeift, so macht meine Base es dir vor, und wenn du dich drüber belustigen willst, wie dieser Großsprecher oder jener Tolpatsch im Dorf redet oder geht, so kann sie es dir vorführen. Und wenn du wissen willst, ob sie noch lebt, so sage ich: »Ja, sie lebt noch«, und wenn du mich fragst, wo sie wohnt, so verrate ichs dir nicht, denn ihr Mann ist eifersüchtig. Zwei Kinder ließ die Tante zur Welt kommen, obwohl sie nicht damit rechnen konnte, daß der Onkel je eins würde ernähren können, zwei Kinder ließ die Tante als Zeugen ihrer glücklichen Nachtstunden zur Welt kommen.

Vor dem Arbeitsamt der Kleinstadt marschierte wöchentlich ein Bataillon Männer auf, in deren Handinnenflächen sich die Hornhaut löste, Arbeitslose, die in der Schlange standen und auf jenen Stempel warteten, mit dem ihnen ihr unverschuldetes Nichtstun amtlich bestätigt wurde.

Es mutete wie ein Wunder an, daß mein Onkel in dieser

Zeit Arbeit als Austräger von Zeitungen und Zeitschriften erhielt, aber der Grund war der: Es wäre für die Tante ehrenrührig gewesen, ihren Mann als Arbeitslosen in der Schlange der Wartenden stehen zu wissen, und sie, die Besitzerin einer Wasch- und Plättanstalt, verpflichtete sich, für eine ordnungsgemäße Abwicklung der dem Onkel übertragenen Botengeschäfte Sorge zu tragen, sie machte sich, wie man sagt, kautionspflichtig.

Das Zeitungsaustragen bereitete Onkel Phile Vergnügen. Er kam in viele Häuser, und er sah dies und das, und er erfuhr, in welchen Häusern seines Austrägerbereiches »der Haussegen schiefhing«, und er prahlte damit, und er bekam außerdem zu wissen, welche Frauen sich Liebhaber hielten und die Zeit, in der der Mann in der Fabrik und die Kinder in der Schule waren, angenehm verbrachten, und das alles kitzelte die Neugier des Onkels, und er machte hier und er machte dort einen Schwatz und gab dabei seine angelesenen Weisheiten als Sentenzen zum besten, und manche Zeitungsabonnenten hielten ihn für »einen Mann von Bildung«, dem man nicht »an der Wiege gesungen« hätte, daß er einmal Zeitungsausträger werden würde, und der Onkel hatte nichts dagegen, und er tat nichts dagegen, wenn man ihn für das Opfer eines tückischen Schicksals hielt, und er steckte die Zigaretten ein, die man ihm zum Troste gab, und in den Gastwirtschaften, die Onkel Phile mit Zeitungen versorgte, gab es da oder dort einen *Schnitt* aus dem Tropfenauffangglas unter dem Bierhahn, und wenn ein freigebiger Immersäufer vor dem Tresen stand, erhielt der Onkel wohl auch einen *Cottbuser Korn* aus einer Flasche, in die dem Gastwirt der Korken hineingerutscht war, und all das steigerte Onkel Philes Frohlaune und seine Lust am Leben, und in alldem sah Onkel Phile die Bestätigung, daß er hier auf Erden benötigt wurde und daß er ein wohlgelittener Mensch wäre. Aber Onkel Phile wäre nicht Onkel Phile gewesen, wenn er nicht versucht hätte, seine Lebensgenüsse zu steigern, denn so anspruchslos er in bezug auf seine Kleidung und seine Körperpflege war, so anspruchsvoll war er in bezug auf das, was er für Lebensgenüsse hielt.

Und der Onkel fand auch als Zeitungsausträger eine Möglichkeit, während der Arbeitszeit zu seinem Rauch- und Lesegenuß zu kommen: Er setzte sich mit der gefüllten Zeitungstasche am Vormittag hinter den Hecken des Kaiser-Wilhelm-Platzes, denn den hatte die Kreisstadt trotz Ebert noch, auf eine Bank, und er las erst einmal selber, was er der Kundschaft auszuhändigen gedachte, denn es ging wider Onkel Philes Natur, die neuesten Mordfälle nicht aus erster Hand zu erfahren, und diese *erste Hand* hieß *Berliner Morgenpost,* und nach der *Morgenpost* war die Sonne gestiegen, und es wurde für Onkel Phile richtig gemütlich auf der Parkbank, und er las andere Erzeugnisse des Ullstein-Verlages: *Die Koralle,* Monatsschrift für Natur und Technik. Onkel Phile las sie bis zum letzten Inserat, das da hieß: »Weshalb lernen Sie nicht Jiu-Jitsu, die Kunst der japanischen Selbstverteidigung? Der stärkste Gegner ein Opfer Ihrer Handkanten! Härten Sie sich nach den Anweisungen unseres original japanischen Lehrers Hukeiti Takajoto!«

Sodann las Onkel Phile die Halbmonatsschrift für Kinder *Der heitere Fridolin.* Die Stiefmütterchen dufteten aus den Blumenrabatten, und die Amseln knispelten in den Fliedersträuchern, und manchmal setzte eine Nachtigall im Baumschatten zu ihrer Strophe an. Onkel Phile hatte es gut. Er befand sich in angehobener Stimmung, und er rauchte, und er las. Wenn zufällig einer seiner Zeitungskunden den vormittäglichen Wilhelmsplatz passierte, so händigte ihm Onkel Phile die Zeitung aus, doch wenn es ein Schankwirt war, händigte ihm Onkel Phile die Zeitung nicht aus, denn es hätte sein können, daß er sich in diesem Fall mit der formlosen Zustellung um ein Schnittglas Tropfbier oder um einen Freischnaps gebracht hätte.

Manchmal wurde es Frühabend, bis Onkel Phile alle Bezieher in den Besitz der *Morgenpost* gebracht hatte, und damit nahm er Zukunftsverhältnisse vorweg, die erst im Jahre 1970 auf einigen Dörfern unserer Republik erreicht wurden.

Die Schatten hatten sich schon gelängt, und Onkel Phile nahm seine Umhängetasche, die er eigentlich abliefern mußte, mit nach Hause. Die Agentur hatte bereits geschlossen, was wollt ihr? Und es zeigte sich, daß auch das Nachhausenehmen der Tasche für Onkel Phile ein Genußzuwachs war, eine Gabe Gottes, der Phile sehr zu lieben schien, weil der Onkel sein Leben wie die Vögel unter dem Himmel und wie die Lilien auf dem Felde verbrachte. In der Tasche (wer hätte das gedacht!) befand sich ausreichend Lesestoff für Onkel Philes Spätabendstunden: die *Gelben Ullsteinbücher,* das Stück für eine Mark: Karl zu Eulenburg, *Die Schicksalslosen,* Vicki Baum, *Menschen im Hotel,* das Erstlingswerk einer typewriterin, die ihren Weg machte. Bücher mit so schneidigen Titeln verkürzten die Abende des Onkels angenehm, doch wenn ihr Inhalt, und besonders ihr Schluß, dem Onkel nicht zusagte, so flogen auch sie, ohne Ansehen ihrer Herkunft, gegen die Stubenwand und bezogen Schrammen und Fliegenflecke, die ihre Verkaufschancen natürlich verminderten.

Von seinem Zeitungsträgerlohn brachte Onkel Phile selten etwas nach Hause, wenn man die Spaßmacherlarven, die er für die ganze Familie zur Fastnacht einkaufte, nicht rechnete, und wenn man von dem Hornhauthobel für die Füße absieht, den ihm ein Ausschreier auf dem Jahrmarkte aufgeschwatzt hatte, auch wenn man von dem Stockschirm nicht redet, den sich Onkel Phile für Herbstregenzeiten angeschafft hatte, die er in diesem Berufe nicht erlebte, denn mit der Zeit schlichen sich weitere Unregelmäßigkeiten in seinem Berufe als Zeitungsverkäufer heran, oder Onkel Phile, der, wie jeder Mensch, ein Kraftzentrum darstellte, zog diese Unregelmäßigkeiten auf sich, oder es geschah beides, dies und das, wie wir einräumen müssen, wenn wir ehrliche Dialektiker sind.

Und es geschah, daß Onkel Phile häufig und häufiger heiterer als der *Heitere Fridolin,* angeschnapst oder angebiert und aus Nas- und Ohrlöchern qualmend, nach Hause kam und dann möglichst sofort mit der Tante ins Bett wollte. Da war's für die glücklose, geplagte Tante so schwer, nein zu sagen, denn sie sah es ja: nicht nur sie hatte den kindlichen Onkel so gern, auch die Gastwirte waren von ihm bezaubert, und sie hatten dieses bärtige Kind wieder mit Freibier traktiert.

Aber die Freigebigkeit der Gastwirte existierte nur in den Erzählungen meines Onkels. Seine erhöhte Beschwingtheit und den potenzierten Liebesdrang verdankte er dem in Bier und Schnäpsen eingeborenen Alkohol, den er mit kassierten Zeitungsgeldern erworben hatte; denn zu des Onkels Obliegenheiten als Zeitungsbote gehörte leider, leider auch das Kassieren der Monatsabonnements.

Die Summe der von Phile infolge *höherer Gewalt* noch nicht einkassierten Zeitungsgelder wuchs an, und es begann in der Agentur aufzufallen, daß auf der Austrägertour des Onkels so viele Zeitungsabonnenten nicht anzutreffen waren.

Eines Tages wurde die Tante in einem »eingeschriebenen Brief« zur Agentur gebeten, und der Quell von Onkel Philes guter Laune und Glückseligkeit wurde verstopft, aber auch die Tante wurde um jene Frühabendfreude gebracht, die einzige, die sie außer dem Kaffee noch hatte. »Nein, ich glaube trotzdem an echte Zuneigung bei ihm, nicht wahr?« erklärte die Tante auf der Agentur, und sie erklärte sich außerdem bereit, das Kassieren der Monatsabonnements zu übernehmen, und sie verpflichtete sich, dafür zu sorgen, daß das Schuldkonto des Onkels getilgt würde.

Das Interesse meines Onkels am Zeitungsaustragen verglühte, und alle Strafpredigten der Tante, auch die der zu Hilfe geholten Großmutter, nutzten nichts, denn der Onkel verlegte sich aufs Kranksein. Das war stets sein Ausweg, wenn man ihn zwingen wollte, eine Tätigkeit länger auszuüben, als er Spaß an ihr hatte. Nun waren es wieder Philes Hände, die nicht wollten, wie sie sollten, und Onkel Phile zeigte sie jedem, der sie sehen wollte: »Seht die Gichtknoten, wie kleine Billardbälle, was?«

Konnte Phile mit solchen Händen für seine Taten garantieren? War es ein Wunder, daß diese Hände etwas so Dünnes wie eine Zeitung nicht von zwei oder drei Exemplaren dieser Gattung unterscheiden konnten?

Der Onkel hatte bei vielen seiner Kunden mehr Zeitungen in die Briefkästen gestopft, als die bestellt hatten und sich wünschten, um das lästige Zeitungsaustragen schneller beenden zu können, denn das Herumziehen mit der Zeitungstasche verdarb ihm die guten Lesevormittage. Mochten die Abonnenten die Zeitungen doch untereinander verteilen und sich einigen!

Die Finger des Onkels wiesen tatsächlich so etwas wie Gichtknoten auf, aber niemand wußte recht, ob diese Knoten neu oder schon Jahre alt waren. Der Onkel wollte sich die Gicht jedenfalls bei seiner Arbeit in der Tuchfärberei geholt haben, und es schien eine Gicht zu sein, die sich nach den Bedürfnissen des Onkels richtete, die sich zum vom Onkel gewünschten Zeitpunkt verschlimmerte und den armen Phile, sobald er es nötig hatte, zum erbarmungswürdigen Krüppel machte.

Die Tante wurde vom Mitleid gepackt, und sie stellte ihr Leben von einem Tag auf den anderen um, und sie hängte sich morgens in der Agentur die Zeitungstasche über die Schulter und rannte wie eine flüchtende Zwerghenne durch die Straßen und treppauf, treppab durch die Häuser. Ich traf sie zuweilen, wenn sie über die Lange Brücke eilte, oder ich traf sie in der Nähe des Postamtes, an dem ich auf meinem Schulwege vorüber mußte. Die bereits angegrauten Gluckenflügel, jene ungehorsamen Haarsträhnen, hingen der Tante bis auf die Schultern, und ihre nach innen gerichteten Füße wurden beim Dahineilen uneins und ließen das gehetzte Weiblein stolpern. »Ach Gott, der Phile«, rief sie mir zu, und ihr Atem ging pfeifend, »der Phile, weißt du, die Zeitungen hat er nicht onglich ausgetragen, nicht wahr?«

Ich schimpfte auf Onkel Phile, benutzte die Ausdrücke, mit denen Großvater ihn belegte: »Satansbraten«, »Schweinehund«, aber Tante Elli verteidigte Phile sofort: »Nein, jetzt hat er die Gicht, alles, was recht ist, nicht wahr?« Und die Tante rannte schon weiter, in der Furcht, daß ihr die Kinder zusammen mit dem Onkel während ihrer Abwesenheit die Stube kopfstellten.

Der Onkel saß also als Kinderwärter daheim, und die Kinder störten ihn beim Lesen am wenigsten, wenn er sie recht lange im Bett hielt und wenn er ihnen das Plätteisen, das Nudelholz, gesteifte Männerkragen und eine Gardine ins Bett reichte, damit sie *Hochzeit* spielen konnten.

Aber schließlich rückte der Hunger gegen die Kinder vor, und sie drohten das Bett mit Bräutigamskragen und Schleier zu verlassen, und sofern sich in der Wohnung ein paar Mark Geld befanden, die die Tante bei ihrer Zerstreutheit vergessen hatte, in den Brustbeutel zu stecken, nahm Onkel Phile sie und trug sie um Windbeutel mit Schlagsahne und Frankfurter Kranz zum Konditor, und er machte mit den Kindern *Fettlebe* und sprach sich selber zu: »Was hat man sonst vom Leben, he? Was ist der Mensch überhaupt? Schleim, Hornhaut und Wasser...«

Im Ofenröhr verkochte indes das Wasser im Kartoffeltopf, und die Pellkartoffeln, die ein Mittagbrot werden sollten, sengten vor sich hin und verkohlten mit der Zeit. Onkel Phile schälte die Kartoffeln niemals. Kartoffelschälen zehrte an seiner Lesezeit, und es brachte die Kinder, erklärte er, um die wertvollen Kartoffelvitamine, die unter der Schale saßen.

Die Tante erledigte ihre Wasch- und Plättarbeit jetzt abends und nachts, und sie trank literweise schwarzen, gesalzten Kaffee dazu, und der Onkel lag im Bett und las und schnorchelte, und wenn er ein Buch ausgelesen hatte, girrte er die Tante an wie ein verliebter Meerschweinchenbock, und die Tante konnte nicht widerstehen, nein, da widerstand sie nicht, und sie legte sich zu Onkel Phile ... und sie stand, wenn er eingeschlafen war, wieder auf, wusch und plättete die halbe Nacht und legte die gestärkte und geplättete Ware in Bündeln auf dem Plättbrett zurecht und bezettelte die Bündel: »Für das Fräulein aus dem *Weißen Roß*« oder »Für den Herrn, der über Stoppras wohnt«.

Der Onkel war Warenausgeber im Geschäft seiner Ehefrau, und wenn ihm beim Lesen und Kinderverwahren die *Süßen Mädels* ausgegangen waren, so nahm er Feinschnitt-Tabak her, umhüllte ihn mit den Zetteln von den Wäschepäckchen der Kundschaft und drehte sich Ersatzzigaretten, und wenn die Kunden kamen, ihre Wäsche abzuholen, verwechselte Phile die Wäschestöße, und die Kunden wurden mißlaunig und blieben aus.

Um diese Zeit geschah es, daß die Tante sich beim Zeitungsaustragen an einem morschen Treppengeländer, an dem sie sich festhielt, um nicht über die eigenen Füße in die Tiefe zu stürzen, einen Holzsplitter in die rechte Hand trieb. Sie zog den Splitter daheim mit der Scherenspitze aus dem Handteil unter dem Daumen, den man die Maus nennt, und sie achtete nicht auf die Wunde und hantierte am Abend in der bakterienstarrenden graublauen Waschlauge, die den Wäscheschmutz von mindestens fünfundzwanzig Kunden enthielt, und sie zog sich eine Sepsis zu, eine Blutvergiftung.

Sie rannte am nächsten Morgen trotzdem mit Zeitungen straßauf, straßab, treppauf, treppab, und sie konnte den rechten Arm schon nicht mehr benutzen, und sie verteilte die Zeitungen linkshändig, und sie rannte nach Hause und wusch und plättete mit der linken Hand. Erst am Spätabend legte sie sich zu Bett, und sie verlor die Besinnung, und sie starb neben dem Onkel, der in seinem kindlichen Glauben an seine Unwiderstehlichkeit annahm, die Tante wäre seiner verliebten Blicke wegen ins Bett gekommen.

Der Sarg der Tante stand dort in der Stube, wo sonst die beiden Stühle gestanden hatten, die das Plättbrett auf ihren Lehnen trugen. Die Falten im Tantengesicht waren – wohl durch die Blutvergiftung – verschwunden, die Leichenwäscherin hatte die ewig herunterhängenden Haarsträhnen gebändigt, und die Zwerghennenfüße waren vom Leichenlaken bedeckt. Die Wangen der Tante schimmerten ein wenig rosa, und wie dieser Farbton zustande kam, das wußte nur der Tod, der der Tante, verkleidet als störrischer Holzsplitter, in einem Treppenhause aufgelauert hatte. Und plötzlich sahen wir es, die Schwester und ich: Schneewittchen – die Tante, wie wir sie uns vorgestellt hatten, als wir erste Kunde von ihr aus dem Munde des Onkels erhielten.

An diesem Tage las der Onkel nicht. Er verhielt sich so, wie er es viele, viele Male gelesen haben mochte: Er trauerte, wie sich's gehörte – pseudoliterarisch, und für jeden Beileidsbesucher, der die Stube betrat, schlug er die zu Fäusten geballten nagellosen Finger gegen seine Brust und dann gegen die Stirn, und er heulte auf wie ein verlassener Hund, aber auch dieses Aufheulen war so unecht, wie ich es viele Jahre später bei den Klageweibern am Rande von Tbilissi hörte, und nach den Klageschreien, die er in

Fünfergruppen aus der Kehle ließ, schnorchelte Phile wie sonst beim Verzehr spannender Lektüre, und nach dem Schnorcheln kniete er nieder, küßte der Tante die vergiftete Hand, die Stirn, erhob sich, zog eine Packung *Süße Mädels* aus der Jackentasche, öffnete sie, rauchte sich eine Zigarette an und sorgte auf seine Weise für Totenweihrauch, während ich auf den Standardsatz wartete: Was ist der Mensch ... aber der Onkel schien an diesem Tage den Satz vergessen zu haben, ein Zeichen, daß die Trauer wohl doch eine Störung in seinen Hirnzellen ausgelöst hatte, und das war tröstlich nach alldem, was man hatte mit ansehen müssen.

Die Tante aber sah, ein winziges Lächeln in den Mundwinkeln, mit geschlossenen Augen über uns alle hinweg, über die Großmutter, über mich, über den rauchenden Mann, den sie gebraucht hatte, und wenn zu weiter nichts als zu dem Tod, den sie starb.

Die blaue Nachtigall
oder
Der Anfang von etwas

Es geschah, als ich mich aus den Armen einer Geliebten löste, daß ich eine blaue Nachtigall fliegen sah, und ich konnte die blaue Nachtigall nicht vergessen, und ich konnte sie den ganzen Tag nicht vergessen, und mir fiel ein, was man mir über die Nachtigall beigebracht hatte, und danach war sie ein Tier, ein Insektenfresser aus der Gattung der Sperlingsvögel, ein Eierleger, der mit dem Säuger Mensch nichts zu tun hatte.

Aber je länger ich über die Nachtigall nachdachte, desto fragwürdiger und oberflächiger wurde mir, was ich über sie gelernt hatte, und sie erschien mir wie ein singendes Gewächs aus dem Luftraum, und mir schien, daß es von alters her Beziehungen zwischen Kreatur und Kreatur gäbe, die noch ungeklärt sind, weil wir nur das klären, was uns nützlich erscheint.

Aber Unnützlichkeit ist ein Synonym für Unwissenheit. Bis man entdeckte, daß sich aus Lehm Gefäße fertigen ließen, war er nur eine Art gelbkleberiger, gehbehindernder Erde, und der Seetang erschien uns als eine unnütze Verunreinigung des Meerwassers, bis wir ahnten, daß sich einmal die Menschheit würde von ihm ernähren müssen.

Verdankt nicht mancher den Anstoß für den Einschlupf in sein Leben dem Gesang einer Nachtigall? Wenn ich vom Leben rede, so meine ich jenen Zustand, in dem wir einander sichtbar sind, und denkt ihr nun nicht, daß ich Spiritist oder geistergläubig sei, wenn ich sage, daß es ein unsichtbares Leben gibt, denkt an Atome!

Nach den romantisierenden Erzählungen meiner Mutter

hat eine Nachtigall in den Buchsbaumhecken am Georgenberg den Anstoß gegeben, daß ich in der Dachkammer eines Kleinstadthauses, hart hinter dem kleinen Fluß, gezeugt wurde.

Diese unzureichende Antwort gebe ich auf die Frage, was eine Nachtigall ist, und ich wünschte, daß es mir besser gelänge zu beantworten, weshalb sie blau war, jene Nachtigall, die da aufflog, als ich mich gestern nacht aus der Umarmung einer Geliebten löste.

Meine Kindheit verbrachte ich auf der Sandheide, und es gab dort die Nachtigall nicht, doch ich ertappe mich bei einer Ungenauigkeit, wenn ich sage: »nicht«, weil sich dieses »nicht« auf ein kurzes Menschenleben bezieht; denn als die Braunkohle, die wir aus dem Heidesand gruben, noch ein Schachtelhalmdickicht war, hat es dort Tiger und Bären gegeben, und weshalb sollte es dazumalen oder später nicht auch Nachtigallen auf der Heide gegeben haben? Ich schreib also, um genau zu sein: Als *mein* kleines Leben in dieser Heide begann, gab es die Nachtigall dort nur einen Frühling lang, und man hörte sie aus den Wacholdern hinter dem Friedhofshügel singen, und sie sang dort nachts, wenn diese Wacholderbüsche sich darin gefallen, Geistermenschen und Riesen vorzutäuschen.

Die Nachtigall war also um jene Zeit eine Fremde, eine Zugereiste in dem Landstrich, den ich meine Heimat nenne, und sie war dort ein Vogel von wer weiß woher, und die alten Kossäten hatten den Gesang dieses Vogels nie gehört, und wieder heißt das: jene Kossäten, die in jenem Frühling dort lebten, die an ihrem Leben die Zeit und die Welt maßen, denn jede Menschengeneration, die diesen Planeten gerade bevölkert, hält sich für *die,* um die sich der ganze Weltenraum dreht. Der Erdenmensch ist »die Krone der Schöpfung«, hieß es bislang, aber wenn Wissenschaftler und Weltraumfahrer demnächst erfahren werden, daß der Erdenmensch keine *Krone* ist, so werden wir ihnen vielleicht sagen: Also, daß wir von affenähnlichen Tieren abstammen, haben wir euch allmählich abgenommen, aber wenn ihr nun schon wieder höherstehende Affen entdeckt haben wollt als uns Menschen, dann schert euch zu ihnen, marsch, marsch!

Die alten Kossäten traten nachts in die Vorgärten, um ihr Wasser mit einigem Nutzen für die Obstbäume abzuschlagen, und sie hörten die Nachtigall singen, und sie fürchteten sich. Was war das für ein Vogel, der vor Übermut zur Nacht auf dem Friedhof sang, der den Toten die Ruhe nahm, der vielleicht mit seinem Gesang die Lebenden auf den Hof der Toten lockte?

Die Maiabende waren kühl, und der Wind wehte aus den schlesischen Birkenwäldern herüber, und man hörte die Signale der Fördertürme. Man vernahm die Laute der Lebendbegrabenen, die da unter der Erde die Kohlenadern der Heide auskratzten, und es verging viel Zeit von Signal zu Signal, und es lag viel Raum zwischen dem Verschwinden des leeren und dem Auftauchen des gefüllten Kohlenwagens, und dazwischen konnte man das Kichern der schüchternen Quellen am Mühlenberg und die tief hergeholten Töne der Nachtigall hören.

Ich war ein Junge, und ich war zwölf Jahre alt, aber als ich den Gesang des zugereisten Vogels hörte, fühlte ich, als ob mir's aus dem Weltenraum zugeweht worden wäre, was die Liebe ist; nicht die Liebe zur Mutter, nicht die zu den Brüdern, sondern jene Liebe, die etwas mit jeder Zelle des Körpers zu tun hat, denn ich näherte mich dem Zustand, den man mit dem Begriff *Pubertät* abtut. Aber was sind wissenschaftliche Begriffe in solchen Fällen? Wir sagen: »Instinkt«, und wir sagen: »Komplex«, wir sagen: »Sexualität«, und wir bilden uns ein, damit alles erklärt zu haben, und wir sind so selbstsicher dabei wie die Kartenspieler, wenn sie behaupten, ein As zähle elf Augen.

Der Lehrer fragte uns, ob wir den Sprosser gehört hätten.

»Jenen Vogel, der in der Nacht singt?«

»Jenen Vogel!«

»Ja, wir hörten ihn, es war die Nachtigall.«

»Nein, es war nicht die Nachtigall, es war der Sprosser; übrigens hast du dich nachts herumgetrieben, wenn du ihn gehört hast!«

Der Lehrer erklärte, weshalb es nicht die Nachtigall, sondern der Sprosser war, den wir nachts gehört hatten, und die Erklärung war umständlich, und sie war unsicher, und nur abgefeimte Vogelkenner vermochten bei gut Glück den Unterschied von Nachtigall und Sprosser am Gesang zu erkennen. Der Lehrer erklärte, der Sprosser wäre vielleicht ein zu groß gewordener Familienangehöriger der Nachtigallen, und man nenne ihn deshalb auch die nordische Nachtigall, und alles wäre wissenschaftlich verbürgt, aber nicht ganz geklärt.

Aber ob Nachtigall, ob Sprosser, ich spürte schon damals, daß nicht wichtig ist, wie etwas benamst wird, sondern ob es mit seinem Dasein große Gefühle in einem auslöst, die einem leben helfen.

Die Zeit verging, und das ist wieder ungenau, denn wir vergehen, und unser Heranwachsen ist der Anfang unseres Vergehens. Ich sage das nicht aus Trauer, nicht aus Wehmut, nicht aus Weltschmerz, nicht aus Lebensmüdigkeit. Ich sage es mit einer mir langsam zuwachsenden Neugier auf das, was kommen wird.

Ich war Handwerksgeselle geworden, und ich trug meinen Gesellenbrief in der Tasche, und der war mir weniger ein Ausweis dafür, daß ich bestimmte Griffe des Bäckerhandwerks beherrschte, als ein Paß, der mir erlaubte, ungestraft Zigaretten zu rauchen, Bier zu trinken und Liebschaften zu beginnen.

Ich wanderte nicht mehr, »ein Sträußchen am Hute, den

Stab in der Hand ...«, um nach Arbeit anzuklopfen, sondern ich fuhr, und ich benutzte die in einem Wasserkessel zu Dampfdruck und die in einem Stahlzylinder zu Radumdrehungen verwandelte Kohle aus unserer Heide, um mich zu den Meistern ziehen zu lassen.

Im Gepäckwagen hinter der Lokomotive reiste in einem verschließbaren Korb aus geschälten Weidenruten mein Oberbett. In dem Inserat in der Bäckerzeitung, auf das ich mich meldete, hatte man gefordert, daß ich mein »Oberbett« mitzubringen hätte. Hat man je einen Vogel, eine Nachtigall zum Beispiel, gesehen, der sein Nest mit sich schleppt, hat man je einen Affen gesehen, der seine Laubhütte umherträgt? Nein, das blieb dem Bäckergesellen vorbehalten, einer Spezies des vernunftbegabten Menschen, einem Edelstein aus der Krone der Schöpfung, und den Muscheln und sonstigen Niedertieren, und man darf gespannt sein, wie die Wesen, die im Weltraum zu entdecken uns bevorsteht, es in dieser Hinsicht halten.

Fast wäre der Schnellzug ohne mich an Bord in die Ferne gefahren. Die Ferne, die Ferne ... für meinen Großvater war sie der Nachbarkreis, und für mich war sie Halbsachsen, das heißt, ich vertauschte eine Landschaft, in der man das Personalpronomen »mich« mied wie eine Kränzchenschwester ein Kraftwort, mit einer Landschaft, in der das Personalpronomen »mir« gemieden wurde wie ein Fluch unter Frömmlern.

Ich sprang auf den anfahrenden Schnellzug wie ein Gepard auf einen zur Flucht ansetzenden Bison, und ich fuhr ins Leben hinaus, wie es heißt, als ob ich vorher nicht gelebt hätte und als ob alle, die ich zurückließ, außerhalb des Lebens gestanden hätten.

Die Situation war filmgerecht, und der junge Mann, der mich in den fahrenden Schnellzug hineinzog, in jene Wohnung für Stunden, war ein Barbiergeselle, einer, der das Leben schon abschmeckte. Er verließ eine Lebensstelle, verließ unsere Kreisstadt, und er reiste in eine »größere Stadt«, zu einem »besseren Meister«, und er nannte sich nicht Barbier, und er nannte sich nicht Friseur, er nannte sich Bubikopfschneider, und er war ein begehrter Mann, und er stand hoch in Ansehen bei den Frauen, die ihr Langhaar, damals noch mit Skrupeln, vor ihn auf den Hackklotz legten. Er war eine Art milderer Scharfrichter, ein Sex-Appeal-Schaffender, ein schöpferischer Haarvernichter, und er trug selber einen Bubikopf, und sein Bubikopf war künstlich gewellt, und der Bubikopfträger war vielleicht ein Mittelmensch, nicht Mann, nicht Weib – ein Bubikopfschneider.

Er trug einen safrangelben Ledermantel, und der war aus vielen Trinkgeldern von Damen zusammengesetzt, die der Mittelmensch modernisiert hatte. Der Ledermantel des Bubikopfschneiders erschien mir als das Eleganteste, was die Welt zu bieten hatte, und er wurde. für mich zu einem langen, langen Traum, und wer mich heute mit einer safrangelben Lederjacke umhergehen sieht, der halte mir zugute, daß sich die Hinwendung zu einem solchen Kleidungsstück in jenem Augenblick vollzog, da ich auf den Schnellzug sprang, um mich von der Heimat abtreiben zu lassen, in die ich fortan nur noch als Gast zurückkehrte.

Es gab keine Musik bei meiner Landung auf dem Kleinstadtbahnhof in der »Fremde«, und es gab keinen roten Läufer bis zur Kutsche, die mich zum Präsidenten zu bringen hatte, und es wird diesen weichen Läufer niemals in meinem Leben geben, weil mir zum Diplomaten mehr fehlt als der Frack.

Ich war in einem Badeort gelandet – oder war ich gestrandet? Es war ein Eisenmoorbad, und man heilte dort die Kranken mit Moorschlamm, den wir daheim *Dreck* nannten, und da die Damen und die Herren nach solchen Schmutzkuren genasen und umhertollten, dachte ich nicht mehr ganz so abfällig von dem *klugen Mann* daheim im Lande der Sorben, denn dieser *kluge Mann* hatte Krankheiten mit Kuhmist geheilt.

Der Meister war freundlich zu mir, und das hatte seine Gründe, und es stellte sich später heraus, welche Gründe. Die Meisterin war nicht daheim, und auch das hatte seine Gründe, sie war zur Kur. Jawohl, sie war zur Kur in einem anderen Badeort, denn am Platze kannte sie die Ärzte, und die Ärzte kannten sie, und ihre Krankheit war nicht so beschaffen, daß sie im heimischen Badeort, gewissermaßen am heimischen Herd, repariert werden konnte.

Ich wurde also Lebensrätseln gegenübergestellt, aber für mich war damals vieles rätselhaft, und jeder Mensch war für mich eine Einmaligkeit und ein Rätsel. Später stumpften mich verschiedene Lebensereignisse ab, und ich fand alles weniger rätselhaft, und ich glaubte eine Weile, alle Menschen wären gleich, aber heute will mir scheinen, als ob ich in der Jugend mehr recht gehabt hätte und als ob ich, mit einigen Säcken voll Lebenskenntnis ausgerüstet, in die Gefilde der Naivität zurückkehren müßte. *Naivität?*– Muß ich erklären, was das ist, nachdem wir uns bereits über die Willkür und die Relativität der von Menschen geprägten Begriffe einigten?

Im Meisterhaushalt gab es eine sogenannte Haustochter, eine Art Haushaltsschülerin, und die mußte unter dem Kommando der Meisterin von früh bis spät schuften, und die Eltern der Haustochter zahlten den Leuten, die ihre Tochter schuften ließen, monatlich eine Geldsumme, und mit der Geldsumme bezahlten sie den Titel »Haustochter«, weil sie es nicht hätten ertragen können, wenn man ihre Tochter *Dienstmädchen* genannt hätte, nein, lieber lieferten die Erzeuger einer solchen *Haustochter* noch ein Taschengeld überdrauf, damit die Haustochter ihre Kleider und ihr Unterzeug in Ordnung halten konnte.

In der Zeit, da die Meisterin auswärts kurte, war dem Meister die Ausbildung der Haustochter übertragen, und der Meister verabsäumte nicht, die Tochter des Hauses zu einer Zierde des Mittelstandes auszubilden.

Der Meister, der Lehrling, die Haustochter, das Tellermädchen, die Zugeherfrau, Hausknecht Läppchen und ich – wir hatten eine Bäckerei, eine Konditorei, ein Ladengeschäft, ein Kaffeehaus und eine Ziegenlandwirtschaft zu bewalten, und der Meister holte alles an Arbeitskraft aus uns heraus, was er kriegen konnte, und er tat es nicht schlechter und nicht besser als alle anderen Handwerksmeister des Städtchens, unter denen es als ehrenwert galt, alles aus ihren Leuten herauszuholen, was sie kriegen konnten, und einer, der es nicht getan hätte, wäre von ihnen für unfähig gehalten worden, einen Handwerksbetrieb zu leiten, und wer will, ohne geistige Not, für unfähig gehalten werden?

Mein künstlerisches Gewissen beginnt sich zu regen: Ist das, was ich hier erzähle, wichtig für den Existenznachweis meiner blauen Nachtigall? Oder ist's gar nicht mein Gewissen, sind's die bekannten Fragen von bekannten Nützlichkeitsaposteln, die ich im Ohr habe, die Fragen jener besorgten Leute, die Auskunft von mir verlangen, weshalb ich wertvolles Papier, sozusagen reine Devisen, unnütz bekritzele?

Was Unnützlichkeit ist, habe ich am Beispiel des Lehms und des Seetangs nachgewiesen, und so darf ich, glaube ich, unangefochten weiter nach der blauen Nachtigall fahnden. Wo wird sie sich hernehmen?

Morgens um vier Uhr stand ich auf, bereitete in der Backstube die Teige vor und schickte den Lehrling den Meister wecken. Wir arbeiteten gemeinsam bis gegen sieben Uhr, und der Meister legte sich wieder schlafen, aber der Lehrling und ich schleppten, was wir produziert hatten, in Kiepen in die Stadt und verteilten es in den Häusern.

Dann arbeiteten wir weiter, arbeiteten über den Mittag hinaus und bis in den Spätnachmittag hinein. Wir fertigten aus pulverisierten Getreidekörnern, Wasser, Salzprisen und jacher Ofenhitze eßbare Gegenstände an, denen nicht mehr anzumerken war, daß sie aus pulverisiertem Getreide, Wasser, Salzprisen und jacher Ofenhitze gemacht waren. Wir färbten Butter rosarot und veilchenblau, blättergrün und steinpilzbraun und formten Frösche, Schwäne, Pilze, Rosen und Ornamente aus der gefärbten Butter und ließen sie auf die Menschen des kleinen Städtchens los, auf Gesunde und Kranke, und die Menschen standen unserer Kunst so aufgeschlossen gegenüber, daß sie die von uns gefertigten Gebilde einfach auffraßen, unsere Rosen zum Beispiel, die wir mit angehaltenem Atem gespritzt, in die wir unseren Feinsinn gelegt und durch die wir unserem Hang zur Schönheit Ausdruck verliehen hatten.

Am Frühabend verwandelte ich mich, und aus dem mehlverstaubten, teigverkleisterten, schokoladebeschmierten Bäcker und Konditor wurde ein geschniegelter Kellner: Ich trug eine dunkle Hose, in der ich jede Kirche hätte betreten dürfen, und ich trug eine weiße Jacke, mit der man mich in jede Sekte aufgenommen hätte, und ich band mir einen Schleifen-Schlips unter den Adamsapfel und dressierte meine Haarwellen, an die heute nicht einmal mehr Falten auf meiner Glatze erinnern. Ich spielte zwei verschiedene Rollen, denn ich sah die menschlichen Berufe wie Theaterrollen. Es machte mir Spaß, eine Anzahl von Rollen zu erlernen, und wenn ich sie beherrschte und wenn ich sie eine Weile gespielt hatte, reizten sie mich nicht mehr, und sie wurden mir langweilig, und wenn mich eine Berufsrolle zu langweilen begann, suchte ich nach einer neuen, bis ich den Beruf fand, in dem ich alle Rollen spielen durfte.

Ich bediente also die Gäste im Café und durfte zehn Prozent Aufschlag für Arbeit, Bedientenumsicht und Lauffleiß kassieren, und ich fühlte mich wie ein Artist, der den Tag lang im Stall gearbeitet hatte und der abends im Scheinwerferlicht einem hochverehrlichen Publikum die Tiere (in meinem Falle Frösche und Schwäne aus Buttercreme) vorzuführen hatte und der anschließend mit einem Teller umhergehen und sich sein Trinkgeld kassieren durfte.

Schon in meinen ersten Kellnertagen gewahrte ich, wie Zeit und Schaum miteinander korrespondierten: Je energischer der Zeiger der elektrischen Ladenuhr, die dem Schokoladenschrank als Krone eingearbeitet war, auf die Mitternachtsstunde vorrückte, desto eifriger sorgte der Chef und Meister für die Höhe der Schaumkronen auf den Bieren, die ich servierte.

Bis ein Uhr nachts hatte ich Gäste zu bedienen, und es gab solche, die auch dann noch nicht gehen wollten. Sie hatten getrunken und waren fröhlich, andere wurden ausfällig oder traurig, je, was der Alkohol von ihnen verlangte, und es war eigentlich ihre Privatsache, aber sie wollten auch nach ein Uhr morgens noch nicht gehn, lieber noch eins mit dem Kellner trinken, aber nicht gehn.

Endlich, wenn der letzte Gast gegangen war, räumte ich die Tische ab, und manchmal verweilte auf einem Sessel oder in einer Sofanische noch ein wenig Duft von einer Dame, und er hing da selbstverständlich und dicht wie ein seidenes Tuch im runzelig gewordenen Tabakrauch, und er gaukelte mir ein kleines Versprechen vor, und er erregte mich trotz meiner Müdigkeit.

Ich lieferte die Geldsumme ab, die die Kellnerkasse, die Großmutter des Computers, addiert hatte, und was in meinen Taschen zurückblieb, wenn ich die Summe aufgeteilt hatte, das war mein Wechselgeld, waren meine Prozente, und das war mein Trinkgeld. Weshalb eigentlich Trinkgeld, Trinkgeld und niemals Eß- oder Schlafgeld?

Oh, was war ich müde! Und damals glaubte ich, wer nie von früh um vier in einer Backstube und abends und in der Nacht als Kellner arbeitete und wer das nicht an fünf von sieben Wochentagen tat, könnte ermessen, wie müde ich war, aber ich täuschte mich, und ich werde darauf zurückkommen.

Solange abends die Apparate in beiden Kinos der Stadt schnurrten, war der Geschäftsgang träge, und es saßen nur wenige Gäste im Café, zum Beispiel der Sohn eines Gutsbesitzers, und der war Weltkriegsleutnant gewesen, und er machte keinen Hehl draus, daß er auf den nächsten Krieg wartete. Der Weltkriegsleutnant lehnte »Lichtspiele« ab. »Was sind das für Menschen, Kellner«, fragte er, »die über Bilder auf einem rollenden Zelluloidstreifen lachen oder weinen?« Ich wußte es nicht.

»Es sind Menschen, die nicht richtig verpackt sind, kriegsuntaugliches Gelichter.«

Andere Gäste, die zur Zeit der Geschäftsträge im Café saßen, waren Liebespaare; ein durchreisender Kaufmann und eine frauenleidende Badedame zum Beispiel, die sich wie zwei Schmetterlinge auf einer besonnten Margeritenblüte trafen und die Fühler nacheinander ausstreckten; und wenn zwei oder drei Liebespaare im Café saßen, so hatte ich eine besonders ruhige Stunde, weil auch die Liebespaare eine ruhige Stunde benötigten. Es war, als ob solche Paare bei ihrer Zweimannliebe eine Art allgemeiner Menschenliebe mitproduzierten und als ob diese Abfalliebe auf mich überginge. Bis zum Freitag meiner ersten Kellnerwoche hatte ich eine Methode gefunden, nach der ich ein wenig schlafen konnte, wenn Filmgegner und Liebespaare das Café bevölkerten: Ich hakte das Anhängerband der Kellnerjacke in der Küche am Garderobenrechen fest, an dem die Zugeherin und das Tellermädchen ihre Tücher hängen hatten, ja, ich hängte mich in der zugeknöpften Jacke dazu, hängte mich neben den Wischtüchern auf, und diese Methode ließ nicht zu, daß ich umfiel, wenn ich einschlief, und ich schlief sofort ein, und ich schlief fest ein, und manchmal gewahrte ich vor dem Einschlafen, wie meine Knie einknickten, aber ich konnte nicht umfallen, weil ich hing.

Der Nachteil dieser Methode war, daß ich, wenn plötzlich »Kellner« oder »Ober« gerufen wurde, oder wenn mir das mitleidige Tellermädchen einen Schubs gab, weil ich den Ruf der Gäste nicht gehört hatte, nicht frei verfügbar war, weil ich am Garderobenrechen hing, und daß ich den Aufhänger meiner Jacke zerriß, und daß mir das zusätzliche Näharbeit verschaffte, die von der Schlafzeit abging. Für mich war das allemal eine Wiedergeburt: Ich mußte meine Rolle erst wiederfinden, und ich hatte vergessen, wo im Weltraum ich eigentlich hing.

Später ersetzte ich die leinenen Jackenaufhänger durch solche aus feinem, allerdings etwas graufarbenem Chromleder, doch das war in der Zeit, als die Meisterin schon aus der Kur gekommen war, und sie hatte etwas gegen diese Art von Jackenaufhängern, weil sie sich nach einer kleinen Schlaftour nicht wieder in den Jackenkragen hineinlegten, sondern eigenwillig wie Aufhänger von Räucherwürsten aufrecht standen, und so mußte ich die Methode, meinen fehlenden Nachtschlaf sozusagen in Pfennigbeträgen einzukassieren, aufgeben, weil die Meisterin nicht nur etwas gegen meine chromledernen Jackenaufhänger, sondern auch etwas gegen mich hatte, wie sich herausstellte, und was ihr an mir nicht gefiel, das war mein Blick, aber an meinem Blick war ich schuldlos, denn ich hatte ihn nicht gemacht, mein Vater und meine Mutter hatten ihn mir gemacht, und sie waren wohl auch nur blind handelnde Blickvermittler, wenn sie mich und meinen Blick sozusagen auf den Wink einer Nachtigall hin anfertigten.

Seid nicht ungeduldig, wenn ich meine Schlafgewohnheiten hier vor euch ausbreite; aber sie gehören zur Geschichte, denn von meinem Schlaf hing das Erscheinen der blauen Nachtigall ab, und ich schwör, daß ich das Nützlichkeitsprinzip der Kunst nicht verlasse.

Es wurde Sonnabend, und es wurde Sonnabend in einer Zeit, da ich mich an den Namen der Wochentage durchs Leben hangelte, und ich schätzte den Sonnabend damals so wie heute eine Frühherbstreise in den Kaukasus.

Die Badegäste des Ortes waren Rheumatiker, unterleibskranke oder unausgefüllte Frauen, erlebnishungrige, gutsituierte Handwerker und Gattinnen von mittelbestallten Beamten. Am Sonnabend trafen sich die Kurgäste im Festsaal des Kurhauses, und diese Wiedervereinigung (sie hatten sich am Freitag zum letzten Male gesehen) nannten sie Reunion, und das hörte sich fast so nett an wie heute »mai hoobi«, und um diesen gesellschaftlichen Höhepunkt der Kurwoche nicht zu stören, schlossen wir sonnabends unser Café. Der Meister sagte: »Gehn auch mir auf die *Reunion!* Ich werde Sie dort einführen«, und wir gingen dorthin. Ich wunderte mich, daß der Meister, der die Mittel hatte, wochüber so viel Mehl und Bier und all die Buttercreme und Agar-Agar-Fruchttorten und uns, seine gemieteten Leute, in Bewegung zu setzen und in Vertretung Gottes, der eigentlich für unsere Ernährung zuständig war, zu versorgen, mit einem mittellosen, von Trinkgeld und Dienerprozenten abhängigen Handwerksgesellen zur Reunion ging, aber er hatte seine Gründe.

Ich vergaß, daß ich mich ausschlafen wollte, daß ich mich ausschlafen mußte; denn der Meister lud mich ein, und ich vergaß den Schlaf.

Auf den Tischen im Kurhaus ging es sehr weiß zu, und vom Musikpodium blinkte es verchromt; man hatte sie soeben neu entdeckt, jene blecherne Lure, die ein gewisser Herr Sax unnützerweise (da haben wir's wieder!) erfunden hatte, denn als er sie erfand, war ihre Zeit noch nicht gekommen, aber jetzt schien ihre Zeit gekommen zu sein, und sie blinkte von allen Bühnen und Musikpodien, und sie fand eine Weile später sogar Aufnahme in den konservativsten und barbarischsten Musikbanden der Welt, den Militärkapellen, denn sie hatte nicht das ordinäre Bedürfnis, mit einem Bein auf der Erde zu stehen wie ein Cello zum Beispiel; sie war wendig, vielverwendungsfähig, ließ mit sich umspringen und war glänzend beim Marschieren zu benutzen.

Ich trug eine kurze Jacke, die dort aufhörte, wo mein Gesäß begann, und die Jacke war schwarz, weil Schwarz Feierlichkeit ausdrückt, was ich nie in meinem Leben begriff und begreifen werde, weil meine sorbischen Mütter sich in weiße Tücher hüllten, wenn sie ernst und feierlich erscheinen wollten.

Das Gesäß und die dürren, ein wenig vom Mehlsackschleppen angekrümmten Bäckerbeine steckten in einer Hose, deren Beinlinge sich über den schwarzen Halbschuhen glockenförmig verbreiterten und so lang waren, daß ich wie eine fußlose Marionette auf dem Parkett stand.

Allen meinen Altersgenossen, die heute die Nasen rümpfen, wenn junge Leute in ähnlich geschnittenen Hosen durch die Straßen steppen, sei das ins Gedächtnis gerufen!

Ich tanzte Charleston wie eine Vogelscheuche im Wind, und auch daran erinnere ich meine gleichaltrigen Genossen mit Augenzwinkern, denn auch wir unterwarfen uns Moden, die vom Westwind ins Land geweht wurden, aber damals waren wir machtlos – und jetzt? Weshalb machen wir keine Moden? Gebrauste Stirnen, erhobene Zeigefinger und der Typ des gnatzdeutschen Oberlehrers haben keine Chancen, Jugendmode zu werden, und damit die Lehrergewerkschaft nicht erzwingen muß, daß diese Geschichte nicht gedruckt wird: Es gibt auch gute Oberlehrer.

Ich tanzte Charleston mit der Haustochter, und als ich dabei einen Blick auf das Meistergesicht warf, fand ich etwas, was man in Gesichtern von Mitmenschen findet, denen ein Zug oder ein Schiff vor der Nase wegfuhr, und ich tanzte fortan nicht mehr mit der Haustochter, von der ich nicht mehr weiß, wie sie hieß, von der ich aber erinnere, daß sie klein und blond und aus Wismar war und klangvoll mecklenburgisch sprach. Im übrigen lullten mich sächsische und halbsächsische Laute ein, und sie erschienen mir damals wie Taubengurren, und die Stimmen von Berliner Kurgästen, die zu hören waren, klangen wie Spechtgeklopf. »Det, det, det, det«, und wenn ich selber sprach, so hörte es sich an wie die Verlautbarungen einer Dohle, die sich zwischen Tauben und Spechten in den Frühlingswald verirrt hatte.

Der Meister spendierte Wein, und das war der teuerste Wein des Hauses, denn der Meister war verpflichtet, »Zeche zu machen«, um seine angezweifelte Zahlungskräftigkeit zu beweisen. Am Montag besuchten dann »die Herrschaften« von der Kurverwaltung unser Café und »fanden sich ab«, und sie tranken bei uns Sekt, und ihre Damen verschlangen Fürst-Pückler-Eis – Portionen von Umfang und Höhe kleiner Granaten. Es gab viele Dinge auf der Welt, und es gibt sie, wie ich höre, in einem anderen Lande noch, die da beweisen helfen müssen, daß ein Mensch zahlungskräftig, kreditwürdig und in der Lage ist, sich seinen Lebensunterhalt von seinen Mitmenschen verdienen zu lassen, als da sind Kleider, Autos, Schmuck, seltenes Gestein und rare Metalle, und wenn gewisse Cliquen eines Tages übereinkämen, daß nunmehr Roßäpfel das Rareste und darum das Edelste auf Erden sind, so würden sie und ihre Damen nicht anstehen, auch diese Afterfrüchte von Vierbeinern in Gold und Platin einfassen zu lassen und sie als Schlipsnadeln, Krawattenknöpfe und Kolliers zu tragen.

Mir war es gleich, was ich auf meine schwelende Müdigkeit goß; denn Birnensaft erschien und erscheint mir bis heute wohlschmeckender als Wein.

Der Tanz im Kurhaussaal wurde von Soloeinlagen unterbrochen, und jene »Künstler«, die sie produzierten, wähnten, daß ihre Soloeinlagen die Hauptsache der Reunion wären, deshalb behandelten sie die Musiker der Kurkapelle wie ihre Diener. Die Solointerpreten waren Rheumatiker, hielten sich zur Kur im Städtchen auf und stellten sich »hochherzigerweise« für die Verschönerung der Reunion zur Verfügung, und die Kurverwaltung gewährte ihnen dafür »hochherzigerweise« freie Sonnabendzeche, und das hatte zur Folge, daß ein Operettist mit platter Nase das obligate Lied des Analphabeten aus dem »Schweinebaron« sang und daß man es ihm glaubte. Ein anderer »Künstler«, in dessen Glatze sich das Licht der Lüster spiegelte, sang eine Partie aus dem »Weißen Pferd«, und die Damen aller Leidensschattierungen verschlangen ihn samt seinem weißen Frack mit den Augen.

Mich ermüdeten diese Darbietungen. Ich begann einzunicken. Der Meister bemerkte es und bestellte Kaffee, und er quälte mich weiter mit seiner Reunion, aber damals fühlte ich mich nicht gequält, denn ich war neugierig auf alles wie ein halbjähriger Hund. Der Mokka-double-double, den der Meister bestellte, verwandelte mich für kurze Zeit in einen Marokkaner, und damit der südliche Impuls, den ich erhielt, mich nicht veranlaßte, wieder mit der Haustochter zu tanzen, stellte mich der Meister einigen Damen vor. Es waren Damen, die ich schon im Café bedient und von denen ich meine Kellnerprozente eingefordert hatte, aber jetzt war ich kein anonymer Kellner, sondern ein Mensch mit Familiennamen, ein Mann, der mit seinem Meister und dessen Haustochter eine Reunion besuchte, ein Teilnehmer am Kurleben der Stadt.

Vielleicht hätte ich damals nichts dagegen gehabt, ein Mann zu sein, von dem die Leute des Städtchens, die leidenden Frauen und die Mädchen auf den Elbwiesen, mehr Notiz nahmen, als sie es taten, aber das war mit der Anfertigung von Rosen, Fröschen und Schwänen aus Buttercreme nicht zu erreichen. Heute sehne ich mich oft in die Anonymität meines Kellnerdaseins zurück, und das ist natürlich, und das hat was mit Dialektik zu tun, und das ist das Leben.

Unter den Damen der Stadt, die mir vom Meister vorgestellt wurden, befand sich eine, die ich in unserem Café noch nicht gesehen hatte. Sie trug ein langes wasserehrenpreisfarbenes Ballkleid (Chiffon oder Crêpe de Chine). Eine schmale, edel wirkende Nase regierte ihr Gesicht, und die Flügel dieser Nase bebten wie die Flügel eines Schmetterlings an einer besonnten Hausmauer. Wenn die Dame lachte, zeigte sie in der Mitte der oberen Zahnreihe einen Goldzahn, und sie zeigte ihn mehr wie einen Goldring, wie eine Verzierung, weniger wie eine Notwendigkeit. Ich hatte damals etwas für Sommersprossen und Goldzähne übrig, und während sich die Vorliebe für Sommersprossen erhielt, verflüchtigte sich die für Goldzähne. Oh, wenn ich Listen über alles führen würde, was mir einmal sympathisch war, und auch über das, was mir im Laufe des Lebens sympathisch wurde, so würden sie einen Schnellhefter füllen und wissenschaftlich beweisen, daß der Mensch unterderhand und oft, ohne sich selber von diesem Vorgang zu verständigen, ein anderer wird.

Hinter dem Kurhaus lag der Park. In den Eichen, Buchen und Linden dort schliefen während der Reunion die Vögel. Saal und Park verhielten sich zueinander wie kommunizierende Röhren: Aber die Parkröhre lag im Dunkeln, und ihr Inhalt schien mit einer Chemikalie angereichert zu werden, die Frühlingsnacht hieß, denn die Tanzpaare, die aus der dunklen Parkröhre in die beleuchtete Saalröhre zurückkehrten, wiesen psychochemische Veränderungen auf.

Der Park hieß damals Kurpark, und wie er heute heißt, werde ich im Frühling erfragen gehn; noch früher hieß er Schloßpark, und in seiner Jugend war er die Erweiterung eines Gefängnishofes, denn das Schloß war ein Gefängnis gewesen, und in dem Gefängnis hatte eine Königin gesessen. Die Königin hieß Eberhardine, und sie war, wie damals üblich, von ihrem Manne zur Gefängnishaft verurteilt worden. Ihr Mann aber war der starke August aus Dresden, und der war katholisch geworden, um ein paßrechterer polnischer Herrscher sein zu können. Eberhardine aber blieb reformistisch, eine Sozialdemokratin der Gläubigkeit.

Auf dem Podium produzierte sich jetzt ein etwas krummbeiniger »Künstler«, der sich Wangenvokalist nannte und seine schon faltigen Gesichtshälften mit zwei Holzlöffeln bearbeitete, und je nachdem, ob er nun die Wangen aufblies oder sie in mehr oder weniger tiefe Gruben verwandelte, muckerten Töne aus seinem Mund, die man bei gutem Willen als die Töne des Liedchens »Du, du liegst mir im Herzen« entziffern konnte, und der Wangenvokalist hielt seinen Mund dabei so o-rund wie jene aus Holz geschnitzten Männer im Folklore-Museum in Moskau, die eigentlich Bienenbeuten sind, und die Kurkapelle untermalte dieses Liedchen, das sich der krummbeinige Vokalist aus den Wangen prügelte, und hielt es ein wenig zusammen.

Mein Meister konnte sich nicht genügend über die Möglichkeit wundern, daß man das Fleisch seiner Wangen musikalisieren könne, und er sah in diesem Vokalisten einen hundertprozentigen Kunstschaffenden: »Können Sie von mir denken, was Sie wollen!« Sogleich versuchte er mit dem Teelöffel seine Wangen mit den schwarzen Bartstoppeln zum Klingen zu bringen, aber es gelang ihm nicht, nein, es gelang ihm lediglich, die Haustochter zum Lachen zu bringen, und das war auch nicht wenig wert. Mir schien, als hätte der Meister seine Wangen nur belöffelt, um die Haustochter zum Lachen zu bringen, denn er ließ nichts unversucht, ihre Sympathie zu gewinnen, und er suchte und suchte bei anderen Frauen, was er bei seiner Frau nicht gefunden zu haben schien, man mußte Mitleid mit ihm haben. Ich weiß nicht, weshalb mich das Mitleid mit dem Meister dazu bringt, wieder an Eberhardine zu denken; ich hatte doch mit Königinnen, ob Monarcho-, Himmels-, Bett-, Mode- oder Schönheitsköniginnen, nie etwas im Sinn!

Der starke August aus Dresden ließ durch seine Geheimpolizei verbreiten, die Landeskinder sollten ihre Landesmutter, die sich nicht rekatholisieren lassen wollte, die *Betsäule von Sachsen* nennen. Überdies ließ er das polnische Volk fordern, man solle der reformistischen Eberhardine die Einreisegenehmigung ins katholische Polen verweigern, und als das alles gediehen war, stellte August Eberhardine anheim, sich freiwillig ins Gefängnis zu begeben, damit sie vor dem »Volkszorne« geschützt wäre. Aber die Sache war die: Eberhardine sollte ihrem August und einer gewissen Gräfin von Cosel, auch anderen Damen und Müttern von zweihundertundfünfunddreißig August-Kindern aus den Augen gerückt werden, und um das dem Volke verstandlich zu machen, glaubte August alles ins Ideologische transponieren zu müssen.

Eberhardine war gezwungen, die körperlichen Genüsse, die ihr zustanden, durch geistige zu ersetzen, und sie schwärmte für den verstorbenen Übersetzer, Liederdichter und Kirchenreformator Dr. Luther, und sie hing seiner Reformation an und träumte, träumte elbabwärts, träumte von der *Wittenbergisch Nachtigall.* Da war sie also, die Nachtigall, und ich weiß, weshalb ich auf Eberhardine zurückkommen mußte.

Aber jetzt zur Sache, zur Sache! denn l'art pour l'art ist schlimmer als die Cholera!

Hinter dem Kurpark floß die Elbe durch eine Landschaft aus Wiesen, und im Frühling, wenn sie sich wild erinnerte, daß sie einmal ein Urstrom gewesen war, benutzte sie diese Wiesen eine Zeitlang als Brautbett, und wenn der Brautrausch endete und die Elbe ihr Matronenleben wieder aufnahm, ließ sie Schlafgeldtaler in Form von Tümpeln in den Wiesen zurück, und aus diesen Tümpeln klangen die Glokkenrufe der Unken.

Ich tanzte stumm mit der Dame, die das lange wasserehrenpreisblaue Ballkleid trug, und ich wußte wohl, daß sich das nicht ziemte, aber ich war zu müde, und außerdem fürchtete ich, daß die Dame etwas hätte sagen können, was meine Vorstellung von ihr zerstört haben würde. Ich weiß bis heute nicht, ob es eine Stärke von mir ist, daß ich mehr in die Menschen, die mir begegnen, hineinlege, als in ihnen ist, oder ob es eine Schwäche von mir ist, nicht geduldig genug nach den großen Zügen bei ihnen zu suchen, die ich vorausahnte.

Es ging ohne Worte bei mir und der Dame und mit dem, was man landläufig Liebe nennt, voran, denn daß das möglich ist, versicherte der plattnasige Operettist mit kiloschweren Worten: »Lippen schweigen ...« und so weiter. Ich spürte jedenfalls, daß die Sympathie, die ich für die Dame empfand, nicht einseitig war und daß die Dame auch mich kreditwürdig in Sachen Liebe fand. Ich brachte sie nach dem Tanz an ihren Platz und verzierte meinen stummen Dank mit der Seidenschleife eines Lächelns. Es war ein echtes Lächeln, denn nach kurzer Kellnerzeit schaffte ich mir ein Ersatzlächeln, ein Zweitlächeln an, um das echte nicht so sehr abzunutzen, ein Kellnerlächeln. Und ich warf dieses Lächeln auch später, als ich kein Kellner mehr war, nicht in den Lumpensack, denn ich benötigte es immer wieder einmal, es wurde von mir verlangt, und obwohl wir unsere

Gesellschaft doch revolutionierten, wird es heute noch dann und wann von mir verlangt.

Die Dame im wasserehrenpreisfarbenen Kleide erwiderte jedenfalls mein echtes Lächeln, und ihr Goldzahn leuchtete wie eine kleine Sonne aus ihrem Mund. – Darauf tanzte mein Meister einen Tango mit ihr, aber er tanzte ihn wie einen Marsch-Fox, und er tanzte auch den etwas schief, denn was der Statur des Meisters wirklich gemäß war, war Walzer rechtsherum. Er trug, nein, er zelebrierte auf seiner Oberlippe den Restposten eines Bartes, eine spätere Hitlerfliege, und auch der Marsch-Fox, den er tanzte, entsproß seinem halbmilitärischen Hang. Es war ein Höflichkeitsakt, wenn der Meister mit der Dame im wasserehrenpreisblauen Kleide tanzte; doch er machte sie dadurch zu *meiner* Dame und Gespielin, was mich wiederum zwang, ein wohlerzogener Tanzbodenmensch zu sein und doch wieder mit der Haustochter zu tanzen. Ich stieg wieder aufs Parkett, und ich tanzte Tango mit ihr nach der Schnur, und die Tangophase, in der man seine Partnerin mit einem marionettenhaften Anrucken über die Tanzfläche reißt, schubst oder schleudert, als wäre man ein gebleichter Argentinier, beherrschte ich besonders gut. Ich steigerte diesen Tanzteil zu einem Kraftakt, der die Zuschauer fürchten ließ, ich würde meine Partnerin durch die Wand ins Freie befördern. Aber kurz vor dem Hindernis mäßigte ich den run, und ich blieb doch im Saal, bis der Rhythmus forderte, daß mich eine neue Welle packte, die mein Blut wieder argentinisierte. Die Haustochter aus Wismar legte sich, wie man in Fachkreisen zu sagen pflegt, in den Tango hinein, und ich fragte sie, wie sie sich fühle, und sie sagte, sie fühle sich fischfrisch, nur fürchte sie sich ein wenig. Und sie sah dabei zum Meister hinüber, und ich tröstete sie und sagte ihr, daß sie nichts zu fürchten habe als sich selber. Damit war sie zufriedengestellt, und sie sagte, sie hätte mich gleich für einen gelehrten Menschen gehalten, und das schmeichelte mir. Ich hatte damals noch Respekt vor Gelehrsamkeit, und jetzt habe ich nicht mehr soviel Respekt vor Gelehrsamkeit, besonders nachdem einer meiner besten Freunde, den ich einmal kannte, Texte aus vierundzwanzig Büchern zitierte und abschrieb und daraus ein fünfundzwanzigstes Buch machte, für das er den Doktortitel erhielt, womit ich außer gegen diesen Freund gegen keinen Doktor sonst etwas gesagt haben will.

Ich arbeitete mich also durch den Reunionsabend. Nicht, daß es mich anekelte, nein, dazu war ich zu jung, aber ich war müde, und ich schlief ein, wenn ich mich setzte, und das war das Übel, denn jedes Vergnügen zerbröckelt, wenn der Körper durch Dienstverweigerungen bekanntgibt, daß man die ihm zustehenden Rechte mißachtet. Aber ich kam trotz meiner Müdigkeit mit der Dame, die mir der Meister als Haustochterersatz zugeschoben hatte, ins Gespräch; denn ich konnte sie nicht drei, vier Male zum Tanzen holen, ohne mich zu verlautbaren. Überdies wurde ich von ihr bei der Damenwahl engagiert, und es kam zwischen uns – fast ohne Worte – zu einer Vereinbarung, einem Abkommen oder einer Demarche, des Inhalts, daß ich die Sicherheit ihres Heimtransportes zu gewährleisten hatte, und ich weiß nicht mehr, ob die Dame mir das nahelegte oder ob ich mich aus Anstandsgefühl, trotz meiner Müdigkeit, dazu verpflichtet fühlte.

Gleich darauf mußte ich, wie man sagt, stehenden Fußes eingeschlafen sein, obwohl ich noch agierte, engagierte, vielleicht sogar tanzte. Als ich zu mir kam oder erwachte, wie man will, lag ich auf einer Bank, fast hätte ich »im Park« dazugeschrieben, doch es fiel mir rechtzeitig ein, daß das der Titel eines Tanzschlagers aus jener Zeit gewesen wäre (»Auf einer kleinen Bank im Park«) und daß ich damit in den Verdacht gekommen wäre, ein Plagiator zu sein. Man kann in dieser Hinsicht merkwürdige Dinge erleben, und kürzlich wurde ich Zeuge, wie ein Referent einen anderen Referenten bezichtigte, er habe einen Satz aus seinem Referat plagiiert, und der Satz hieß: »ich habe die Probleme, die auf uns zukommen, herausgearbeitet.«

Die Bank stand unter Lindengesträuch in der Nähe des Deiches, und vom Flusse wehte Wasserduft herüber. Als ich meine Augen öffnete, jene Schlitze im Gesicht, die das Vordringen gewisser Lichtschwingungen zum Hirn ermöglichen, war es, ins allgemein Menschliche übersetzt, ringsum dabei, Morgen zu werden, und hinter dem Deich gongten die Unken schon in ihren Tümpeln, und ich hörte über mir in den großen Lindenstrauchblättern jene Töne, die tief aus dem Blut eines Vogels perlten, die Triller der Nachtigall, wie ich sie als Knabe auf der Heide gehört hatte, und ob das damals nun der Sprosser gewesen war oder nicht, hier handelte es sich vielleicht sogar um eine Nachkommin jener Nachtigallen, die schon zur Zeit einer gewissen Exkönigin Eberhardine oder noch früher im Park geheckt hatten. Mag sein, daß mein Blick, als ich nach dieser Nachtigall in den Lindenblättern suchte, erst ein wasserehrenpreisblaues Kleid streifte, denn als ich die Nachtigall erblickte, war sie blau, und ich wunderte mich nicht darüber, denn mein Blick kam von hinter soviel Bergen unbewältigten Schlafes her, daß ich auch nicht erstaunt gewesen wäre, wenn die Dame, die meinen Kopf – schon wer weiß wie lange – in ihren Armen gehalten hatte, sich Nofretete oder die Königin von Saba genannt hätte.

Und als diese Dame nun bemerkte, daß ich erwacht war, beugte sie sich zu mir, und es war kein langer Weg von ihrem zu meinem Mund, und sie ließ mich nicht aus den Armen und beugte sich zu mir...

Es widerstrebt mir, zu beschreiben, was jeder auf seine Weise weiß, oder was jeder, der es nicht weiß, einmal auf seine Weise wissen wird. Ich spare aus und überlasse jedem die Möglichkeit, hinzuzufügen, was nur er weiß.

Eigentlich habe ich mein Versprechen erfüllt, wenn ich hier redlich niederschrieb, weshalb die erste Nachtigall, die ich zu Gesicht bekam, eine blaue Nachtigall war, aber ich spüre bis hierher an meinen Schreibplatz in der Kammer eines Pferdestalles die Unzufriedenheit von Lesern, die an perfekte Geschichten gewöhnt sind, die sich außerdem auf den vielzitierten Revolver berufen dürfen, den Tschechow erwähnt, jenen Revolver, der, wenn er in einer Geschichte an der Wand hängt, auch loszugehen habe. Diesen Lesern sei gesagt, daß mir am fortgeschritteneren Morgen jenes Sonntags nicht vergönnt war, in meinem Bett in der Gesellenkammer, dessen Benutzung mir vom Lohn abgezogen wurde, zu schlafen; denn als ich heimkam, war die Kammer von innen verriegelt, und als ich empört an der Klinke rüttelte, lugte die Haustochter beim Türspalt heraus. Sie war sehr unangezogen und wies drauf hin, daß sie mir bereits beim Tanz angedeutet hätte, sie fürchte sich. Ich konnte nicht verstehen, weshalb sie sich noch immer vor dem Meister fürchtete, obwohl sie jetzt in meiner Kammer und in Sicherheit war. Aber die Sache war die: Sie fürchtete den Meister nicht, sondern die Meisterin, denn der Meister war bei ihr, und sie waren beide in meiner Schlafkammer.

Die Haustochter erklärte mir, daß weder das Tellermädchen noch die Putzfrau oder der Hausknecht und nicht einmal der Lehrling etwas Schlechtes von ihr denken könnten, wenn der Meister im Laufe des Vormittags die Gesellenkammer verlassen würde und so weiter. Sie bot mir ihr Zimmer und ihr Bett an, weil niemand der Meisterin etwas berichten würde, der mich aus dem Zimmer der Haustochter kommen sehen würde, auch und so weiter.

Das Leben tritt uns zuweilen kompliziert entgegen, und hier hatte ich es mit einem Fall zu tun, in dem es verkompliziert wurde, und das war nur ein kleiner hausbackener Schlafzimmerfall; an die großen, überdimensionalen Fälle, die in die Weltdiplomatie hineinreichen, wage ich nicht zu denken.

Ich benutzte das Bett und das Zimmer der Haustochter nicht, sondern machte, trotz aller unvertilgter Müdigkeit, einen Spaziergang in den Park, und daß ich die Bank aufsuchte, auf der ich – wie mir schien – vor Wochen einmal geschlafen hatte, die Bank, auf der mir die blaue Nachtigall erschienen war, bewies, daß ich mich verliebt hatte. Jeder Verliebte glaubt, er könne, wenn er an den Platz zurückkehrt, an dem die Liebe ihn und er die Liebe packte, alles noch einmal und unversehrt wiederhaben, aber er kann es nicht wiederhaben, denn die Welt ist im Fluß, obwohl wir nicht wissen, in welchem.

Natürlich sah auch ich die Nachtigall nicht wieder, weder eine blaue noch eine graue, denn sie schlief auf irgendeinem dämmergrauen Plätzchen aus Blattschatten und ruhte sich von der Balz aus.

Ich sah später Nachtigallen, viele, viele Nachtigallen – in Sotschi am Schwarzen Meer, in Karelien, und dort war es womöglich wieder der Sprosser, und ich sah Nachtigallen auf Naxos und Santorin in der Ägäis Nachtigallen in Kiew am Dnepr, und ich sah Nachtigallen in einer Mühle bei Wusterhausen an der Dosse und im Nikidskij Sad auf Jalta – viele hundert Nachtigallen, aber alle waren grau gefiedert, keine war blau, und ich war verwundert, daß ich nun, nach so langer, langer Zeit, wieder eine blaue Nachtigall sah, just als ich mich aus den Armen einer Geliebten löste, ich sagte es schon, und daß ich es wieder sage, zeugt von meiner Verwunderung.

Die Sache aber war die: Ich wollte eine Geschichte schreiben, und ich dachte tagelang an nichts als an diese Geschichte. Ich schlief wenig, und wenn ich schlief, so schlief ich schlecht, und zwei Tage schlief ich gar nicht, und alles, weil ich eine Geschichte schreiben *wollte.*

Damals brachte mich ein Meister, ein kleiner Auskenner, dadurch, daß er aus mir, seinem Gesellen, ohne Kosten für sich und sein Geschäft auch noch einen Kellner machte und indem er, wie ich später erfuhr, bei einem Marsch-Fox eine Dame charterte, die mich für längere Zeit im Moorbad halten sollte, in den ausgemergelten Zustand, in dem einem blaue Nachtigallen erscheinen. Wer aber versetzte mich nun, da ich mich ums tägliche Brot nicht mehr zu sorgen hatte, in den Zustand, dem blaue Nachtigallen entfliehen? Wenn es das Unterbewußtsein war, wie ich dem Zuruf von Gelehrten aus der Psychologenbranche entnehme, so ist dieses Unterbewußtsein der größte Ausbeuter, den ich je kennenlernte, und dazu einer, der es sich leisten kann, auf eine Geschichte zu spucken, die ich schreiben *wollte,* an der ich tagelang arbeitete und über der ich fast zusammenbrach, um zu einer Geschichte zu kommen, die ich schreiben mußte: Die blaue Nachtigall.

Zirkus Wind

Ich war dreizehnjährig, als das geschah, ja, etwa dreizehnjährig; denn ich besuchte schon die Stadtschule, und es stand für mich fest, daß ich weder Bäcker noch Vertreter für Viehlebertran, kein Kaffeekellner, kein Tierwärter, nicht Clown, nicht Expreßbote, auch kein Bereiter oder gar Hilfsarbeiter in Fabriken werden würde, sondern ein Künstler. Ich weiß nicht, ob es an den Verhältnissen oder an mir lag, daß ich all das wurde, was ich aufzählte, aber ein Künstler wurde ich nie, jedenfalls nicht einer, von dem die Leute sagen, wenn er ein Lokal betritt: »Ein Künstler, man hört es«, auch nicht einer, von dem junge Mädchen auf der Straße sagen: »Ein Künstler, man sieht es!«

Die Kunst, die mir damals vorschwebte, war das Löwenbändigen. Ich wollte ein Künstler werden, der mit der Gefahr umgeht, einer, den keine Versicherung aufnimmt, weil er gefressen werden kann, ehe er genugend Versicherungsbeiträge abgeführt hat.

Ich konnte damals bereits die Ziege meiner Großmutter überreden, auf einer fünf Zentimeter breiten Latte zu wandeln, die ich über die Lehnen zweier Stühle gelegt hatte. Ich wußte außerdem, wie man Pferden beibringt, mit dem rechten Vorderhuf zu scharren und kleine Rechenaufgaben für einfältige Zuschauer zu lösen, und ich hatte einen kleinen Hundebastard dazu gebracht, auf den Vorderbeinen zu marschieren.

All diese kleinen Künste wurden mir einmal im Leben, wenn auch nur für kurze Zeit, nützlich; zu der Zeit aber, da unsere Geschichte spielt, züchtete ich in der Kellerwohnung meiner Pensionseltern heimlich weiße Mäuse, die ich sonntags und in den Ferien mit aufs Dorf nahm.

Es war in den Großen Ferien, als einer der beiden Poter-Brüder zu mir kam; ich glaube, es war der kleinere Bruder, ja, es war der mit den kurzen Beinen, dem man von den Beinlingen jeder gekauften Hose dreißig Zentimeter abschneiden mußte, um sie an die seines längeren Bruders, dem die Hosen stets zu kurz waren, anzunähen, eine Tatsache, die sogar in eine Sonntagspredigt unseres langen Pfarrers Saretz einging, als er den Gläubigen die »Weisheit der Vorsehung« nahezubringen gedachte.

Ja, jetzt weiß ich genau, daß es der kleine Poter war, der zu mir kam, weil ich mich an seine auseinanderstehenden Zähne erinnere, die ihn in den Stand versetzten, wie eine Ringelnatter zu zischen. »Winds Karle macht einen Zirkus auf, und wenn du ihm zwei weiße Mäuse schickst, wird er dir zwei Freikarten für seine Vorstellungen ausschreiben!«

Schön, ich war bereit: Zwei Mäuse – zwei Freikarten, aber jetzt muß man erst wissen, wer Winds Karle war:

Ich springe ein paar Jahre zurück und in die Zeit hinein, da ich zehn Jahre alt war: Damals kam ein kleiner Zirkus in unser Dorf, und die sechs Ponys, die den Packwagen und die Wohnwagen zogen, wurden uns abends in der Vorstellung herausgeputzt vorgeführt. Außerdem gehörten zu dem kleinen Zirkus ein Tanzbär, ein Steinbock, fünf Zwerghühner, sieben Meerschweinchen, eine Meerkatze und eine Schar gezähmter Pfauentauben.

Die Vorstellung fand im Gasthaussaal statt. Schlanke Halbzigeunermädchen zeigten uns, wie man auf einem dünnen Draht durchs Leben gehen kann, und das Schimmelpony, *Kluger Hans* genannt, hatte eine Dame aus dem Publikum zu suchen, die sich gern verliebt. Das Pony blieb vor Mina Poter, der Schwester der Poter-Brüder, stehen.

Dann produzierten sich die Halbzigeunermädchen als sogenannte Schlangenmenschen, und ein Tierbändiger, der uns als Mister Charlie angekündigt wurde, machte einen Bärenringkampf, und als Charlie eine Weile mit dem alten Bären gerangelt hatte, flüsterte er ihm etwas ins Ohr, worauf sich der Bär niederfallen ließ und Charlie zum Sieger erklärt wurde. Dieser Mister Charlie war blond, hatte tiefschwarze Augen, und unter seiner Nase lag ein Bärtchen von der Farbe einer Weizenähre.

Dann trat Mac Müllton auf, der Truppenchef; er hatte zuvor den *Klugen Hans* vorgeführt, aber jetzt wurde behauptet, Mac Müllton wäre ein »Lebender Springbrunnen«. Es wurden zwei Eimer Wasser aus der Gasthausküche gebracht, die Müllton Glas für Glas in sich hineingoß, ohne zu schlucken; das Wasser versickerte in seinem Munde wie in einem Rattenloch auf dem Felde.

Als Müllton die Eimer geleert hatte, glich sein Leib einer Tonne, und um das zu demonstrieren, wurde dem Schnellsäufer ein eiserner Faßreifen um den Bauch gelegt, und als das geschehen war, verschluckte Müllton drei brennende Zigarren, brachte sie brennend wieder hervor, ließ sich Frösche reichen, die wir am Nachmittag im Dorfteich gegen Freikarten gefangen hatten, schluckte fünf Frösche, brachte auch die wieder lebend hervor, und dann wurde »das verehrte Publikum« gebeten, auf den erleuchteten Wirtshaushof zu treten, wo der Herr Direktor sich entleeren und eine Fontäne abgeben würde.

Wir gingen hinter dem wassergefüllten Müllton auf den Wirtshaushof, bildeten dort einen Kreis um ihn, und er stellte sich in der Kreismitte gegen einen eingegrabenen Pfahl, druckste, gluckste, und das Wasser entfloß seinem Munde in einem dünnen Strahl.

Die »verehrten Zuschauer« wurden gebeten, die Reinheit des Wassers zu prüfen und sich unter dem »Lebenden

Springbrunnen« die Hände zu waschen. Der lange Poter, der, dem man immer die abgeschnittenen Hosenbeinlinge des jüngeren Bruders annähen mußte, wusch sich nicht nur die Hände, sondern auch sein schmales Mumiengesicht und bestätigte, daß es sich um einwandfreies Quellwasser handele.

Ein lebender Springbrunnen! Das hatte man in unserer kleinen Welt noch nicht gesehen! Mister Charlie trat vor und verkündete, daß er sich erlauben würde, ein kleines Trinkgeld einzusammeln, damit man der »Lebenden Fontäne« ein kräftiges Abendbrot zu speisen geben könne, denn sobald der letzte Tropfen Wasser aus Müllton heraus wäre, müßte er eine gute Mahlzeit zu sich nehmen, und diese Mahlzeit wäre die einzige, die Müllton tagsüber haben dürfte, wenn das Wasser bei der nächsten Abendvorstellung wieder sauber aus ihm herausfließen sollte.

Das machte großen Eindruck auf uns, und unsere Zehner klimperten gönnerhaft auf den Eßteller, den uns Mister Charlie mit bittenden Augen hinhielt.

Sodann erfuhren wir, wozu der Marterpfahl im Wirtshaushof eingegraben war: Mister Charlie, der Bärenbezwinger, der nun Mister Charlie Wind genannt wurde, sollte sich als Entfesselungskünstler produzieren, und der wasserleere Direktor ließ uns wissen, daß die Entfesselungskunst des Charlie Wind in allen großen Städten der Welt Aufsehen erregt hätte, in Paris, in London und in Groß-Luja, einem Dorfe, zehn Kilometer von unserem Dorfe entfernt.

Mister Charlie Wind trug ein blaßblaues Trikot (Strumpfhosen und Leibchen – alles aus einem Stück, würden wir heute sagen), und das Trikot war nur verhalten sauber, wie man sogar beim gelben Licht der Petroleumlampen feststellen konnte, und das konnte nicht anders sein, weil Stricke und Ketten, die bereitlagen, nicht fett- und nicht rostfrei waren.

Die erste Strickschlinge legte der Truppenchef Charlie Wind selber um den Leib, dann aber wurden »beherzte Herren aus dem Publikum« gebeten, Mister Charlie Wind an den Marterpfahl zu fesseln.

In unserem Dorfe gab's außer dem Gutsherrn keine Herren, doch wenn ein Jahrmarktsausschreier oder ein Artist solche benötigte, tat man ihm den Gefallen, und in unserem Falle spielten die Gebrüder Poter, die tagsüber auf den Feldern des Gutsherrn arbeiteten, die Ersatzherren, und sie machten sich über Mister Charlie Wind her und fesselten ihn mit Ketten und Stricken.

Charlie Wind hatte eine Menge Luft in sich hineingepumpt, ließ nur wenig davon beim Ausatmen heraus und sah seiner Fesselung gelassen zu, nur die kleine Weizenähre von einem Schnurrbart zuckte ab und zu, wenn die Poter-Brüder die Fesseln zu hart anzogen. Einige Dorffrauen stöhnten vor Mitleid, und Mina Poter, die Gernverliebte, jammerte.

Als die Poter-Brüder zurücktraten, rief der Pichler-Karl, Immersäufer und Maulheld: »Habt ihr ihn richtig dingfest gemacht?« Die Poter-Brüder beschworen es: Dieser Mensch würde sich ohne fremde Hilfe nie im Leben abfesseln und von seinem Marterpfahl loskommen! Drei Flaschen Bier zur Wette, die dritte für den Künstler!

Der Truppenchef schlug Mister Charlie aufmunternd auf die Schulter: »Los!«

Wind rüttelte an seinen Fesseln. Alsbald fiel ein Teil der Ketten klirrend zu Boden, und es dauerte keine halbe Minute, da hatte Charlie die Arme frei, und dann war's nur noch eine Kleinigkeit für ihn, sich vollends abzufesseln.

Mister Charlie tat alles mit Grazie. Die mitleidigen Frauen faßten Sympathie für den geschmeidigen Helden. Wind streifte sich die Bauchschlinge ab und stieg aus dem an der Erde liegenden Wust von Ketten und Stricken, und Mina

Poter, die Schwester der beiden Fesselmeister, trat auf ihn zu und hielt ihm einen kleinen Strauß Gänseblumen hin, den sie rasch auf dem Hofe der Gastwirtschaft zusammengepflückt hatte.

Wenn Charlie Wind ein weißer Zigeuner war, war Mina Poter mit ihrem krausen Blondhaar und den Lippen, die aussehen, als hätte sie ein Faustschlag zum Blühen gebracht, eine weiße Negerin. Charlie Wind nahm ihr den Gansblumenstrauß mit einer Verbeugung ab, und es kräuselten sich zwei verwandte Gedanken zu einem Wölkchen am Nachthimmel, als die beiden einander in die Augen sahen.

Die Dorfburschen grölten. Für sie war Mina Poter »eine Durchgezogene«, und dennoch waren sie eifersüchtig, primitiv und roh wie die Stiere.

Freilich war Mina Poter nicht allzu jung mehr und ein Mädchen, das sich vor nichts in der Liebe fürchtete, doch sie liebte ohne Berechnung und auf nichts hin, während die Kleinbauerntöchter, deren Liebesverhalten die Dorfnorm bildete, sich nur gegen Sicherheit, auf Geld und Kleinbesitz hin vergaben.

Das Trikot von Mister Charlie Wind war nach seiner Entfesselung schweißnaß, und die Rostflecke darauf waren dunkler geworden; es sah aus, als hätte Charlie Wind Blut bei seiner Befreiung geschwitzt. Der Truppenchef überreichte Wind die bei der Wette abgefallene Flasche Bier und sagte im Tremolo eines Begräbnisredners: »Was ein' Anfang hat, muß ein Ende haben«, und er sagte es ganz auf seinen und der Zuschauer begrenzten Augenschein vertrauend, und gemeint war, daß Charlie Winds Befreiung das Ende der Vorstellung gewesen war.

Charlie Wind trat ab und nickte Mina Poter zu, und Mina Poter nickte zurück, und wir, das geehrte Publikum, zerstreuten uns langsam und ungern, und wir blieben auf dem Heimweg mehrmals stehen, redeten und stritten über das, was wir gesehen hatten, und die Sterne und die Wolken über uns am Nachthimmel führten ihre Schauspiele auf, ohne danach zu fragen, ob wir sie bewunderten oder nicht.

Am nächsten Morgen stiegen die Bergleute wieder in ihre kohlegeschwärzten Manchesterhosen und huckten sich die Rucksäcke mit den Grubenlampen auf, und die Gutsarbeiter und die Kleinbauern trieben hinaus auf die Felder, und der kleine Zirkus reiste weiter.

Nichts bleibt ohne Eindruck auf der Welt, nicht die kleinste Handbewegung, nicht das schlichteste Wort. Auch der kleine Zirkus hinterließ Eindrücke im Dorf. In mir weckte er den Wunsch, Raubtierbändiger, vielleicht Bärenringer zu werden, Mirko Matzke übte sich auf den Stangen der Viehkoppel im Seiltanzen, und Alfred Meuke wollte Entfesselungsmann werden, und wir fesselten ihn an den Stamm einer kleiner Birke auf der Dorfaue.

Alfred kam nicht frei, und auch wir bekamen ihn nicht mehr los, seine Haut lief blau an, und er fing an zu schreien.

Meine kleine Großmutter (einen Meter und fünfundvierzig Zentimeter lang), von uns *Dorfdetektiv* genannt, kam; sie kam immer zur rechten Zeit, und sie sägte die Birke ab und befreite Alfred Menke von seinen Fesselstricken und Ketten.

Eine Weile glaubten wir, die Eindrücke, die der Zirkus hinterlassen hatte, wären verblaßt, aber sie waren nur von der Oberfläche unseres Lebens verschwunden, um in der Tiefe weiter zu wirken.

Als ein Vierteljahr vergangen war, wurde gewispert, dann geflüstert und schließlich offenkundig: Mina Poter sollte ein Kind bekommen. »Gesegneten Leibes«, bemerkte der Lehrer; »in anderen Umständen«, tratschten die Dorffrauen; »vom Winde beschält«, höhnten die schadenfrohen Dorfburschen.

Peter Poter, der Vater von Mina, war Zweitkutscher auf dem Gutshof, vertrat zuweilen den Leibkutscher und fuhr die korsettierte Gnädige oder die rothaarige Tochter in die Stadt. Die aufgeworfenen Lippen, das krause Haar und den langsamen Verstand hatte Mina von Vater Poter geerbt, dem zeitlebens eine halblange Tabakspfeife am Munde baumelte. Er hatte das Ende des Pfeifenstiels mit einem Gummi vom Patentverschluß einer Bierflasche beringt, damit ihm der kleine Räucherofen nicht aus dem Mund fiel, wenn er auf dem Kutschbock einschlief.

Auguste Poter ging mit straff nach hinten gekämmtem Haar einher, und ihre abgearbeiteten Hände waren feiertags bis in die Schrunden hinein saubergescheuert. Sie stand dem Leben staunend gegenüber: »Nein, was es nicht alles gibt!« Von der Mutter hatte Mina Liebestüchtigkeit und Bescheidenheit geerbt.

Mina gebar ein Mädchen, geradezu eine Elfe, der der Vater die dunklen Augen und die Mutter ihr Kraushaar mitgegeben hatten.

»Dein Kindsvater war wirklich wie der Wind. Deine Freude war kurz; deine Plage wird lang sein«, sagten die Kleinbauerntöchter zu Mina.

»Wirds eure Plage sein?« fragte Mina. Auch wenn der Wind nur einmal durch die Kirschblüten fährt – die Kirschen werden rot und süß, dachte Mina, und das war die Philosophie, mit der sie lebte, während sie Ausschau nach einem hielt, der sich neben ihrer kleinen Tochter lieben ließ. Ihre Tochter Carla wurde von der ganzen Poter-Familie erzogen und war ein handsames Mädchen.

Und was war mit Charlie? Er zog mit dem kleinen Zirkus durch das Land Brandenburg, zog durch Mecklenburg bis zur Meeresküste und von dort wieder nach dem Süden, und in jedem größeren Dorf gaben sie eine Vorstellung.

Charlie war auf ein Halbzigeunermädchen aus, auf Amila,

eine Tochter des Truppenchefs Müllton. Amila, sie sang so schön, wenn sie mit dem bunten Schirm auf dem Drahtseil tanzte, sie tanzte zum eigenen Gesang, und ihre Sprünge auf dem Seil waren leicht und so selbstverständlich wie die eines Bürgermädchens auf einem Fußsteig. Charlie träumte davon, er und Amila würden auf einem Schrägseil aus der Stadt Paris zum Eiffelturm aufsteigen.

Auch Amila liebte Charlie, das wußten alle bei der Truppe, aber die beiden trieben nur eine Augenliebe miteinander. Alle, die vermuten, das Leben in einer fahrenden Truppe wäre zuchtlos, irren: Charlie und Amila waren trotz ihrer Liebe so weit voneinander getrennt wie Sauhirt und Prinzessin.

Charlie hatte sich seinem Truppenchef Müllton verpflichtet, für Amila fünf Jahre um ein Taschengeld zu arbeiten und alle seine artistischen Fähigkeiten dem Unternehmen zur Verfügung zu stellen, um als vollwertiges Mitglied in Mülltons Familie aufgenommen zu werden.

Wenn Charlie in seinem Privatleben auch sparsam mit seinen Kräften umging, einem Liebesabenteuer, das sich ihm unterwegs bot, wich er nicht aus. Seine Liebe flammte in der Nacht auf wie eine Sternschnuppe, und nach dieser Nacht zog er weiter, arbeitete und wartete auf Amila.

Bisher hatte Charlie nie etwas von seinen Zufallsbräuten gehört, doch als sie nach Süden zogen und wieder in die Nähe von Sanddorf kamen, entsann er sich seiner Liebesnacht mit dem Mädchen, das aussah wie eine weiße Negerin. Er erkundigte sich nach ihr und erfuhr, daß sie ein Kind von ihm hatte.

Charlie hätte sich schweigend trollen und um Sanddorf einen Bogen machen können, aber er tat's nicht. Er wurde neugierig auf sein Kind, er hatte sich verdoppelt; er wollte das sehen.

In der Gutskate der Poters herrschte für einen Augenblick

Ratlosigkeit, als Charlie Wind dort erschien, doch als Mina Mister Charlie um den Hals fallen wollte, warfen sich der Vater und die Brüder zwischen sie und den Zurückgekehrten. Charlie Wind, den die Poters hundertmal verwünscht und verflucht hatten, sollte Dresche für seine lange Abwesenheit haben, jene obligaten Prügel, die untreuen Schwiegern und Schwägern auch in vornehmen Familien verabfolgt werden, wie man aus der klassischen Literatur weiß.

Aber die Poters hatten vergessen, daß sie es mit einem Entfesselungskünstler zu tun bekamen, der Kampfgriffe und Tricks kannte, die ihn in den Stand setzten, auch mit drei Gegnern fertig zu werden. Charlie Wind schlug mit seinen Handkanten wie mit stumpfen Äxten um sich, und der Schlag, den Peter Poter auf seine Zweitkutschermütze erhielt, machte, daß der sich auf die Ofenbank setzte, die Augen verdrehte und Mühe hatte, sich wieder im Leben zurechtzufinden. Den Poter-Brüdern aber wurde von je einem Handkantenschlag der rechte Arm so gelähmt, daß sie wie eingewachsen und als müßten sie über etwas nachdenken auf der Stelle standen und zusahen, wie Charlie Wind ihre Schwester familienöffentlich küßte und sie, zusammen mit der kleinen Carla, auf den Arm nahm und schaukelte, als wären Tochter und Mutter zusammen drei Tage alt.

»Was willst du hier, du Lump?« kam es von der Ofenbank, auf der sich Peter Poter zu erholen anfing.

»Wenn ich ein Lump wär, wär ich nicht hier!« sagte Charlie Wind.

Ein Knurren als Antwort von der Ofenbank.

»Also, laßt uns Bruderschaft trinken!« Charlie zog ein flaches Fläschlein Schnaps aus einer Geheimtasche.

Als Peter Poter die Flasche sah, fing er an zu begreifen, daß nicht alles, was er soeben erlebt hatte, ein Traum war, und die Gebrüder Poter tranken linkshändig auf Charlies Wohl, und sie tranken reihum, doch Charlie tat nur so, als ob er trinken würde; er war ein Artist, ein Künstler; der Alkohol war sein Feind.

»Nein, was es nicht alles gibt!« sagte Auguste Poter und reichte Charlie die Hand. Charlie schenkte seiner Schwiegermutter die veilchenblaue Papierrose, die er am Rockaufschlag trug, eine jener künstlichen Blumen, die man auf den Rummelplätzen des Lebens gewinnt.

Auguste Poter dankte verlegen wie eine Jungfrau.

Charlie nahm seine Tochter Carla auf den Arm, küßte und küßte sie, warf sie hoch, fing sie wieder auf und flüsterte ihr zu: »Mach dich steif!«, und Carla verstand sogleich, und Charlie trug sein Kind mit ausgestrecktem Arm wie eine Fahne durch die Katenküche der Poters.

Aber der Schnaps geht zu Ende, der Rausch verraucht, und der Mensch muß essen; er braucht Brot zur Erfüllung dieser Pflicht, und zum Brot braucht er, wenn's sein kann, Fett und dann und wann eine Scheibe Schweinehinterschinken.

Vorzeiten lieferte das dem Menschen die Natur. Er ging hinaus vor seine Tür, holte sich das Brot vom Felde, fing sich sein Zubrot im Walde, und die Felder und die Wälder gehörten allen, die auf Erden umhergingen. Wann geschah's also, daß sich die Menschen zu ihren Ungunsten veränderten? Wachten sie eines Morgens auf, um zu erfahren, daß die Feldfrüchte und die Waldtiere ihnen nicht mehr von Himmelsherren geschenkt wurden, sondern daß sie sie jetzt von Herren der Erde durch Arbeit erwerben mußten?

Der Herr von Wülisch wünschte, daß alles, was zu den Poters gehörte, auf den Feldern und im Schlosse arbeitete, denn die Poter-Familie bewohnte eine Kate, die ihm gehörte, und da auch Mister Charlie vorerst gezwungen war, in dieser Kate einzuwohnen, ging er zum Gutsherrn, um seine Arbeitskraft anzubieten.

Der Gutsherr war ein Männchen, das mit meiner Großmutter zusammen ein vortreffliches Liliputanerpaar für eine Schaubude abgegeben hätte. Er hatte sich seinen Sessel mit Kissen polstern lassen, um über seinen Diplomatenschreibtisch sehen zu können. Seine Stimme war leise und vibrierte wie die unaufgezogene Feder einer Wanduhr:

»Welche Profession üben Sie aus?«

»Allround-Mann!« antwortete Charlie.

»Was habe ich darunter zu verstehen?«

»Einen Mann, der alles macht – im Zirkus.«

Zirkus? Hier war kein Zirkus. Was konnte der Poter-Schwiegersohn wirklich?

Entfesselungskunst, Schrägseillauf, Parterre-Akrobatik, auch könne er Pferden das Rechnen beibringen, erklärte Charlie, aber sein Ziel wäre, auf einem Schrägseil aus der Stadt Paris in Frankreich zum Eiffelturm aufzusteigen.

Herr von Wülisch schmunzelte. Er dachte an den Spaß, den es geben könnte, wenn er ein Drahtseil aus dem Gutspark zum Turmkopf der Kirche spannen ließe, um seinem Duzfreund, dem langen Pfarrer Saretz, während der Predigt einen Mann aufs Dach steigen zu lassen.

Herr von Wülisch sah Charlie aus milchblauen Augen an und machte eine Geste des Bedauerns. Keine Verwendung für Peter Poters Schwiegersohn. Seinen Pferden das Rechnen beibringen lassen? Wozu? Sollten sie ihre Futterrationen ausrechnen und neben den zweibeinigen als vierbeinige Vorwürfe auf den Feldern umhergehen?

Die Audienz war zu Ende. Der Gutsherr nickte, und Charlie verbeugte sich wie früher, wenn er seine Nummer als Entfesselungskünstler beendet hatte.

Niemand wußte, was damals in Charlie Wind vorging. Man trifft im Leben auf Menschen, denen auferlegt zu sein scheint (und woher, weiß niemand, auch sie selber wissen es nicht), anders auf sogenannte Lebenstatsachen zu reagieren als ihre Mitmenschen, und sie leiden von Zeit zu

Zeit darunter, aber wenn sie sich zwingen, so zu sein, wie man es von ihnen erwartet, sind ihre Tage voll Unzufriedenheit und ihre Nächte voll Unruhe, und ihre Anstrengungen machen sie zu noch heftigeren Sonderlingen.

Auch Charlie Wind wollte damals ein *Normalmensch* werden, ein Bürger, ein Kleinbürger, wer weiß was, und da er einen starken Willen hatte und Wert darauf legte, ein Allround-Mann zu sein, gelang ihm sein Vorhaben eine große Weile.

Unser Dorf wurde zur Hälfte vom Gutsherrn und zur Hälfte vom Grubenherrn beherrscht, und die Arbeiter unseres Fleckens schieden sich in Ober- und Unterirdische.

Charlie Wind gesellte sich den Unterirdischen bei, wurde dort »eingemeindet« und nunmehr Winds Karle genannt.

Die Arbeit im Braunkohlentiefbau war Karle sympathisch; er hatte es dort, wie als Artist, mit Gefahren zu tun. Es machte ihm nichts aus, auf dem Rücken zu liegen und mit der Haue umzugehen, denn er war gewohnt, sein Brot schwer und in verschiedenen Körperlagen zu verdienen.

Nach einigen Wochen sah Karle aus wie jeder andere Grubenarbeiter, trug seinen Rucksack und hatte einen Vierzollnagel in die Krempe seines alten Hutes gefädelt, an dem er unter Tage seine Karbidlampe aufhängte.

Charlie war sparsam, trank und rauchte nicht, blieb auch unter der Erde seinen artistischen Grundsätzen treu und lieferte seinen Wochenlohn bei Mina Poter ab.

Mina legte wöchentlich einen Geldschein zum Kauf einer Wohnungsausstattung zurück, war glücklich, schien immer hübscher zu werden und verführte Karle, ein zweites Kind mit ihr zu zeugen. Als das geschehen war, sollte geheiratet werden.

Zur Hochzeit hätte Karle Wind am liebsten alle Arbeitskollegen von unter Tage geladen.

»Sie werden mein Erspartes vertrinken«, jammerte Mina.

Karle nahm Abstand von der Einladung, doch sogleich stellte sich heraus, daß der künftige Bräutigam nicht getauft war und vom langen Pastor Saretz den Ehesegen nicht bekommen konnte.

Mina drang auf Nachtaufe, und wieder willigte Karle ein, aber die Dorfburschen höhnten, Mina Poter heirate einen, der noch nicht konfirmiert wäre.

Peter Poter entlieh eine Kutsche vom Gutsherrn und fuhr Karle Wind zur Taufe. Taufpaten waren die Poter-Brüder. Eine Stunde später wurden die Heiratsformalitäten auf dem Standesamt erledigt, und Peter Poter fuhr mit dem Brautpaar zur Kirche. Trauzeugen waren die Poter-Brüder.

Soviel Sonderbarkeiten auf einem Haufen hatte die Kirchengemeinde noch nie erlebt.

Als das Hochzeitfeiern auf die Mitternacht zuging, mußte Karle Wind allen Verwandten zuprosten und den sogenannten Ehrenschnaps, einen weißen Kornschnaps, trinken; das war in Sanddorf und Umgebung üblich. Der Kornschnaps tat bei Karle Wind, dem Antialkoholiker, alsbald seine Wirkung, und als sich das Brautpaar für den »Erstbeischlaf« zurückzog, legte Karle den geborgten Zylinderhut auf den Fußboden, machte einen Handstand drüber, steckte seinen Kopf hinein und ließ sich wieder in den Fußstand zurückfallen.

»Was es nicht alles gibt!«

Die Gäste, vor allem die männlichen, klatschten Beifall. Sie wollten mehr Kunststücke sehen und womöglich den alten Charlie Wind aus dem Gehrock locken, aber Mina Poter zog ihren Mann hinweg; sie hatte es so eilig mit der Brautnacht.

Das zweite Mädchen der Winds kam zur Welt, und sie bezogen eine Grubenarbeiterkate. Guts- und Grubenarbeiterkaten ähnelten einander. Die Grubenarbeiterkaten lagen am Rande des Grubengeländes, die Gutsarbeiterkaten standen an den Feldrändern. Die Gutsarbeiter erhielten Winterholz, die Grubenarbeiter Braunkohlen auf Deputat; der Unterschied lag im Altersunterschied des Holzes um Jahrtausende.

Zwei, drei Jahre vergingen, Karle Wind kam geschwärzt von der Arbeit, säuberte sich daheim in einem kleinen Holzwännchen, und seine Mina schrubbte ihm mit einer Wurzelbürste den Rücken.

Wenn einer von Karles Arbeitskollegen seinen Geburtstag feierte, ging Karle, um ihn nicht zu kränken, nach der Schicht mit ins Dorfwirtshaus. Er trank aber nur Himbeerlimonade oder Malzbier. Wenn die Kollegen Karle zu einer Partie Billard einluden, bereuten sie es nach einer halben Stunde. Der ehemalige Parterre-Akrobat, Jongleur und Schlangenmensch verdrehte und bog seinen Körper so, daß er mit den schwierigsten Bällen fertig wurde und fast jede Partie gewann.

Mina Poter arbeitete seit der Geburt ihrer zweiten Tochter wieder in der Schloßküche. Wenn Karle Wind nach der Tagschicht heimkam, warteten die beiden Töchter schon auf ihren lieben Papa. Die kleine Carla machte übrigens schon einen Handstand auf dem Küchentisch, lief auf den Händen bis zur Tischkante, überschlug sich und kam federnd auf dem Küchenboden zu stehen. Vater Karle streckte seinen Arm seitlich, formte seine Hand zu einer Schale, und die kleine Verena machte einen Kopfstand darin.

»Du bist verrückt genug, die Kinder zu zerbrechen!« schrie Mina, wenn sie Karle bei der Dressur ihrer Töchter überraschte. Die Mädchen beruhigten die einfältige Mama, und ganz ernst war es wohl auch Mina mit der Angst nicht, denn sie sah ja, wie wohl sich die Mädchen beim Kopfstehen fühlten, und zuletzt gefiel Mina sogar, daß die Töchter etwas mehr konnten als andere Dorfmädchen, die noch nicht einmal ihre Lichter unter der Nase selber wegwischten.

Ganz und gar zu Zucker wurde Mina, als die ältere Tochter sie eines Abends mit einem Liedchen überraschte, das ihr der Vater beigebracht hatte:

Ich bin ein Fräulein aus Paris,
Deshalb so schlank, deshalb so süß;
Daß ich beim Kuß die Augen schließ,
Das ist so in Paris …

Karle Wind sang im Hintergrund leise die zweite Stimme, und Mina konnte sich nur wundern und wundern. Einfach reizend, diese Kröte von Carla!

Mina Poter wurde stolz auf ihr kluges Kind und veranlaßte es bei jeder Gelegenheit, »Das Fräulein aus Paris« zum besten zu geben.

Die Dorfkinder schleppten Carla in die Schule, und das Katheder wurde zur Bühne. Auch der Lehrer fand süß, daß ein Fräulein aus Paris die Augen schließt.

Eines Abends holte Carla die Mutter aus der Schloßküche ab, und es begab sich, daß die korsettierte Gnädige in der Küche erschien und über ihren hohen Busen hinweg das Erstlingskind ihrer Küchenmagd Mina betrachtete und ihm huldvoll die Wangen tätschelte: »Eijeijei, was für ein großes Kind schon!« Mina Poter wollte der Herrin beweisen, daß ihr Töchterchen nicht nur groß, sondern auch klug war, und forderte Carla auf, »Das Fräulein aus Paris« vorzusingen.

Carla war es langweilig geworden, immerzu dieses »Fräulein aus Paris« zu singen. Sie hatte inzwischen andere Lieder von ihrem Papa gelernt, und sie sang:

Es war eine herrliche Dame,
Die ging so stolz und adrett,
Doch alles war nur Reklame;
Im Bett war sie flach wie ein Brett …

»Pfui, Mina, was für ein gottloses Lied!« sagte die Herrin, Mina hielt ihrer Tochter den Mund zu, aber Carla sang wie die Puppe eines Bauchredners, wenn sie in den Transportkasten gelegt wird, hinter der Handfläche der Mutter weiter:

... da war sie gar nicht so herrlich,
Im Gegenteil, mager und spärlich ...

Die Gutsherrin ging und warf Mina strafende Blicke zu.

Karle Wind fuhr trotz dieser Peinlichkeit fort, seiner Tochter Lotterliedchen beizubringen, und auf der Grube schien ihm die Gefahr, die seiner Arbeit an und für sich innewohnte, nicht mehr zu genügen. Er wurde verwegen, blieb noch im Bruch, wenn Streben und Stempel schon knackten, und holte die dann leicht erntbaren Kohlebrokken heraus, so daß ihm zwei Schlepper zur Hand gehen mußten, und seine Kollegen bewunderten ihn.

Eines Abends kehrten die Bergleute wieder einmal nach der Zweitschicht im Dorfwirtshaus ein, um Geburtstag zu feiern. Sie fanden die Gaststube von angetrunkenen Großbauernsöhnen aus dem Nachbardorf besetzt; an jedem Tisch saßen zwei, und je zwei Stühle waren unbesetzt.

Der Wirt bat die Bauernsöhne zusammenzurücken, doch die rückten nicht zusammen. Die Bergarbeiter stellten sich an den Schenkstock und beratschlagten, nur Karle Wind setzte sich zu zwei der Betrunkenen an den Tisch.

»Wer hat dich hergebeten?«

»Ich sah, daß der Stuhl frei war«, antwortete Karle, und die Bergleute am Schenkstock lachten. Die Bauernburschen gaben einander Zeichen, sprangen auf und wollten Karle den Stuhl unterm Hinterteil wegziehen. Karle kannte die Kunst des Sichschwermachens, und er ließ die Bauern trekken und trecken, und als sie wieder einmal ausholten, daß ihnen die Stirnadern schwollen, stand er auf, und die Kerle fielen auf die Dielen, daß Funken aus ihren Hosenböden flogen.

Die zwei Großbauernburschen vom Nebentisch gingen auf Karle los, auch die zwei Gestürzten erhoben sich, doch die Bergarbeiter hielten sie nieder: »Zwei auf einen genügt!« Karle setzte seine Gegner außer Gefecht und stellte sie gegen die Wirtshauswand. Der furunkulöse Gastwirt schaltete das Licht aus und trompetete in die Finsternis: »Ruhe, oder ich mach vom Hausrecht Gebrauch!«

Als das Licht wieder anging, zahlten die Großbauernburschen und spien beim Hinausgehen seitlich über die Schultern. Das hieß: Hierher nie wieder!

»Sie hätten dir die Bude zertrümmert, wenn Karle Wind nicht gewesen wäre«, sagten die Bergleute zum Gastwirt. Karle könne mehr als Brot essen, hieß es auch, und vielleicht brachte ihm der Gastwirt deshalb eine Schlackwurst.

Einige Tage später schickten die Großbauernsöhne Karle einen Unterhändler, der ihm mehr als eine Schlackwurst versprach, wenn er sich ihnen anschließen und sonntags mit über die Dörfer ziehen würde, um gewissen Leuten zu zeigen, wer im Kreis das Reden hätte. Karle lachte sie aus, und sein Ansehen stieg bei Gott und den Menschen.

Ein weiteres Jahr verging, Kinder wurden geboren, Kinder wurden getauft, und es gab auch solche, die man nicht taufen ließ. Alte Leute starben, und nicht an allen Gräbern predigte ein Pfarrer; es gab auch Leichen, denen ein Redner der Freidenker die Abschiedsrede hielt.

Die Feldfrüchte gediehen von Jahr zu Jahr schlechter. Der Grubenherr grub dem Gutsherrn das Wasser ab, nicht nur sprichwörtlich. Die Herren prozessierten gegeneinander. Welcher Herr würde welchen Herrn fressen?

Der Grubenherr mußte den Kohlenabbau vorübergehend drosseln. Er ließ kurzarbeiten, wie man das nennt; er beabsichtigte, Leute zu entlassen, munkelte man. Die Bergleute erregten sich; die Egoisten forderten, die zuletzt eingestellten Kollegen müßten zuerst entlassen werden. Sie forderten es nicht, wenn Karle Wind es hörte, aber Karle erfuhr es. He, was? Er hatte sich gemüht, ein guter Bergmann zu sein. Hatten ihn die Kollegen doch nicht eingemeindet? Es war vielleicht Zeit, sich daran zu erinnern, daß er mehr als Brot essen konnte. Zudem berichtete der *Spremberger Anzeiger* um diese Zeit unter *Vermischtes*, ein Mann hätte die Niagarafälle auf einem Drahtseil überquert. Die Nachricht blies Karle Winds alten Traum wieder an, den mit dem Schrägseil, Paris und dem Eiffelturm. Unser Dorf hatte das einzige Mal etwas mit Paris zu tun, und das war, als ich dreizehn Jahre alt und in den Sommerferien daheim war. Schon glaubte ich, meine Mäuse umsonst verausgabt zu haben, da kam der kleine Poter und zischelte: »Der Zirkus fängt an!«

Wir hatten bis dahin mancherlei erlebt, was man heute *kulturelle Betreuung* nennt, ein Begriff aus der Ästhetik mit einem aus der Krankenpflege gekoppelt. Damals sahen wir Marionettenspiele, Artistik, Theater, und alles brachten uns umherziehende Truppen ins Dorf, auch zerschabte Filme, in denen jede Handlung bei Regen stattfand.

(Heute sind wir fortgeschritten fernsehkrank, und wenn Marionettenspieler auf unser Dorf kämen, um das »Puppenspiel vom Doktor Faust« aufzuführen, würden wir die Nasen rümpfen. Wir sind an hochqualifizierte Kriminalspiele mit Gruppen von Leichen gewöhnt.)

Wie gesagt, wir hatten mancherlei erlebt, aber bis dahin keinen eigenen Zirkus.

Nachdem Winds Karle am Sonnabendnachmittag von der Frühschicht gekommen war, zog er zum Anreißen durchs Dorf. Er trug einen Zylinderhut, den gleichen, den er sich zu seiner Hochzeit geborgt hatte. Sein weizenblondes Schnurrbärtchen war leis mit Schuhcreme geschwärzt, und die Wangen waren mit Aquarellfarben gerötet. Karle trug eine geliehene Trommel; auch trommeln konnte er, der Tausendsassa! Carla lief auf den Händen um den Vater herum; und die kleine Verena schrie: »He, hepp!«

Mutter Mina stand abseits an einem Gartenzaun und wußte nicht, ob sie die Faxen ihrer Familie bewundern sollte oder ob sie ihr peinlich sein mußten, besonders, als sich Karle im Schaubuden-Kauderwelsch vernehmen ließ: »Heut abend wird sich beehren Mister Charlie Wind und seine Truppe, den verehrten Herrschaften eine Galavorstellung darzubieten: Zauberei, Exzentrik, Hypnoserie, Akrobatik, Auftreten von Miß Carla, der kleinsten Soubrette der Welt. Kommen Sie, sehen Sie, staunen Sie!«

Es gingen Leute zu Mina Poter an den Zaun: »Ist's wahr, was er sagt, oder belügt er uns?«

Da wurde Mina stolz: »Es ist mehr als wahr. Du kannst ja wohl sehen, daß meine Tochter auf den Händen schneller zuwege ist als du auf den Beinen!«

Außer den Bettlägerigen kamen alle Dorfbewohner zur ersten Vorstellung des dorfeigenen Zirkus. Einige Bergarbeiter hatten sogar ihre Spätschicht abgebrochen, um die Kunst ihres Kollegen Charlie Wind zu sehen. Wer keinen Stuhl mehr bekam, setzte sich aufs Fensterbrett oder blank aufs Parkett. Es soll nicht verschwiegen werden, daß einige Dorfbewohner ihre achtzig Pfennige Eintritt für das Behagen bezahlten, das sie haben würden, wenn sich Winds Karle blamieren sollte.

Vor der Bühne war ein Berg aus Tischen und Stühlen aufgebaut. Er glich dem *Hatelmaberg,* den sich Gutsbesitzer *Puntila* in Brechts Volksstück aufbauen läßt, aber der Sanddorfer Möbelberg war um vieles höher als der *Hatelmaberg;* er reichte bis unter die Decke des Saales; außerdem hatte Charlie Wind unter jedes Tischbein und jedes Stuhlbein ein umgedrehtes Weinglas gestellt, und der Stuhl unter der Saaldecke wackelte nur auf drei Weingläsern.

Die Einstimmungsmusik kam aus einem Trichtergrammophon. Das Grammophon gehörte unserem Dorftischler. Der Tischler war ein Junggeselle und hielt sich den Apparat unter dem Motto: »Den Phonographen kannst du abstellen, eine Frau nicht!« Der Tischler ließ niemand an den Trichterapparat heran und setzte die Nadel selber auf die Platten. Eine gequetschte Männerstimme teilte uns mit, daß Lippe-Detmold eine wunderschöne Stadt wäre und daß es darinnen einen Soldaten gäbe, der in den Krieg marschieren müßte. Wohin denn sonst? Ein Berliner Couplet-Sänger ließ uns wissen, daß in fünfzig Jahren alles vorbei sein würde. Die Kleinbauern nickten bedeutungsvoll: »Ganz wahr, ganz wahr – in fünfzig Jahren ist alles vorbei.«

Bergarbeiter mit Rucksäcken und Grubenlampen prüften den Möbelberg; er schwankte in sich wie ein Heufuder. Man fand alles reell, Karle hatte Stuhlbeine und Gläser nicht mit geheimem Zigeunerleim zusammengekittet.

Aus dem Grammophontrichter kam das Marschlied: *Einzug der Gladiatoren.* Der Bühnenvorhang hob sich, und das bewirkte Peter Poter hinter den Kulissen. Winds Karle erschien und begrüßte das Publikum. Er trug eine Badehose. Die Badehose wurde von einer roten Schärpe gehalten. Die Schärpe war an der linken Schulter gerafft.

Nach der Begrüßung sprang Karle mit einem Vorwärtssalto von der Bühne in den Saal. Erster Beifall. Niemand hatte dem etwas krummbeinigen Winds Karle einen solchen Salto zugetraut.

Karle bestieg den Möbelberg und kletterte geschmeidig bis zur halben Höhe, und von da an erschwerte er sich den Aufstieg und machte bei jeder Gelegenheit einen Handstand. Die Leute fingen an, schwerer zu atmen, und als Karle unter der Saaldecke auf den Stuhl stieg, dessen Beine nur auf drei Gläsern standen, gab's wohl kaum jemand im Saal, der ihm nicht das Beste wünschte.

Die Grammophonmusik setzte aus, Karle nahm noch eines der Gläser fort und drückte auf dem Stuhl, der nunmehr nur auf zwei Beinen und zwei Gläsern stand, einen Handstand, und den verlegte er auf eine Hand, mit der freien Hand winkte er dem ächzenden Publikum zu.

Beifall, anhaltender Beifall, echte Begeisterung, wie sie bei uns Dorfleuten selten war. Charlie glitt dabei von seinem Möbelberg wie eine Eichkatz von der Kiefer.

»Gut und schön«, sagte der Lehrer, »aber wer sich in Gefahr begibt, kommt darin um!«

Die Pfarrersfrau, die ausgesandt war, die Sittlichkeit des Programms zu prüfen, nickte dem Lehrer zu, doch sie klatschte trotzdem Beifall.

Der kleine und der große Poter, der mit den abgeschnittenen und der mit den angenähten Hosenbeinstücken, spannten ein mit Sandpapier bearbeitetes Grubenseil vom Schenkstock zu einer Empore unter der Decke, auf der die Musiker saßen, wenn auf der Bühne Singspiele aufgeführt wurden. Die Poter-Brüder zankten sich bei der Arbeit; einer bevormundete den anderen, und das Seilspannen glich einer Clown-Nummer.

Als das Seil gespannt war, verkündete Winds Karle von hinter den Kulissen in französischem Kauderwelsch, daß Monsieur Charles die Ehre haben würde, sich dem verehrten Publikum als Schrägseilläufer »ssu sstellen vor, ein klein Prob von sein gross Kunst!«

Zum Schrägseillauf trug Winds Karle eine schwarze Hose, und bösartige Leute behaupteten, es wäre die Bräutigamshose von Peter Poter, und die Bluse mit den Schulterpuffen, die er trug, wäre eine alte Kirchbluse von Auguste Poter. Winds Karle bestieg das Seil in gewöhnlichen Turnschuhen, und seine Balancierstange war eine geschälte Blautanne, die in der Fasanerie des Gutsherrn zufällig umgefallen war.

Wieder bekamen wir etwas zu sehen, was uns neu war: Einer ging ohne Treppe von unten nach oben und von oben wieder nach unten, und er sprang nicht, und er stürzte nicht, er ging. Es war, als ob einer auf Luft liefe.

Nach dem Schrägseillauf erschien die kleine Carla im geblümten Sonntagskleidchen mit einem Kranz Margeriten im Haar vor dem Vorhang, knickste, warf Kußhändchen ins Publikum und trug »Das kleine Fräulein aus Paris« vor. Hinter den Kulissen sang Vater Karle die zweite Stimme, während er sich für seine neue Nummer umzog.

Die Dorffrauen verfolgten mit schief gehaltenen Köpfen, halb gerührt, halb belustigt, Carlas Gesang, obwohl es kaum eine gab, die das Liedchen nicht schon kannte. Wer hätte Mina Poter eine so kluge Tochter zugetraut! »Ist schon fast intelligent«, sagte der Lehrer und verwechselte, wie es heute oft geschieht, Dressur und Intelligenz.

Immer wieder kündigte Winds Karle mit anders verstellter Stimme und in einem anderen Kauderwelsch seine nächste Nummer an. Der Name Karl war, wie sich zeigte, für die Übersetzung in fremde Sprachen besonders geeignet: Carlos kam aus Spanien, Carlo aus Italien, Charles aus Frankreich und Charlie aus England.

Leute mit engen Köpfen gaben die Devise aus: Kleider machen Leute; wenn Winds Karle sie sich zunutze machte, war er entschuldigt; er wollte uns mit seinen wechselnden Kostümierungen von der Vielfalt seiner artistischen Kleinkünste überzeugen.

Beim Zaubern trug Karle wieder den Gehrock, den er zu seiner Taufe und zu seiner Hochzeit getragen hatte, auch der Zylinderhut war wieder dabei. Karle zeigte ihn leer vor, wandte sich für eine Zehntelsekunde vom Publikum ab und zog ein junges Kaninchen aus dem schwarzen Röhrenhut. Wieder gab's Leute, die in dem Zaubertier eines der Poterschen Stallkaninchen erkannt haben wollten, und der

Zylinderhutbesitzer bat Karle, dem Hut außer dem Kaninchenwerfen auch das Ferkeln beizubringen, dann könnte er seine Zuchtsau abschaffen.

Wieder Gelächter wie bei einer Clownerie. Karle zog einem Burschen eine von meinen weißen Mäusen aus dem Ärmel und die andere aus der Nase. »Wer keine Läuse hat, hat Mäuse«, rief Pichler-Karl. Wieder sang die kleine Carla eines ihrer Liedchen, und einmal traten die Wind-Töchter gemeinsam auf, und siehe, sie waren schon perfekte Artistinnen! Sie überschlugen sich, purzelten vor dem Vorhang umher, verrenkten ihre Glieder, hatten plötzlich beide Füße hinter dem Kopf, schlugen Salto nach vorn und nach hinten, und Auguste Poter, die durch den Türspalt in den Saal blinzelte, sagte »Was es nicht alles gibt!«

Sodann trat Karle als Fakir auf, trug eine gestreifte Schlafanzughose, hatte sich aus einer Mullbinde einen Turban geflochten und nannte sich Al Karlim. Al Karlims Oberkörper war nackt bis auf die Tätowierungen, und er fuhr sich mit einer brennenden Fackel über die Haut, ohne geröstet zu werden. Er ließ einen Lampenuntersatz im Publikum herumgehen; man sollte sich überzeugen, daß er Petroleum enthalte. Karle trank das Petroleum, hielt sich ein Tuch vor den Mund, pumpte das Petroleum mit bauchtanzartigen Bewegungen wieder herauf, nahm das Tuch weg, hielt sich die Fackel vor den Mund und spie einen Feuerstrahl, daß man um den gemalten Wald auf den Kulissen bangen mußte. Karle gab drei solcher Feuerstöße von sich, und ehe sich das Publikum vom Staunen erholt hatte, lag er zwischen zwei Stühlen, auf dem einen Stuhl die Fersen, auf dem anderen Stuhl das Genick, und erklärte, daß er nunmehr ein lebender Amboß wäre.

Die Poter-Brüder schleppten einen schweren Feldstein herbei und zankten sich. Sie legten ein Stück Decke auf Karles Brust, die frei zwischen den beiden Stühlen schwebte, und auf das Deckenstück legten sie den Feldstein; Peter Poter erschien mit einem schweren Vorschlaghammer, und Karle, den großen Feldstein auf der Brust, bat beherzte Herren, den Feldstein auf seiner Brust zu zertrümmern. Niemand meldete sich; niemand wollte am Tode von Karle Wind schuld sein und sich strafbar machen. Jeder hatte seine eigene Familie zu ernähren.

»Nicht so zaghaft, nicht so zaghaft!« rief Karle unterm Feldstein hervor. Es meldete sich der zugereiste Schmiedegeselle, er war ein viereckiger Kerl, ein wenig brutal im Gesicht. Aber auch der pochte vorsichtig, bis Karle ihn ermunterte: »Los, drauf, man drauf!«

Der Schmiedegeselle schlug zu. Beim zehnten Hieb zersprang der Stein in mehrere Stücke. Die Poter-Brüder räumten die Steinstücke weg, Karle verbeugte sich mit unverletzter Brust vor dem geschätzten Publikum, und die Wind-Töchter sangen den Bänkelsang vom Mädchen, das einen Räuber liebte: »Geld hab ich keins, kann leider dir keins geben, drum nimm mein Leben für dich hin! ...«

Karle Wind brachte seinen Schwiegervater Peter Poter auf der Schulter von hinter den Kulissen hervorgeschleppt. Peter Poter war steif wie ein Pfahl, hypnotisiert! Leute aus dem Publikum durften sich uberzeugen, wie gefühllos Charlies Schwiegervater geworden war, durften ihn mit einer Stecknadel stechen, und Karle brachte den starren Peter Poter mit einem leichten Fingerdruck ins Schwanken und fing ihn auf, bevor er umfiel. Es wurde gruselig, aber es blieb nicht gruselig. Karle bestrich Peter Poters Augenlider, und Peter Poter erwachte, sagte: »Guten Morgen!« und ging von der Bühne.

Karle hypnotisierte zwei Burschen und redete dem einen ein, er wäre ein Pferd, und dem anderen redete er ein, er wäre ein Hund. Die Burschen rannten auf allen vieren umher. Der Hund kläffte das Pferd an, und das Pferd keilte gegen den Hund aus. Die Leute lachten, klatschten, und der Pichler-Karl sprang auf, schrie bravo, verfehlte vor Begeisterung seinen Stuhl, knallte aufs Parkett, und man lachte über ihn.

Wie vor Jahren, als Charlie noch mit dem Zirkus Müllton reiste, endete auch diese Vorstellung mit der Entfesselungsnummer. Als die bereitgelegten Stricke und Ketten aufgebraucht und verfesselt waren, erklärte Karle, er fühle sich noch frei wie die liebe Luft.

Einige Kleinbauern liefen um Heuleinen nach Hause, und die kleinen Wind-Töchter erhielten Gelegenheit, auf einem Eßteller »ein Benefiz oder Trinkgeld ›einzusammeln‹. Zwanzigmarkscheine willkommen, und wer nichts gibt, muß nackt zu Bett!«

Die Leute waren gelockert, wurden ungeizig und gaben. Manche Spenderinnen strichen den Mädchen bewundernd, fast ehrfürchtig über das Haar.

Zum Schluß wurde die längste Kette gebracht, die es im Dorfe gab – die Ziegenkette des Schneiders, und auch die wurde noch um Charlie Wind geschlungen. Charlie sah aus wie ein Insekt im Spinnennetz und konnte seinen Kopf nur noch mäßig bewegen.

Die kleine Carla schlug die Trommel, und wiederum dauerte es nicht eine Minute, bis Charlie sich entfesselt vor dem »geschätzten Publikum« verneigte: »Das war das Ende der Vorstellung. Wenn Sie Ihnen gefiel, empfehlen Sie uns weiter; wenn Sie Ihnen nicht gefiel, behalten Sie es, bitte, für sich!«

Keine Bange vor übler Nachrede! Puppenspieler, Theatertruppen, Filmvorführer, auch kleine Zirkusse hatten unser Dorf besucht, doch die Künstler waren von irgendwoher gekommen und nach irgendwohin weitergezogen, waren keine Sässigen, keine Normalmenschen. Wie anders Winds Karle! Ein greifbarer Mensch vom Krempenhut über Rucksack und Grubenlampe bis zu den Hosenspangen.

Der kleine Dorfschneider, der mit der langen Ziegenkette und den großen Ohren, orakelte: »Niemand weiß, was in einem Menschen steckt, bevor der sich nicht offenbarte. Du lebst neben einem zwanzig und einundzwanzig Jahre, und er kommt dir vor wie ein normaler Mensch, auf einmal schlägt er einen tot, und da erst merkst du, du hattest es mit einem Mörder zu tun.«

Ein Mörder war ja nun Winds Karle nicht. Gewiß strömten ihm geheime Kräfte zu, und ob die nun von über oder von unter der Erde kamen, das war das Rätsel. »Wenn's von unten kommt«, sagte der Schneider, »ist's Teufelswerk, wenn's von oben kommt, ist's Gotteswerk. Sag du was, wenn du was Besseres weißt!«

Karle Wind selber zerbrach sich den Kopf über die Herkunft seiner Kleinkünste nicht. Sein Ruf pflanzte sich fort. Die Bewohner des Nachbardorfes verlangten nach einer Zirkusvorstellung. Jawohl, nächsten Sonntag!

Karle arbeitete weiter im Bergwerk. Soviel die Kollegen ihn dort auch reizten, ein paar Kunststücke zum besten zu geben, er tat's nicht, obwohl es ihm schwerfiel, sich zu versagen. Wenn man ihn aus Willkür entließ, gut, aber einen Entlassungsgrund liefern, nein! Er wollte zeigen, daß er arbeiten konnte wie andere und daß das, was er sonst noch tat, überdrauf war, das Pfund, mit dem er gesegnet war.

Am meisten hatte Winds Karle es mir angetan. Ich befand mich tagelang in einem jener Schwebezustände, von denen her man das Leben, das hinter und vor einem liegt, anzuheben und zu verklären vermag. Es lebte ein Mensch unter uns, der etwas konnte, was andere nicht konnten, und ob es sich nun um Talmi-, Pseudo- oder Kleinkunst handelte, ich war drauf aus, Charlie Wind was abzulernen. Das Hypnotisieren hätte mich zum Beispiel in meiner Laufbahn zum Löwendompteur vorwärtsbringen können. Ein Dompteur hypnotisierte seine Bestien, war unsere einfältige Ansicht. Auch das Feuerspeien beeindruckte mich und schien mir eine Kunst aus fernen Ländern zu sein.

So zogen wir am nächsten Sonntag mit unserem Zirkus ins Nachbardorf. Peter Poter saß vorn auf dem ausgeborgten Ackerwagen und kutschierte den geliehenen Brandfuchs. Hinter ihm saß seine Tochter Mina. Sie hielt die kleine Verena auf dem Schoß, und neben ihr hockte Klein Carla und hütete die Zigarrenkiste mit den weißen Mäusen, den Tierpark des Zirkus Wind.

Neben Carla lagen das Heubündel, die Futterration für das Leihpferd, das polierte Grubenseil für den Schrägseillauf, Fesselstricke und Ketten und der Vorschlaghammer von Peter Poter, falls man im Nachbardorf nicht geneigt wäre, einen Hammer an reisendes Volk auszuleihen. Auf dem Heubündel lagen zwischen angefeuchteten Wischtüchern die Blumenkränze für die Mädchen. Ein kleiner, aus Weidenruten geflochtener Korb enthielt Charlie Winds »Kostüm-Fundus«.

Hinten auf dem Wagen saß mit herunterbaumelnden Beinen der Dorftischler, hielt das Grammophon auf dem Schoß und hatte sich den Trichter, um ihn vor Beulen zu schützen, auf den Kopf gestülpt.

Neben dem Fuhrwerk marschierten auf der linken Seite Winds Karle und die Poter-Brüder; auf der anderen Seite trabten die Freikarteninhaber: der Kleinbauer, der Karle Gehrock und Zylinderhut lieh, der Trommelverleiher und ich, der Mäuselieferant.

Winds Karle hielt Ausschau nach einem Feldstein, und als er einen passenden unter einem Brombeerbusch erspähte, wurde angehalten. Die Gebrüder Poter luden den Feldstein auf den Wagen und machten Molche, Regenwürmer und Käfer, die unter ihm gelebt hatten, heimatlos.

Es war ein milder Sommerabend. Regen konnte uns nicht überraschen, denn Mina Poter hatte, bevor wir losfuhren, daheim dreimal in die Regentonne gespien.

Winds Karle hatte seine Vorstellung durch Plakate popularisieren wollen, die er selber gemalt hatte. Die Rechtschreibekunst war allerdings die Kunst, die Karle am wenigsten beherrschte, deshalb hatte der Dorflehrer die Plakate entfernen lassen. Den Schulkindern sollte kein schlechtes Beispiel gegeben werden. Sie sollten nicht anfangen, Sonntag mit nur einem N und einem H in der Mitte zu schreiben, auch sollten sie nicht auf den Gedanken gebracht werden, daß Salto mortale etwas mit Mord zu tun hätte.

Was blieb Karle Wind übrig, als auch im Nachbardorf anzureißen? Es war übrigens wirksamer als Plakate, weil wir Freikarteninhaber mitzogen und Mundpropaganda für unseren Dorfzirkus machten.

Die Vorstellung lief ab, wie sie in unserem Dorfe abgelaufen war, aber diesmal bekam ich den Untersatz der Petroleumlampe in die Hand, als er zum Prüfen herumgereicht wurde. Ich suchte nach einem geheimen Schieber am Gefäß, aber ich fand keinen. Karle hatte also reines Petroleum getrunken!

Etwas später versuchte ich, während der Vorstellung hinter die Bühne zu kommen, weil ich gern gesehen hätte, wie Winds Karle Peter Poter in eine Puppe verwandelte. Es gelang nicht; die Gebrüder Poter bewachten die Tür zur Kammer neben der Bühne, in der Karle seinen Schwiegervater zu einem Stück Holz umformte.

In der Hypnosenummer gab Karle einem Bauernburschen eine nackte Zelluloidpuppe und suggerierte ihm, er wäre eine junge Mutter, und der Bauernbursche legte die Puppe trocken und stillte sie an seiner haarigen Männerbrust.

Makaber, makaber – es gab gekrauste Stirnen, und Fromme wollten an der Tatsache, daß Karle aus Männern Weiber machte, erkennen, daß er mit unterirdischen Kräften im Bunde war, doch die lachlustigen Zuschauer waren in der Überzahl, und sie schwemmten mit Gebrüll und Gewieher alle Bedenken fort. Als die Leute zwei Dörfer weiter *ihre* Zirkusvorstellung haben wollten, tat der Fuhrwerksverleiher nicht mehr mit. Sein alter Brandfuchs brauche die Sonntagsruhe, müsse mutig für die Feldarbeit am Montag sein.

Jetzt machte Winds Karle, der in mir längst einen »Verehrer seiner Kunst« erkannt hatte, mich zu ihrem Förderer. Wieder schickte er den kleinen Poter-Bruder als Unterhändler: Ob ich nicht mit unserem Bäckerfuhrwerk den Zirkustransport übernehmen könnte?

»Wenn Winds Karle mir zeigt, wie man Feuer speit!« sagte ich.

Der kleine Poter rannte auf seinen Wildkaninchenbeinen davon und kam sogleich zurück: Wind war einverstanden.

Ich bat meine Mutter, sie möge mit dem Vater verhandeln. Die Mutter war gütig und ging auch sonst auf meine Jugendträume ein, wenn sie nicht zu sehr überschäumten; sie fand, daß mir in meiner Laufbahn als Löwenbändiger ein bißchen Feuerspeien anstünde, und überredete den Vater, unser Fuhrwerk herzuleihen, und da wir zum Brotausfahren einen Planwagen benutzten, glich das Fuhrwerk, mit dem wir nun ins übernächste Dorf fuhren, schon eher einem Zirkusgefährt.

Alles ging gut. Karles Ruf, ein Tausendkünstler zu sein, pflanzte sich fort wie die Wellen im Teich nach dem Steinwurf, und sicher würde er eines Tages in Paris ankommen.

Am Mittwoch der nächsten Woche nisteten wir uns wie Verschwörer in einer alten Waschkaue auf dem Grubengelände ein. Ich glaubte, ich würde meinen Mund durch ein langes Training feuerfest machen müssen, und es irritierte mich, daß Karles Kunst mehr eine Sache der Finger war.

Karle übte geduldig mit mir, bis meine Finger das Feuerspeien beherrschten. Aber wer sich mit dem Teufel einläßt, den zieht er tiefer in die Hölle, denn Karle bat mich bei dieser Gelegenheit, ihn in die nächsten fünf Dörfer zu fahren, er würde mir dafür beibringen, die Hirne meiner Mitmenschen wie Instrumente zu benutzen.

Natürlich sagte ich zu; konnte ich erst hypnotisieren, war's bis zum Löwenbändiger nur noch ein Schritt.

Wie die meisten Menschen, die die Handfertigkeit, die sie soeben erlernten, die Philosophie, mit der sie soeben bekannt wurden, oder die Liebesbeziehung, die sie soeben eingingen, für so wichtig halten, daß sie ihre Umwelt daran teilhaben lassen müssen, gierte auch ich danach, mich als Feuerspeier zu produzieren.

Meine Eltern lehnten es ab, sich meine Kunst anzusehen. Der Vater fürchtete, ich könnte das Haus anzünden, die Mutter, ich würde mir die Lippen verbrennen.

Die Sommerferien waren vorüber, ich war werktags wieder in der Stadt. Als wir uns in der Schule unsere Ferienerlebnisse erzählten, erwähnte ich, daß ich von einem Fakir das Feuerspeien erlernt hätte.

Man verhöhnte mich, forderte mich auf, meine Kunst zu zeigen, aber wo hätte ich das in der Schule tun können, ohne für einen Brandstifter gehalten zu werden?

Eine Schwäche unseres Chemielehrers Etzold kam mir zu Hilfe. Etzold war ein alter Artillerieoffizier, Junggeselle und Weintrinker. An Tagen nach dicken Räuschen, die er sich vierzehntägig in den Gessnerschen Weinstuben anhalf, ließ er Chemie Chemie sein und erzählte uns seine Weltkriegserlebnisse.

An einem solchen Tage teilte der Klassensprecher mit, daß ich auf indisch Feuer speien könnte. Etzold sah einen Anlaß, seinen schweren Kopf zu schonen, und formte das Feuerspeien zu einer Schulaufgabe um: »Kannst dus, wirds ne Eins, kannst dus nicht, wirds ne Fünf!« Er kratzte sich die Kriegsnarbe auf seiner geröteten Glatze, und die Mitschüler sahen mich herausfordernd an; nur meine besten Freunde glaubten an meine Kunst.

Der Lampenuntersatz wurde herumgereicht. Die Mitschüler beschnüffelten ihn, rümpften die Nasen, und Chemielehrer Etzold stellte fest, daß der Untersatz keinen Rotwein enthielt.

Die Fackel wurde angezündet. Ich verdrehte die Augen, konzentrierte mich, wie ich es bei Karle Wind gelernt hatte, dann trank ich das Petroleum auf einen Hieb, hielt mir ein Baumwolltuch vor den Mund, pumpte den Brennstoff durch entsprechende Bauchbewegungen aus dem Magen, hob die Fackel, nahm das Tuch weg, und aus meinem Munde schoß eine Feuerwolke.

Stille. Staunen. Chemielehrer Etzold ließ die Fenster öffnen; ich hielt mir schon wieder das Baumwolltuch vor den Mund und bereitete meinen zweiten Feuerstrahl vor. Auch der zweite Strahl erschien, und ich gab nach und nach fünf Flammenbündel von mir, und sie wurden breiter und mächtiger, und meine Mitschüler duckten sich immer mehr.

Ich genoß meinen Triumph, denn ich hielt damals Triumphe für etwas Bleibendes und wußte nicht, daß man sie unausgesetzt wiederholen muß und daß Leute, denen Einsichten wuchsen, das nicht leisten können.

Meine Mitschüler waren von meiner Kunst überzeugt. Chemielehrer Etzold bat um weitere Flammenspiele. Ich erklärte, das Petroleum wäre aufgebraucht. Etzold bot Petroleum aus seinem Chemiekabinett an. Ich dankte, meine Konzentrationsfähigkeit wäre mit fünf Flammenpaketen verausgabt.

»Zeig das Tuch!« Etzold riß es mir aus der Hand und entdeckte dünne Glasscherben. Ich hatte jedes Mal, wenn ich mir das Tuch vor den Mund hielt, eine Phiole Feuerzeugbenzin zwischen die Zähne geführt und zerbissen.

Etzold schüttete die Glasscherben erbarmungslos auf den Versuchstisch, griff sich den Lampenuntersatz und füllte den Rest des »Petroleums« in ein Probierröhrchen. »Wasser«, sagte er.

»Es roch aber nach Petroleum«, sagte einer meiner Freunde, der nicht wissen konnte, daß ich den Untersatz von außen mit Petroleum bestrichen hatte.

Etzold schrieb mir eine Fünf ein. »Für ungeschicktes Täuschen«, sagte er, »beim Kommiß wären das drei Tage Bau!« Seine Kopfnarbe strahlte wie eine Kriegsauszeichnung.

Ich machte die erste Bekanntschaft mit dem ewigen Zwist von Poesie und Wissenschaft. Oder standen sich hier Pseudopoesie und Pseudowissenschaft gegenüber?

Etzold benutzte seinen Triumph, unabdingbar zu erklären, alle Fakirkünste wären Lug, Trug und Illusion, und alle sogenannten Wunder wären mit der Säure der Wissenschaft aufzulösen.

Aber auch Etzolds Triumph war kurz, die Schüler murrten, und der Klassensprecher fragte: »Aber was war mit dem Mann auf dem Jahrmarkt, Herr Etzold?«

»Schwindel auch das!« Etzold berief sich auf die Entlarvung eines Hungerkünstlers in Berlin. Die Arbeitslosigkeit verführte damals manche Menschen, mit ihrer Gesundheit zu aasen. Jener Mann in Berlin, der sich Jolly nannte, ließ sich tagsüber in einem Glaskasten als Hungerkünstler bestaunen, und nachts versorgten ihn Komplizen durch die Luftleitung des verlöteten Behälters mit flüssiger Schokolade.

Trotzdem, trotzdem – der Mann auf unserem Jahrmarkt war echt gewesen. Er ließ sich, in Abständen von einer Stunde, einen Meter tief in die Erde eingraben. Vorher rollte er seine Zunge ein, legte sich auf dem Bauch in die Grube, und wir alle, selbst die Stadtpolizisten, halfen die Erde über dem Begrabenen festtreten.

Wir warteten eine Stunde, während der Helfer des Begrabenen mit viel Bummbumm und Trara die Jahrmarktsbesucher anlockte und abkassierte. Dann grub er seinen Kompagnon aus und schüttelte ihn wach. Der Ausgegrabene sprach mit uns und erklärte den Erwachsenen für ein Extrageld hinter der vorgehaltenen Hand sein Geheimnis.

Chemielehrer Etzold hatte die Begebenheit leider nicht wahrnehmen können; er wäre verhindert gewesen, sagte er, und wir wußten, daß sein Hindernis die Gessnerschen Weinstuben waren.

Ich erzählte Charlie Wind von meinem Mißerfolg. »Ein guter Artist läßt sich nicht hereinlegen. Eines Tages wirst du ihn hypnosieren und scheintöten«, sagte er, und die Weizenähre seines Bärtchens hob sich.

Meine Touren mit dem Zirkus Wind wurden von Sonntag zu Sonntag länger, und es ging nicht mehr so gut wie ehedem: Der Dorftischler verlangte außer seiner Freikarte ein Tagesgeld. Karle behauptete, er könne kein Tagesgeld zahlen, und die Wind-Töchter mußten die Grammophonmusik mit ihren Liedchen ersetzen.

Einen Sonntag weiter forderte der Gehrockbesitzer Leihgebühr, seine Sachen würden beim Umherreisen nicht besser. Charlie verweigerte auch ihm ein Leihgeld und versuchte, mit Peter Poters Bräutigamshose auszukommen.

Dann wollte der Gutsherr angeblich nicht mehr dulden, daß sein Zweitkutscher Peter Poter im Zirkus seines Schwiegersohnes den Clown machte, und schließlich verlangten die Gebrüder Poter neben dem Abendbrot und dem Bier, das ihnen Charlie bei jeder Vorstellung zahlte, etwas Gage.

Gage? Wieso das? Gehörten sie nicht zur Familie? Charlie verhielt sich nicht besser zu seinen Schwägern, als sich Müllton einst zu ihm verhalten hatte; er geizte und hatte vor, seinen Zirkus zu vergrößern.

Als die Sonntagstouren sich zu Tagesreisen auswuchsen, weigerte sich Mina Poter, ferner mit auf die Fahrt zu gehen; sie käme weiter und weiter in die Welt hinaus, und schließlich würde man sie für eine Zigeunerin halten, und das sollte nicht geschehen, nein, sie und die Mädchen wollten seßhaft und ehrlich bleiben.

Der einzige, der Winds Karle treu blieb, war ich, und als ich seinen Zirkus die vereinbarten fünf Sonntage transportiert hatte, wartete ich auf den Hypnoselehrgang, doch mitten in der Woche fand der Schlepper Franz Ditschke, der sich in einem Querschlag die Hosen abziehen gegangen war, als er zurückkam, seinen Häuer Karle Wind leblos vor Ort liegen. Er prüfte den Arbeitsort, fand aber weder einen zerbrochenen Stempel noch niedergegangene Kohle und konnte sich nicht erklären, auf welche Weise Winds Karle zu Tode gekommen war.

Es war in der Nachtschicht, und Ditschke schleppte den leblosen Karle auf die Hauptstrecke, legte ihn auf einen gefüllten Kohlenhunt und ließ ihn mit dem Aufzug nach über Tage befördern.

Der Werksanitäter betastete und behorchte Karle und erklärte: »Leben tut er nicht mehr, aber ganz tot ist er auch nicht!«

Ein Grubenkutscher wurde herausgeklopft und mußte anspannen. Man polsterte den Vierzöller-Kohlewagen mit Heu, legte Winds Karle drauf, und der Kutscher fuhr mit ihm zur Kreisstadt.

Gegen fünf Uhr morgens hielt der Vierzöller vor dem Eingang des Kreiskrankenhauses, aber der Wagenkasten war leer. Die Krankenträger beschimpften den Kutscher: »Was bringst du uns eine Fuhre Heu? Sind wir eine Fouragehandlung?«

Karle Wind war zwei Tage verschwunden, da brachte mir der kleine Poter, der mit den abgeschnittenen Hosenbeinen, eine gewendete Lohntüte, die mit Roggenmehlkleister zugeklebt war. Der kleine Poter versicherte, er könnte sich in die Beine beißen, aber er hätte die Tüte bei aller Aufregung vergessen, vielleicht enthalte sie eine Nachricht von Karle, zumindest meinen Lohn.

Es war weder eine Nachricht noch mein Lohn in der Tüte, jedenfalls damals nicht, als ich sie erhielt; es steckte ein Zettel drin, der Rand einer Tageszeitung, auf dem mir Charlie Wind in seiner arteigenen Orthographie mitteilte: »Sie hypnosiern sich selba!«

»Karle hat dich reingelegt«, sagte mein Vater, und weiter sagte er glücklicherweise nichts. Die Mutter äußerte sich nicht zu der Angelegenheit; sie war oft von Zigeunern betrogen worden und hatte mir die Gutgläubigkeit vererbt.

Mina Poter weinte ihr Pensum herunter. Peter Poter wurde gehänselt: »Du als alter Kutscher hättest es wissen müssen, daß ein Pferd, das einmal durchging, es wieder versucht!« Abergläubische Weiber tratschten, Winds Karle wäre endlich vom Teufel geholt worden.

Mina Poter kam versuchsweise um Bergmanns-Witwen-Rente ein, aber die Herren von der Grubenverwaltung lehnten ab: Wenn der Bergmann Wind wirklich als Leiche aus dem Schachte getragen wurde, wo war je eine Leiche davongelaufen? Zudem hätte Wind am fraglichen Tage seine letzte Schicht gefahren, seine Arbeit wäre ihm am soundsovielten aufgekündigt worden.

Einen Monat nach Charlies Verschwinden traf Geld für Mina Poter ein. Auf der Postanweisung stand: »Im Auftrage des Herrn Charlie Wind, Allround-Mann, Artist en gros, ambulant.«

Mina fing wieder an zu weinen. Ein toter Karle hätte sich leichter ertragen lassen als ein lebender draußen in der Welt, als einer, der sie verschmähte. Ach, hätte sie ihn mit seinem Zirkus nicht allein gelassen!

»Wolltest du wirklich eine Zigeunerin werden?« fragten die Kleinbauerntöchter.

Schließlich bekamen die Dörfler ein neues Ereignis zu bereden: Karle Pichler erhängte sich. Mina fing an, sich mit dem Witwer Metschke zu trösten; vielleicht pflückte sie jetzt für den, wenn es niemand sah, einen Gansblumenstrauß. Schließlich war Mina unbescholten; nicht sie hatte jemand verlassen, »sondern entgegengesetzt im Gegenteil«, sagte Peter Poter.

Ich kam um den Triumph, meine Mitschüler in der Chemiestunde zu hypnotisieren. Zu gern hätte ich Etzold bewiesen, daß man sein Hirn auch anderswo als in den Gessnerschen Weinstuben paralysieren konnte.

In meiner Heimat erzählt man viele Geschichten von Charlie Wind, vielleicht schon Legenden, aber wer ihn erwähnt, muß Sanddorf erwähnen. Karl Wind hat mein Heimatdorf aus dem Alltag herausgehoben, denn dort hat er eine Weile gelebt und seine Künste spielen lassen.

Auch ich habe oft an Charlie Wind denken müssen. Hatte nicht auch ich mich entfesselt und entfesselt; hatte ich nicht meine Berufe, meine geistigen Standpunkte gewechselt und mich stets getrieben gefühlt, anderes zu leisten, als meine Umwelt von mir verlangte? Träume ich nicht noch davon, in Gedanken und Gefühlen auf einem Schrägseil von der letzten Dorfhütte zur Spitze des höchsten Radarturmes und von dort in unerforschte Höhen aufzusteigen, um verschlüsselte Nachrichten aus dem Kosmos zu empfangen und sie entschlüsselt weiterzugeben?

Nachtrag:

Ich vergaß zu erwähnen, daß ich noch einmal indirekt mit Charlie Wind zu tun bekam. Es war nach dem letzten Kriege, und ich war der Mann, der im Heimatdorf das Personenstandsregister führte, der Standesbeamte.

Eines Tages kam eine appetitliche Dame zu mir, blondhaarig und schwarzäugig, eine Dame, die man nicht vergißt, wenn man sie einmal sah. Sie war dürftig gekleidet; wir strotzten alle nicht wohlständisch damals. Die Dame bat um drei Geburtsurkunden, sie beabsichtigte zu heiraten.

»Ihr Name, Ihr Jahrgang, bitte?«

»Carla Wind, Jahrgang neunzehnhundertzweiundzwanzig.«

»Das kleine Fräulein aus Paris, die Artistin?« fragte ich.

Die Dame hob ihre Oberlippe. Ich erkannte das Lächeln von Charlie Wind: »Ich weiß nichts von Artistin und Paris, wir wohnten immer hier.«

Dagegen war nichts zu sagen, und ich sagte auch nichts, und ich fragte nicht weiter, doch ich wunderte mich, daß die Menschen nach dem furchtbaren Krieg und der großen Verführung, die sie hinter sich hatten, schon wieder so flott lügen mochten. Sollte Charlie Wind mit seiner Botschaft in der gewendeten Lohntüte recht gehabt haben, mit der Botschaft, die da hieß: »Sie hypnotisieren sich selber!«

Piešt'any, im Mai 1974

Flikka

Monatelang wars mir, als hätte mich nun doch das Alter erreicht, denn es war nichts mehr von dem Bestreben in mir, aufzuschreiben, was mir äußerlich und innerlich geschah. Ein Stein war in das Quelloch des Brunnens gefallen und hatte es versetzt.

Ich war traurig, denn ich hatte gehofft, die Schreiblust würde bis an mein Lebensende in mir sein, aber was ist eine kleine Menschenhoffnung gegen den Willensstrom des Lebens.

Nun aber hockte ich an einem Novembermorgen in meiner Arbeitsstube und muß schreiben, und der Drang, wieder zu schreiben, kommt von Island her.

Im Realienbuch für Berlin und Vororte von 1908 vermelden die preußischen Geographie-Gelehrten, die Bewohner Islands wären Eskimos, trieben Schafzucht und hielten sich auch einige Pferde. Auf den Felshängen wuchere das Isländische Moos und werde von den *Renntieren* abgeweidet …

Im Realienbuch, Ausgabe 1913, also fünf Jahre später, wird vermeldet, die Isländer seien Normannen, ihre Lieblingsspeise sei das Isländische Moos, sie betrieben *Renntierzucht,* und von Pferden ist nicht mehr die Rede.

Und das mußte ich in der Schule lernen, und diese und andere Mißlehren ließen allmählich meine Skepsis gegen Schulbuchgelehrte und gegen die Unantastbarkeit von Schulbüchern laut werden.

Es waren schließlich die Dichter, von denen ich später etwas Wirkliches über Island, seine Menschen und seine Tiere erfuhr. Von ihnen kriegte ich zu wissen, daß Isländisches Moos kein Fest-Essen für die Isländer, sondern bitteren Tee abgibt, Tee, mit dem mein Großvater glaubte, die unglaublichsten Krankheiten aus sich und aus uns beizen zu können.

Und ich erfuhr, daß die Renntiere (mit Doppel-n), die die Isländer angeblich züchten, Pferde und nicht jene Hirsche sind, deren Zucht eine Sache der Lappländer ist.

Von Dichtern wie Laxness und Fleuron erfuhr ich auch etwas über das Wesen, über die Härte, die Genügsamkeit und die guten Reiteigenschaften der Islandpferde und daß das Leben der Islandleute über Jahrhunderte ohne die Islandponys nicht möglich gewesen wäre. Kurzum, die Dichter, nicht die Geographen und Zoologen, machten mich, der ich den Pferden verfallen bin, begierig auf die isländischen Ponys und ihre Leistungen, und ich war drauf aus, einmal etwas mit einem Islandpony zu tun zu kriegen.

In meinen Träumen ritt ich im Tölt, in einer Gangart, die manchen Islandponys eigen ist, durch unsere Wälder.

Die ersten Islandponys kamen in den zwanziger Jahren übers Meer nach Deutschland. Es waren so wenige, daß es mir nicht einmal in meiner Farmer- und Tierwärterzeit gelang, eines zu sehen. Erst nach dem großen Kriege wurden mehr Islandponys in die westliche Republik eingeführt, aber Ponys gaben keinen hinreichenden Grund für eine staatliche Erlaubnis her, nach Island zu reisen.

Von Zeit zu Zeit wurden schließlich auch bei uns in Zeitungsinseraten Islandponys angeboten. Ich fuhr hierhin und fuhr dorthin, um sie mir anzusehen, doch die angepriesenen Tiere waren keine Islandponys. Die Schacherer und Kleinhändler erklärten, es wären Ponys im Isländer-Modell, das heißt, es waren Shetlandponys, die man durch das Einkreuzen von Kleinpferden vergrößert und auf einen Meter und dreißig Zentimeter Widerristhöhe gezüchtet hatte.

Ich winkte ab: Nein, Leute, nehmts mir nicht übel, sagte ich, euer Angebot ist unredlich. Auf Wiedersehen!

Die Schacherer protestierten und beharrten auf *Island-Modell,* und Klugscheußer war das mildeste Schimpfwort, mit dem sie mich befleckten.

In einem Falle lief das Tier, das ich mir ansehen fuhr, auf einer leeren Scheunentenne umher, eine Rappstute mit einer *Laterne.* Bei einem Pferd, das eine *Laterne* trägt, ist die Kopffront von der Stirn hinunter bis zum Maul weiß, und bei einem Rappen wirkt das, als wäre sein Kopf gespalten und als sähe man dem Tier bis in die weiße Seele hinein.

Die Stute war außerdem ein *Garderobenständer,* so nennen Pferdemänner übermagere Pferde, an deren herausgehungerten Hüften man Jacke und Weste aufhängen kann.

Während ich mich mit dem Schacherer über die Stute unterhielt, fraß sie vor meinen *sichtlichen Augen* eine Tageszeitung mit Inseraten und Kulturteil auf. Von daher gesehen, war die Stute wirklich eine Isländerin, denn denen sagt man nach, daß sie sich in Notzeiten von faulem Seetang und gedörrten Klippfischen ernähren.

Alsdann erfuhr ich durchs Pferdemänner-Telefon, auf der Insel Rügen gäbe es eine wirkliche Islandstute. Ich fuhr auf die Insel. Der Besitzer der Stute wohnte in einer einödigen Gegend. Er empfing mich mißtrauisch, doch mein begeistertes Begehren, die Stute sehen zu dürfen, taute ihn auf. Er führte mich in die Dünen hinter seinem Gehöft, und dort stand die Stute und knabberte Strandhafer-Stengel, eine isländische Schimmelstute.

Ich erkannte ihre Echtheit an der Mähne aus dichten, harten Haaren, die den Hals einseitig nur bis zur Hälfte bedeckte, eine Mähne, die sich nach unten hin nicht verdünnte, eine Mähne, die den Eindruck erweckte, als wäre sie künstlich in ihre Form gebracht.

Die Schimmelstute stand auf dem weißgelben Dünensand vor dem Meeresblau und vor dem Blau des Himmels. Meeresblau und Himmelsblau? Bezieht das Meer sein Blau nicht vom Himmel? Doch, doch, aber die Wellen walken es, und die Stute wirkte vor diesem Hintergrund schöner als schön. Man muß veranschlagen, daß Lebewesen und Dinge, um schön zu sein, auch auf ihre Umgebung angewiesen sind.

Der Sohn des Stutenbesitzers, ein Seemann, hatte das Pony von Island mitgebracht, um seinem pferdenärrischen Vater eine Freude zu machen. Son gooden Jung is dat, sagte der Alte. Er trug unterm Kinn eine Schifferkrause, die in ihrer Struktur der Mähne seines Ponys ähnelte.

Wie die Freimaurer und die Mitglieder anderer Geheim- und Gemeinbünde erkennen die Pferdeanbeter einander durch Schwingungen, die wie Sympathie und Antipathie hin und her flitzen. Der alte Fischer gestand, daß das Pony ihm etwas Überdiesieges und ein glatter Luxus sei, und da glaubte ich die Kerbe zu sehen, in die ich meinen Wunsch eintreiben konnte, die Ponystute zu kaufen.

Verkaufen? fragte er. Wie kannst du als Pferdefreund, der du bist, eine solche *Krimmnalität* von mir erwarten? Das Pony war für ihn was Ähnliches wie die Porzellanhunde, die auf den Familienvertikos befahrener Schiffer stehen. Er *ssstehe,* versicherte mir der Alte, tagsüber mehrmals hier in den Dünen und bewundere das Pony, wie ein Galeriebesucher eine Plastik bewundert. Zuweilen verschaffe er sich Haferflocken, denn von nichts komme nichts, auch *keine Schönheit nich.* Das kannst doch verssstehn, sagte er vertraulich.

Und wir redeten und schwärmten. Die Ponystute stand nur zu Anfang bei uns, dann entfernte sie sich so weit, als es ihre klirrende Tüderkette zuließ.

Man konnte ihr ankennen, daß ihr die Einsamkeit lieber war als wir Schwadroneure, die wir nichts zum Knabbern in den Taschen hatten.

Der Alte sah mich von der Seite an und sagte: Seggen wie so: Wenn ick all dot bin, sall niemand as du dat Pony hebben, und du sollst es in deine Bewunderung nehmen! Dabei sah er mich an wie der Vertreter einer Lebensversicherung: Mußt natürlich aufpassen, sagte er, dat du wat länger leben deist as ick!

Und wieder ein Inserat in der Züchterzeitung: Isländerhengst zu verkaufen. Besichtigungsmöglichkeit auf der Hengstkörung in Zerbst.

Der Besitzer, ein langer Kerl, dessen Gesicht Unverschämtheit verstrahlte, fuhr in einem klapprigen Wägelchen aufs Körgelände. Das Pferdchen, der Hengst, ein Scheck, war nicht weniger klapprig als der Wagen, in dessen Scherbäumen das Tier mehr hing als stand. Natürlich war es wieder ein *Island-Modell*, und an Körung war nicht zu denken. Großes Gelächter von den Pferdeleuten auf dem Platz, als der Lange sein Pferdchen vorführte. Mir wars, als ob man auch mich auslachte, und ich machte mich klein und versuchte, mich beim Anblick der ausgezeichneten Shetlandhengste, die vorgeführt wurden, von meiner Leerfahrt nach Zerbst zu erholen.

Einer meiner Lebensgrundsätze lautet: Man muß warten können! Allerdings ist mein Temperament so gelagert, daß es mich zuweilen verführt, gegen diese Lebensregel zu verstoßen, und auch sonst halte ich die Regel nicht immer durch weisen Verzicht ein, sondern weil die Umstände mich dazu zwingen. Man hat seine Schwierigkeiten mit der Weisheit, und nicht selten schauspielern wir sie unseren Mitmenschen vor, und das hinwiederum, um unsere Eitelkeit zu sättigen.

Es ergab sich, daß ich mich von meinem Araberhengst

Galba ben Afas verabschieden mußte. Er kam in unseren Stall, als er zwei und ein halbes Jahr alt war. Und wie ich zu ihm kam, ist eine Geschichte, die ich ein anderes Mal erzählen werde. Als Galba drei und ein halbes Jahr alt war, ritt ich ihn ein. Er wurde unter merkwürdigen Umständen, die auch in die Galba-Geschichte gehören, zum Zuchthengst gekört und wurde der Vater schöner Nachkommen.

Nach fünfzehn Jahren waren die zuweilen willkürlichen Auflagen, die einem *privaten* Hengsthalter von der obersten Pferdezuchtleitung gemacht werden, plötzlich für mich nicht mehr zu erfüllen. Da Galba aber aus der in aller Welt berühmten polnischen Zucht arabischer Pferde stammte, erschien es mir wichtig, ihn für die hiesige staatliche Zucht zu erhalten, deshalb wollte ich ihn den Freunden im Zoologischen Garten von Rostock schenken, die bei uns für gute arabische Pferde zuständig sind.

Wir kamen bei den Übergabeverhandlungen auf uns gemeinsam bekannte arabische Pferde zu sprechen, dann auch auf andere Pferderassen, mit eins auch auf Islandponys. Ich erfuhr, daß man im Zoo seit zwei Jahren isländische Pferde züchte, sogar schon Nachzucht von ihnen habe.

In diesem Augenblick, das gestehe ich, und ihr werdet es billigen, verlor meine Absicht, den schönen Galba zu verschenken, etwas von ihrer Selbstlosigkeit. Ich äußerte vorsichtig meinen Wunsch nach einem Islandpony. Gott, wie vorsichtig und dabei zielstrebig ich bin, wenn es um meinen Geburtsfehler, die Pferdebesessenheit, geht.

Der Doktor, der Leiter des Zoos, und sein Zuständiger für die Pferde, auch ein Doktor, sahen sich an, verständigten sich mit Blicken und stellten, indem sie einander zunickten, eine Zusage her. Es bestünde die Möglichkeit, und so weiter. Und so kamen wir zu unserer Islandstute. Sie war ein und ein halbes Jahr alt, und wir nannten sie Flikka.

Sie war ein Rotschimmel: Ich durfte sie mir unter drei

Ponyfohlen aussuchen. Flikka war sperrig und sparrig, fast unschön, wie Pferdejährlinge so sind. Man muß gelernt haben, hineinzusehen, um zu erkennen, was aus ihnen werden kann, wenn sie aufblühen, und das tun sie erst, wenn sie etwa drei Jahre alt sind.

Ich wußte, wie schwer es mir fallen würde, mich vom arabischen Hengst Galba ben Afas zu trennen. Mit ihm war ich viele Tausende Kilometer durch Wälder und Felder geritten. Er war auf mich und ich auf ihn eingestellt. Er ging mit mir auf schmalen Stegen durchs Moor. Ich redete sanft mit ihm, und er war willig, ich war so etwas wie sein älterer Bruder. Wenn er an einer Maschine, die er für ein Gespenst hielt, zum Beispiel einen Mähdrescher, oder an einem Waldfeuer stutzte und zwei Schritte rückwärts tat, so brauchte ich meine Stimme nur ein wenig zu steigern, und er ging, wenn auch wachsam, an Gespenstern und Rauch vorbei.

Den arabischen Pferden, deren Vorfahren aus den Wüsten Nordafrikas kamen, ist die Wasserscheu eingeboren. Man muß ihr Vertrauen haben, viel Überredungskunst aufwenden, muß in Gummistiefeln vorweg waten, wenn man ihnen nach großen Gewitterregen im Sommer die Ungefährlichkeit der Pfützen erklärt. Ich wollte, daß Galba auch in unsere Seen gehe. Es wäre da ein leichtes gewesen, ihn zu waschen. Ich verbrauchte viele sanfte Worte und Hartbrotbrocken, bis er den ersten Schritt in einen See hinein tat; erst mit der Vorderhand, dann mit der Hinterhand, schließlich der ganze Kerl, die beiden Kerle, denn ich saß auf dem Hengst, er trug mich, und er war im Wasser bis an die Vorderfuß-Wurzel-Gelenke, und soweit ich deuten konnte, schien er an der Kneippkur Gefallen zu finden.

Ich gab ihm die Zügel hin, und er ertastete und fand mit den Hufen, wo der Seegrund fest genug war, sich und mich am Seerand entlang zu tragen. Das Schilf raschelte, und die

Steigbügel klangen von seiner Berührung wie Glasglöckchen an Weihnachtsbäumen. Es gab Stellen, da schlug das Schilf über mir zusammen, und wenn es auf den Herbst zuging, schlug es mich mit seinen braunen Kolben. Die Drosselrohrsänger protestierten, und oft zuckten wir beide zusammen, wenn Stockenten vor uns aufflogen. Wolkenbäusche spiegelten sich im Wasser, und das Wasser war blau und wie ein zweiter Himmel, und weiter draußen fuhren Schwäne dahin, und ich verfiel in einen Sommerrausch und hielt die Schwäne, die über die gespiegelten Wolken glitten, für Getier des Himmels, und alle Dinge des Himmels und der Erde waren aus dem gleichen Stoff und unterschieden sich nur in ihrer Dichte voneinander.

Eines Tages kamen wir an eine Bucht; sie war frei von Schilf, und es war weißer Sand, weithin weißer Sand, auf ihrem Grunde zu sehen. Es schien mir die geeignete Stelle zu sein, den Hengst einmal tiefer als bis an die Vorderfuß-Wurzel-Gelenke ins Wasser zu bringen, doch Galba wollte nicht hinein, wollte überhaupt nicht ins Wasser. Mit viel Überredung von meinem Sattelthron herunter und vielen Hartbrotbrocken brachte ich ihn nur so weit, daß seine Hufe vom Seewasser benetzt wurden. Wie gut erinnere ich mich an die schwarzen Streifen, die das helle Hufhorn durchzogen.

Ich hätte es wissen müssen, daß Pferde keinen blanken Eigensinn entwickeln, daß immer Motive aus der Umwelt auf sie einwirken, wenn sie eigensinnig erscheinen.

Wenn Galba zum Beispiel sein Futter nicht anrührte, konnte ich sicher sein, daß Spatzen, diese Mäuse unter den Vögeln, ihre Kotsiegel in den Hafer gesetzt hatten.

Ich hätte es, wie gesagt, wenn nicht wissen, dann ahnen müssen, daß Galbas Weigerung, in die Seebucht mit dem weißen Sand hineinzugehen, nicht grundlos war, aber ich spielte mich so recht als Herr und Mensch auf, als Herrscher über die Natur und die Kreatur. Vielleicht war ich mir selber nicht gut an jenem Spätnachmittag, vielleicht war mir in der Werkstatt bei der Arbeit was fehlgegangen und eben – ich spielte mich auf, brüllte Galba an, und der duckte sich wie ein Mensch, der gescholten wird.

Ja, wenn du so rabiat bist, mein Freund, schien der Hengst zu denken ... Pferde können nicht denken, sagt eine Parte von Zeitgenossen; eine andere Parte, besonders die Militärs, sagt: Das Denken überläßt man am besten den Pferden. Galba tat, wozu ich ihn zwang, er unterdrückte seinen Instinkt, tat einige Schritte in die Seebucht hinein, und wir waren beide im Morast verschwunden. Der weiße Sand war *Schminke*, unter ihm wars holl und boll, wie man hierzulande sagt. Ich kam aus dem Sattel und hielt, wie der Hengst, den Kopf mit Mühe aus dem Modder heraus. Galba wendete und hielt aufs Ufer zu. Ich konnte damals noch nicht schwimmen; schwimmen lernte ich erst mit sechzig Jahren zusammen mit meinem jüngsten Sohn – und eben damals konnte ich es noch nicht, und ich kannte das Urzeitgefühl nicht, das man hat, wenn man auf einem stillen Waldsee schwimmt und allein ist wie der erste Mensch; wenn der Fischadler über einem kreist, wenn die Schwäne mit singend schwingenden Flügelschlägen neben einem niedergehen; wenn man die Seewelt aus der Perspektive der Stockenten und Haubentaucher sieht. Nun aber schien mein Aufenthalt auf Erden zu Ende zu gehen, während der Hengst an seinem Weiterleben arbeitete.

Und siehe, bei meiner Fuchtelei im Morast kriegte ich einen Steigbügelriemen zu packen und machte mich zum Nutznießer von Galbas Lebensrettungsversuchen, und ich hielt mich ein wenig abseits, so abseits wie es die Länge des Steigbügelriemens erlaubte, um den schlegelnden Beinen des Hengstes auszuweichen, von denen ich leicht hätte erschlagen werden können, und bald merkte ich, wie die Beine des Hengstes auf festen Seegrund kamen, und ich ließ mich schließlich von ihm an Land und Strand ziehen.

Da standen wir und zitterten beide, und meine Selbstvorwürfe, den Hengst gezwungen zu haben, etwas zu tun, was er nicht hatte tun wollen, zitterten mit, und ich bat den Hengst um Verzeihung, und ob er es nun verstand oder nicht, ich entschuldigte mich, denn so ist der Mensch, und so bin ich: erst herrisch, dann kläglich.

Solche gemeinsamen Erlebnisse am Lebensrand verbinden den Menschen nicht nur mit Mitmenschen, sondern Menschen auch mit Mit-Tieren.

Ich habe euch das Erlebnis mit Galba, es war nicht das einzige, erzählt, damit euch erkennbar wird, wie schwer es mir fiel, mich von diesem Hengst zu trennen.

Das Transportauto mit der Islandstute Flikka kam an. Der Hengst sollte fort. Ich versteckte mich, um nicht in laute Wehmut zu verfallen. Wird der Hengst, wenn du nicht dabei bist, auf den Transporter steigen? wurde ich gefragt.

Er wird, sagte ich. Und Galba stieg ohne Zögern und Stutzen auf den Transporter, weil er den Duft der jungen Islandstute in die Nase kriegte, die zuvor im Kasten gestanden hatte.

Ich fürchtete mich vor meiner wässerigen Wehleidigkeit, die zunimmt, je älter ich werde. Das Leben hat mich in dieser Hinsicht zu einem Scheußer gemacht. Ich verkroch mich in meine Schreib-Arbeit und wühlte mich in sie hinein, bis vom Geräusch des abfahrenden Lastwagens nichts mehr zu hören war, und als ich nach unten in die Gartenkoppel kam, stand dort die Islandjährlingin und wieherte.

Sie antwortete auf Galbas Wiehern, der auf seinem Transporter schon mitten in den Wäldern war, durch die er mich sonst getragen hatte. Ich hörte sein Wiehern schon längst nicht mehr, aber die Stute hörte es und antwortete, und ich empfand die Unzulänglichkeit der menschlichen Sinne in diesem Augenblick als einen Segen, kraulte der Islandstute den Stirnschopf und suchte sie von ihrem Widerwiehern abzulenken.

Die Stute wurde meine Trösterin, immer, wenn ich an meinen verstoßenen Hengst denken mußte, tröstete sie mich.

Sie zeigte mir zum Beispiel, wie sie sich, obwohl sie doch hier bei uns und in einem gemäßigten Klima lebte, für einen isländischen Winter zurecht machte. Es war ihr tief eingeboren, sich schon Ende September einen dichten Winterpelz wachsen zu lassen. Alsdann fing sie an, auf ihren Namen zu reagieren. Flikka, Flikka, riefen wir, und einmal erhörte sie uns, und ein anderes Mal erhörte sie uns nicht, und wenn sie unsere Rufe verächtlich, wie es schien, nicht erhörte, war sie wohl damit beschäftigt, mit ihrer Einsamkeit, mit dem Verlust der kleinen Herde, in der sie gelebt hatte, fertig zu werden.

Bis zum Winter hatte Flikka einen dicken Pelz entwikkelt und sah aus wie ein kleiner Kaltblüter, ihr wißt, wie jene Bierkutscherpferde, die es früher einmal gab. Ihr Auslauf war die große Gartenkoppel, in der vor Jahren unsere Shetlandponys ihre Winter verbracht hatten, und es gab dort noch den Unterstand dieser Pferdezwerge, den Unterstand mit den Raufen und den Krippen. Flikka suchte diesen Unterstand nur auf, um die Handvoll Körner aufzufressen, die wir ihr in der Dämmerung in die Krippe streuten. Heu und Haferstroh nahm sie lieber in der Koppel vom Erdboden auf statt aus den Raufen unter Dach.

Nach Frost- und Rauhreifnächten sah ich morgens einen Eisbären durch die Koppel trotten, und jetzt kam die Stute schon, wenn ich an den Koppelzaun trat, und forderte die Kleie-Pellets, mit denen ich sie verwöhnt hatte.

Bei pfeifenden Winter-Ostwinden fand ich Flikka niemals im Unterstand, wo unsere Shetländer früher in den Nächten zusammengedrängt gestanden hatten. Flikka lag, wie ein Polarhund, im Schneewirbel und ließ sich einschneien.

So verging der Winter. Und der Frühling kam heran. Flikka wurde zweijährig, und sie schabte sich an Bäumen und Zaunriegeln den Winterpelz herunter, und der Wind nahm die Wollbüschel auf und wehte sie durch die Koppel. Zuerst schleppte unsere Nebelkrähe aus dem Hochwald nebenan solche Flikka-Haarklumpen zu Neste. Diese Haus- und Nebelkrähe ist ihre hundert Jahre alt und hält sich für die eingestammte Bewohnerin unseres Anwesens. Wir sind für sie, meint unsere Dichterin, die Zugereisten und Störenfriede, die sie auch noch zu überleben gedenkt.

Alsdann polsterten die Spatzen und später die Buchfinken ihre Nester mit Flikka-Gewöll aus, und alle Vögel ringsum hatten ihr Gutes von der Isländerin, aber auch die Isländerin hatte ihr Gutes von den Singvögeln, nur das war nicht so »handgreiflich«, weil man nicht abschätzen kann, von wie vielen Mücken, Pferdebremsen und Hirschläusen Flikka dafür im Sommer verschont blieb, von wieviel Geziefer, das die Vögel wegfingen, um Gesang und Jungvögel draus zu machen. Die Vorgänge griffen wunderbar ineinander, ganz ohne unser Zutun und ohne daß die Tiere es bemerkten. Aber wir Menschen, wir Beobachter, wir Beherrscher der Natur, wie wir uns gern nennen, ohne daran zu denken, daß wir selber Natur sind, treiben Zutun und Einmischung, weil wir meinen, wir müßten der Natur unbedingt behilflich sein, und wir rücken an mit unserem Giftgestäub und Giftgesprüh, wir, die kleinen Götter.

Im Juni war Flikkas Fell wieder glatt und glänzte in der Sonne. Der Hufschmied kam, um der Isländerin das Hufhorn zu beschneiden, er fluchte über dessen Härte, aber die war Flikka über Generationen von Islandponys eingeerbt, und auch da hatten wieder, ohne Menschenzutun, zwei Zustände ineinandergegriffen: die Härte des isländischen

Lavagesteins hatte die Ponys herausgefordert, harte Hufe zu entwickeln, damit sie zu den Weiden und Matten ins Gebirge klettern konnten.

Trotz der harten Hufe, die ihm zu schaffen machten, sagte der Hufschmied: Die hat sich aber rausgemacht! Beim ersten Ausschneiden, drei Monate zuvor, aber hatte er gesagt: Wat forn Dürrländer ham Se da jekooft? Wo sall dat lang?

Flikka hatte inzwischen eine breite Brust gekriegt; sie war über Winter das geworden, was man hier im Ländlein der Wälder und Seen »stukig« oder »handfest« nennt.

Als sie bei uns einzog, hatte sie einen Meter und zwanzig Zentimeter Widerristhöhe. Damit wir uns verstehen: Der Widerrist ist der kleine Buckel bei den Pferden am unteren Ende des Mähnenkammes. Jetzt im Frühling war Flikka einen Meter und sechsundzwanzig Zentimeter hoch, und wir hofften, daß sie so groß wie Malek-Adel werden würde. Malek-Adel hatte seinen Namen aus einer Geschichte des russischen Dichters Turgeniew her. Er war ein Schimmelhengst, den wir dreijährig kauften und einritten. Er war so trittsicher, daß man mit ihm über glatteisige Wege galoppieren konnte; außerdem war er schön, und manche Besucher, die zu uns kamen, hielten ihn für einen zu klein gebliebenen Araberhengst.

Später hat Malek-Adel in Hoppegarten vielen Berliner Kindern das Reiten beibringen helfen, denn zum Reitenlernen gehört außer einem Reitlehrer auch ein eingerittenes feinfühliges Pferd.

Jetzt will ich nach rechts reiten, denkt der Reitlehrling (nach rechts abbrechen, sagen die Reiter), und das Pferd geht schon nach rechts, ohne daß der Reitlehrling, der noch überlegen muß, welchen Schenkeldruck er zum Rechtsabbrechen zu geben hat, diese Hilfe gab.

Wissenschaftler haben herausgekriegt, daß da sogenannte Bioströme mit Hilfe der Nerven (schon wenn man vorausbedenkt, was für eine Bewegung man machen will), ganz, ganz leise Muskelschwingungen auslösen, und die spürt man selber nicht, aber das gut eingerittene Pferd spürt sie. Wissenschaftler, die so etwas rauskriegen und damit gleichzeitig den Schlüssel zu dem Geheimnis der Gedankenübertragung in der Tasche tragen, lasse ich mir gefallen.

Der volle Frühling ist da. Die Feldlerchen sind schon herab von ihren Liebesleitern; die Brutpflege hat sie wieder irdisch gemacht. Unsere Flikka muß allein und allein sein. Das dauert mich. Der Versuch, sie mit der Araberstute Recha und deren Hengstfohlen zusammen auf die Weide gehen zu lassen, glückte nicht. Flikkas Annäherungsversuche an das Fohlen reizten die Araberin, die Isländerin mit Hufen und Zähnen zu bedrohen. Wir gaben Flikka einen jungen Fjordpferd-Wallach, einen Norweger, aus dem Berliner Tierpark bei, schoben ihn in ihre Einsamkeit hinein.

Der löwengelbe Norweger mit dem dunklen Rückenstrich, mit dem Aalstrich, der sich sogar durch die Mähne dieser Pferdeart zieht, war um ein Jahr jünger als Flikka. Er hatte es nicht leicht mit ihr: er, der Flikka die Einsamkeit vertreiben sollte, wurde zunächst von der Isländerin getrieben. Der Wallach zeigte mit Lippenbeben (mit Flemen) Ergebenheit an und wurde von Flikka trotzdem behandelt wie früher ein Handwerkerlehrling im ersten Lehrjahr, und das blieb bis in den Hochsommer so.

Man ist selten dabei, wenn Pferde etwas miteinander bereden. Jedenfalls entdeckte ich eines Morgens, als ich die beiden Nordländer auf ihrer Koppel besuchte, wie sie einander mit den Zähnen das Fell kraulten. *Soziale Hautpflege* nennen die Verhaltensforscher diesen Vorgang. Die Pferde wissen nichts davon und werden auch nie erfahren, daß sie da so etwas Gelehrtes betreiben. Bei ihnen heißt es vielleicht: Juckst du mir – juck ich dir.

Ende September ließ Flikka sich bereits wieder ihren Pelzmantel für den kommenden Winter wachsen. Wir maßen sie (nahmen ihr das Stockmaß ab), stellten sie auf die ebenste Seite unseres Hofes, die Stelle, die unsere Söhne das Scheunenglatt nennen. Flikka war (ohne Selbstbetrug) einen Meter und achtundzwanzig Zentimeter hoch. Die gleiche Höhe hatte ihr Weidegefährte, der Norweger Olafur, erreicht.

Der Oktober hat nach der menschlichen Jahreseinteilung schon Frühherbst zu sein, aber der heurige war ein Sommer-Verwandter. Er gab an Abenden den Glühwürmern noch Tanzgelegenheiten und ließ den Löwenzahn eine dritte Generation Blüten treiben, und das Gras schob einen dritten Schnitt und war noch ostergrün, und die Stare waren noch nicht zurück von ihrer Abreisekonferenz, die sie alljährlich an der Müritz oder sonstwo abhalten. Flikka und Olafur, die Fohlenknospen, waren zu Jungpferden erblüht. Der dritte Grasschub ermöglichte uns, die herrenlose Wiese hinter dem Friedhof, auf der sonst Bauernkühe weiden, für die Jungpferde einzuzäunen.

Wir sind auf unserem Vorwerk nur zwölf Einwohner und haben doch einen eigenen Friedhof, und der liegt auf einem Hügel. Von meiner Arbeitsstube, im Obergeschoß des Hauses, aus kann ich nach allen vier Himmelsrichtungen sehen.

Ich sitze dort wie ein Feuerwächter, und das ist gewollt; aber in die Wiese, die jetzt Flikka und Olafur beweiden, kann ich nicht einsehen; der Friedhofshügel verwehrt es mir.

Meine beste Arbeitszeit ist morgens von fünf bis sieben Uhr. Da ist es ruhig ringsumher, und ich habs mit dem Zittern der Stille zu tun. Später führe ich Äsop, den Dalmatinerhund, ab und mache gleichzeitig meine Pferdebesuche.

An einem Sonntagmorgen sind alle Hunde unseres Vorwerks aufgeregt, auch Äsop. Von hinterm Friedhof kam ein Pferdewiehern. Es war Flikkas Wiehern. Es flog über das Vorwerk hinweg, und jeder, der es hörte, machte daraus, was er wollte. Für die meisten Einwohner unseres Vorwerks wird es ein Pferdewiehern gewesen sein, das zu einem Sommermorgen gehört wie ein Hahnenschrei. Für mich war das Wiehern wie ein Hilferuf.

Es gibt alte Geschichten, in denen behauptet wird, daß Hunde Gespenster sehen, Erscheinungen, die der Mensch nicht sieht. Ich schließe mich dieser Behauptung an, nur meine ich, daß Hunde wirklich Wesen sehen, und zwar mit der Nase. Sie nehmen mit ihr den erriechbaren Abrieb dieser Wesen wahr, der noch eine Weile auf dem Erdboden bleibt oder in der Luft umhersteht, und aus diesen Tatsachen sind die »Gespenster« gemacht.

Das wehleidige Wiehern Flikkas beunruhigte mich. Ich stieg auf den Friedhofshügel und sah, daß die Elektrokoppel unter mir leer war. Ein Sonntagvormittagsgespenst hatte hinter dem Friedhof gearbeitet und die Pferde in die Wälder getrieben. An der Stelle, wo wir eine niedrige Hecke, einige Jungbirken und Brombeersträucher mit eingezäunt hatten, waren die Koppeldrähte zerrissen. Es mußte ein kräftiges Gespenst gewesen sein, das die Pferde gegen den ihnen widerlichen Elektrostrom hatte anrennen und sie den Draht hatte zerreißen lassen.

Wir gehen auf Pferdesuche, Holger und ich. Wir nehmen die Spuren auf. Die Hufabdrücke der Ponys sehen aus wie die Umrißzeichnungen von Milchbrötchen. Sie liegen vor uns auf dem Weg und unterscheiden sich in der Form wenig voneinander, und doch kann ich erkennen, welche Flikkas und welche Olafurs Hufabdrücke sind. Bei Flikka liegen die Hinterhuf-Abdrücke zwanzig Zentimeter vor den Vorderhuf-Abdrücken. Sie hat einen solchen Vorwärtsdrang, daß die Hinterhandschritte über die Vorhandschritte hinausgreifen. Sie tritt über, sagen die Pferdemänner, sie hat gute Gänge, sagen sie.

Bei Olafur decken sich die Abdrücke der Hinterhand

mit denen der Vorderhand; er hat keinen fördernden Schritt, seine Hinterhand hat keinen guten Schub, heißt es.

Aber was mit den Fußabdrücken ohne die dazugehörenden Pferde? Von Zeit zu Zeit verlieren sich die Spuren. Sind die Pferde geflogen? Hat sich hier die Sage vom Dichter-Roß *Pegasus* verwirklicht? Keineswegs. Flikka und Olafur sind eine Weile auf dem Wegrand im Gras oder im Wald gelaufen, denn später stoßen wir auf ihre Spuren wieder im Sandweg. Aber schließlich verlieren sie sich doch ganz. Die Pferde müssen in den Wald hineingerannt sein und müssen ihn durchquert haben. Jenseits des Waldes werden die Spuren wieder auftauchen, vermute ich; es ist nicht meine erste Ponysuche.

Wir holen das Auto und befahren die Waldwege, bis wir wieder auf Ponyspuren stoßen. Jetzt führen sie klar und ohne Abweichungen vorwärts und auf die Asphaltstraße zu, die zur kleinen Stadt hinter den Wäldern führt.

Nur das nicht! denke ich und stelle mir vor, was geschehen kann: Auf dieser Waldchaussee summen, wie Bienen, die zum Stock und wieder ausfahren, an einem Sonntagmorgen die Touristenautos hin und her. Die kleine Stadt hinter den Wäldern wird aus mancherlei Gründen von Touristen durchtrampelt. Es gibt dort ein Schloß, in dem ein preußischer König ein paar seiner Jugendtage verbrachte. Jetzt verbringen in einem Nebengebäude dieses Schlosses Diabetiker ihre Kurtage, und an Sonntagen kommen ihre Angehörigen zu Besuch. Drittens hat ein Dichter, namens Tucholsky, eine Liebesgeschichte geschrieben, die in der kleinen Stadt hinter den Wäldern spielt. Die Geschichte ist anspruchslos, aber sie wird gelesen und gelesen, weil Männchen und Weibchen sich noch immer lieben wie vor sechzig Jahren, als die Geschichte geschrieben wurde. Meinen Sie das Tucholskysche Rheinsberg? wird man von Literaturkennern gefragt, wenn sie hören, daß man dort hinten wohnt. Ein Teil der Autos, die an Sonntagen auf der Waldchaussee entlang brummen, wird also von Poesie-Suche angetrieben. Ihre Insassen hoffen noch ein paar Partikelchen Liebe von dem Paar, das Tucholsky erfand, in der kleinen Stadt aufzustöbern. Ach ja! Ach ja! Und was wird geschehen, wenn unsere Ponys zwischen all diese Autos geraten, deren Betreiber, angetrieben von ihren Erwartungen, auf die kleine Stadt zutreiben?

Zufrieden stellen wir fest, daß die Spuren auf dem Waldweg kurz vor der asphaltierten Straße in eine versteckte Waldwiese hineinführen, und da, und da sehen wir die Ponys hinten, ganz hinten grasen. Wir nehmen die Halfter aus dem Auto und rufen und locken und pürschen uns an, und wir sind so besessen von unserem Wunsch, die Ponys wiederzuhaben, und bemerken nicht, daß es sich um die Ponys eines Bauern handelt, der hinten auf der Wiese arbeitet, und wir werden von Enttäuschung geschüttelt. Unser Eifer hat uns verblendet. Wir hatten nicht bemerkt, daß es sich zuletzt nicht mehr um die Spuren von Flikka und Olafur handelte, die wir verfolgten.

Nun sollten wir wohl warten, bis die Ausreißer von selber heimkommen würden. Auch das habe ich mehrmals erlebt. Wir züchten seit dreißig Jahren Ponys, wir kennen ihr gutes Ortsgedächtnis. Sie umkreisen große Gebiete, grasen zwischendrein und laufen weiter, bis sie auf einen Punkt in der Landschaft stoßen, an dem sie schon einmal gewesen sind, und von dort rennen sie stracks heim. Sie verfahren nach dem Prinzip der Brieftauben, die, wohin man sie auch schickt, in der Regel wieder zu ihrem Schlag zurückfinden. Meist treffen die Ponys bei ihrer umständlichen »Aktion«, ihren Stall wiederzufinden, auf Menschen, in denen Hilfsbereitschaft zugange ist, oder solche, in denen Jäger und Fänger auf der Lauer liegen, und die locken die Pferde an und fangen sie ein.

Am Nachmittag machten wir uns doch wieder auf die Suche. Holger ritt auf der Fjordpferdstute Inka und »bearbeitete« die unwegsame Umgebung. Ich fuhr mit dem Auto und suchte alle Waldwiesen rechts und links der Wege ab, vor allem solche, in denen ich bei früheren Ponysuchen schon Ausreißer gefunden hatte. Aussteigen, einsteigen, fahren, laufen, suchen – so den Nachmittag lang und wieder nach Hause. Dann nochmals zu Fuß mit dem Dalmatiner Äsop in die Torfwiesen. Die Pferde – nirgendwo. Ich habe, wie gesagt, viele erfolgreiche Pferdesuchen hinter mir, und doch überfällt mich immer wieder die Befürchtung, es könnte einmal so sein, daß die Tiere nicht mehr zu finden wären, und hier nun werde ich gewahr, wie sehr mich der Verlust, besonders der von Flikka, aber auch der von Olafur, schmerzen würde. Sie sind für mich schon Persönlichkeiten.

Je länger ich suche, desto stärker werden meine Halluzinationen: Ein Waldschmetterling, der eine buschige Kiefer umkreist, wird (aus der Ferne gesehen) zum Ohr eines hinter dem Busch hervorlugenden Ponys. Aus einem Wiesenstück mit gilbenden Schilfhalmen entsteht für mich der falbe Olafur. Alles, was sich in den Wäldern bewegt, wird zum Teil eines Pferdes. Und immer wieder stelle ich mir vor, wie froh ich sein werde, wenn ich die Pferde finde. Dann wieder suche ich mich in Gleichmut zu üben: Wenn es sein soll, denke ich, wirst du die Tiere trotz aller Bemühungen nicht finden, wenn es aber sein soll, laufen sie dir zu, wenn du eine Weile nicht mehr an sie denkst. Und ich überlasse mich dem Gleichmut: Heute ist alles getan, was getan werden konnte, denke ich und ziehe mich zurück und überlasse das Auffinden der Ponys der Zeit, der Nacht, dem Leben. Ich gehe nach Hause. Die Dämmerung zieht herauf, und da kommt die Nachricht, die Ponys sind in einem Maisfeld in der Nähe des Hauptdorfes gesehen worden, sie sind auf dem Wege zu ihrem Stall. Wir fahren ins Dorf. Unterwegs kommen uns zwei junge Bauern entgegen. Sie haben die angeleinten Ponys bei sich und berichten, mit welcher List sie sie fingen. Wir danken, und die Ponysuche endet mit Gelächter.

Acht Tage später entdeckt Holger an Flikkas Nasenrükken einen kleinen Schorf. Auf dem Schorf sitzt eine weiße Kuppe. Holger entfernt den Schorf vorsichtig. Die weiße Kuppe bleibt. Sie steckt in der Pferdehaut. Holger zieht sie heraus. Es ist der Eckzahn eines Raubtieres.

Es geht uns auf: Die Ponys sind acht Tage zuvor nicht aus Übermut ausgebrochen, sie wurden angefallen. Ein Raubtier hat Flikka gebissen und verlor dabei den zentimeterlangen Zahn. War das Raubtier tollwütig, oder wehrte es sich nur, als es von den neugierigen Pferden im Gebüsch bedrängt wurde? Ich verwahre den Zahn. Wir desinfizieren uns die Hände. Wieder einmal langes Abwarten wie damals, als streunende Jungfüchse mit unseren jungen Schnauzern aus einem Futternapf fraßen. Damals ging es gut aus. Die Jungfüchse waren mutterlos und wurden vom Hunger an das Hundefutter getrieben.

Als unser Dalmatiner Assan sich mit einem Fuchs gerauft hatte, mußte er erschossen werden, weil wir auf eine längere Reise gehen sollten und die Quarantänevorschriften nicht erfüllen konnten. Würde ich nun auch Flikka erschießen lassen müssen, weil der abgebrochene Raubtierzahn … Ich mußte nicht verreisen, und die Stute ging munter umher und weidete und kam angetrabt und begrüßte mich wiehernd, wenn ich zur Koppel kam, und ihr Fell glänzte in der Sonne. Wir vermieden es, ihr wie früher Hartbrotbrocken aus der Hand zu geben, für den Fall, daß der Tod in ihr umging und im Pferdespeichel darauf lauerte, auch uns anzugehen. Wir warteten bang, gebe ich zu, und hofften auf einen guten Ausgang.

Fünfzehn Tage vergingen, und unsere Hoffnung steigerte sich zur leisen Gewißheit: Es ist nichts! Was wollt ihr?

Dann jener Morgen, an dem sich Flikka ein wenig unruhiger zu verhalten schien als sonst. Sie nahm die Brotbrokken vom Wiesenboden auf, fraß auch, aber scharrte zwischendrein nervös. Ich deutete ihr Scharren als Mahnung: He, kein Gras mehr! Die Weide war kahl gefressen. Die Pferde mußten umgesetzt werden.

Holger war dabei. ein neues Weidestück einzukoppeln. Der Vormittag war noch nicht halb, da sah er die Isländerin auf dem Waldweg herantraben. Sie war ausgebrochen. Er fing sie ein, doch als er ihr einen Halfter anlegen wollte, warf sie sich hin, stöhnte und schlug um sich. Nach einer Weile beruhigte sie sich, ließ sich aufhalftern, und Holger führte sie in die Elektrokoppel zurück. Aber die Anfälle wiederholten sich. Flikka warf sich hin, atmete in kurzen Stößen und fing an zu schwitzen. Wir holten die Ponys heim und isolierten sie in der Manegenkoppel.

Freund Wolfgang, der Tierarzt, kam. Er vermutete Kolik. Ich ließ ihn nicht an die Stute herangehen. Es wurde nötig, ihm von dem gefundenen Raubtierzahn zu berichten. Flikkas Krampfzustände verlängerten sich, und sie fing an, nach dem Wallach Olafur zu schnappen, doch wenn er sich ihr näherte, schmeichelte sie mit ihm.

Es dämmerte, wir standen am Lattenzaun und beobachteten. Ob ein Tier wirklich Tollwut hatte, läßt sich erst sagen, wenn es tot und sein Hirn untersucht ist. Freund Wolfgang, nicht weniger pferdenärrisch als ich, litt mit und erwog: Und wenn es sich nun doch nur um eine schwere Kolik handelt? Sollte man da nicht versuchen, der Stute durch die Injektion eines entkrampfenden Mittels Erleichterung zu verschaffen?

Wir gingen zu dritt in die Koppel, trugen Handschuhe

und pürschten uns an die Stute heran. Wir waren drei von den sieben Schwaben und versuchten den Tollwutteufel zu überlisten, aber Flikka kam mit zurückgelegten Ohren und willens zu schnappen auf uns los, und wir mußten uns zurückziehen.

Wieder standen wir außerhalb der Koppel am Lattenzaun und beobachteten. Mußte die Stute also, ohne daß wir ihr helfen konnten, verenden? Verenden – dieses milde Wort für krepieren. Ach, wäre es doch nur eine schwere Kolik!

Nachts ging ich mehrmals zur Koppel und leuchtete hinein. Ich sägte mit der Taschenlampe einen Lichtkeil in die Neumondfinsternis. Flikka graste. Es hatte den Anschein, als hätte sie doch nur eine Kolik gehabt, und die wäre jetzt vorüber. Aber nach zehn Minuten warf sie sich wieder hin und stöhnte, und sie wälzte sich, aber jetzt wälzte sie sich nicht mehr, wie sich Pferde wälzen, wenn sie ihr Fell pflegen oder Kolik haben, nämlich auf dem Rücken liegend nach rechts und nach links, sondern sie rollte durch die Manege, überschlug sich, rollte und rollte. Das ging so die ganze Nacht: Friedliches Grasen und irres Umherrollen. Immer wieder Wechsel von Hoffnung und Enttäuschung. Die Füße wurden mir schwer, und ich alterte nach jedem Gang zur Koppel.

Am Morgen begann es zu regnen. Ich saß am Küchentisch, konnte nicht essen und sah zur Manegenkoppel hinunter, sah die mit dem Tod kämpfende Flikka bald aufrecht stehen und nach allen Seiten schnappen, als bestünde der nahende Tod aus einem Schwamm andringender Pferdebremsen, bald war sie verschwunden, weil sie am Boden lag und sich über den Rasen wälzte. Das löwenfarbene Fell des Nordlandwallachs leuchtete trotz Regen und Nässe zu mir herüber. Er stand beiseite und sah nieder auf die sich um und um wälzende Weidegefährtin.

Ich weiß, daß es für einen Bewohner des Wissenschaftlichen Jahrhunderts unzulässig ist, menschliche und tierische Gefühle für deckungsgleich zu halten, doch ich, ein Beobachtungssüchtiger, weiß, daß auch Tiere Ahnungen haben. Von Schläulingen werden sie in das Riesenreich der Instinkte verwiesen. Der naive Nordlandwallach, der noch mit einer Pferdekinderstimme wieherte, er ahnte etwas.

Dann erhob sich Flikka nicht mehr. Ich sah nur noch ihren Schweif, mit dem sie das Unsichtbare, das ihr Schmerzen verursachte, peitschte, und dann blieben auch die Schweifbewegungen aus.

Ich ging zur Koppel. Flikka lag im Hufschlag der Manege, die Lippen zurückgezogen, die bräunlichen Zähne bleckend, die Augen lichtgrau lasiert – das Markzeichen des Todes.

Das ist die Geschichte von der allzu kurzen Freude, die mir eine junge Islandstute machte, auf der ich in meinen letzten Lebenstagen durch die Wälder reiten wollte, und von deren tollwütigem Tod, in den sie ihren Weidegefährten mit hineinriß, und das ist das Ereignis, das mich wieder zum Schreiben brachte, das den Stein aus dem Quelloch des Brunnens trieb, von dem ich euch anfangs erzählte.

Zu dieser Ausgabe

Die Texte sind folgenden Bänden von Erwin Strittmatter entnommen:

Schulzenhofer Kramkalender. Aufbau-Verlag Berlin und Weimar 1966.

Ein Dienstag im September. Romane im Stenogramm. Aufbau-Verlag Berlin und Weimar 1969.

Die Nachtigall-Geschichten. Aufbau-Verlag Berlin und Weimar 1989.

Flikka. Eine Geschichte. Aufbau-Verlag Berlin und Weimar GmbH 1992.

Inhalt